당송 예악지 역주 총서 05

구당서
음악지
2

이 책은 2018년 대한민국 교육부와 한국연구재단의 지원을 받아 수행된 연구임
(NRF-2018S1A5B8070200)

당송 예악지 역주 총서 05

구당서
음악지

2

연세대학교 중국연구원
당송 예악지 연구회 편

學古房

연세대학교 중국연구원은 부상하는 중국에 대한 전문적인 연구의 필요성에 부응하고자 설립되었다. 본 연구원은 학술 방면뿐만 아니라 세미나, 공개강좌 등 대중과의 소통으로 연구 성과를 사회적으로 확산하는 데 노력해왔다. 그 일환으로 현재의 중국뿐만 아니라 오늘을 만든 과거의 중국도 중요하다고 판단하고 학술연구의 토대가 되는 방대한 중국의 고적古籍에 관심을 기울였다. 중국 고적을 번역하여 우리의 것으로 자기화하고 현재화하려는 중장기적 목표를 세우고, 이를 단계적으로 추진하고자 '중국 예악禮樂문화 프로젝트'를 기획하였다. 그 결과 '당송 예악지 연구회'는 2018년 한국연구재단의 중점연구소 지원 사업에 선정되어 출범하였다.

중국 전통문화의 중요한 특성을 대변하는 것이 바로 예악이다. 예악은 전통시대 중국을 포함한 동아시아 국가 체제, 사회 질서, 개인 간의 관계를 설명할 수 있는 중요한 개념이다. 국가는 제사를 비롯한 의례를 통해 정통성을 확보하였고, 사회는 예악의 실천적 확인을 통해 신분제 사회의 위계질서를 확인하였다. 개개인이 일정한 규범 속에서 행위를 절제할 수 있었던 것 역시 법률과 형벌에 우선하여 인간관계의 바탕에 예악이 작동했기 때문이다.

이렇게 예악으로 작동되는 전통사회의 양상이 정사 예악지에 반영되어 있다. 본 연구원이 '중국 예악문화 프로젝트'로 정사 예악지에 주목한 이유도 이것이다. '당송 예악지 역주 총서'는 당송시대 정사 예악지를 번역 주해한 것이다. 구체적으로 『구당서』(예의지·음악지·여복지), 『신당서』(예악지·의위지·거복지), 『구오대사』(예지·악지), 『송사』(예지·악지·의위지·여복지)가 그 대상이다. 여복지(거복지)와 의위지를 포함한 이유는 수레와 의복 및 의장 행렬에 관한 내용 역시 예악의 중요한 부분이기 때문이다.

'당송 예악지 역주 총서'는 옛 자료에 생명력을 부여하는 작업이다. 인류가 자연을 개조하고 문명을 건설한 이래 그 성과를 보존하고 전승하는 중요한 수단 중의 하나는 문자였다. 문자는 기억과 전문傳聞에 의한 문명 전승의 한계를 극복해준다. 예악 관련 한자 자료는 그동안 접근하기 어려워서 생명력이 없는 박물관의 박제물과 같았다. 이번에 이를 우리말로 풀어냄으로써 동아시아 전통문화를 보다 정확히 이해하는 데 토대가 되길 기대한다. 이 총서가 우리 학계를 포함하여 사회 전반에 중요한 자산이 되길 바란다.

연세대학교 중국연구원 원장 김현철

일러두기

1. 본 총서는 『구당서』『신당서』『구오대사』『송사』의 예악禮樂, 거복車服, 의위儀衛 관련 지志에 대한 역주이다.
2. 중화서국中華書局 표점교감본標點校勘本을 저본으로 사용하였다.
3. 각주에 [교감기]라고 표시된 것은 중화서국 표점교감본의 교감기를 번역한 것이다.
4. 『구당서』[교감기]에서 약칭한 판본은 구체적으로 다음과 같다.

>   殘宋本(南宋 小興 越州刻本)
>   聞本(明 嘉靖 聞人詮刻本)
>   殿本(淸 乾隆 武英殿刻本)
>   局本(淸 同治 浙江書局刻本)
>   廣本(淸 同治 廣東 陳氏 葄古堂刻本)

5. 번역문의 문단과 표점은 저본을 따르는 것을 원칙으로 하되, 원문이 너무 긴 경우에는 가독성을 위해 문단을 적절히 나누어 번역하였다.
6. 인명·지명·국명·서명 등 고유명사는 한자를 병기하되, 주석문은 국한문을 혼용하였다.
7. 번역문에서 서명은 『 』, 편명은 「 」, 악무명은 〈 〉로 표기하였다.
8. 원문의 주는 【 】안에 내용을 넣고 글자 크기를 작게 표기하였다.
9. 인물의 생졸년, 재위 기간, 연호 등은 ( )에 표기하였다.

舊唐書卷三十
『구당서』 권30

音樂三
음악 3

이유진 역주

貞觀二年, 太常少卿祖孝孫旣定雅樂, 至六年, 詔褚亮·虞世南· 魏徵等分制樂章. 其後至則天稱制, 多所改易, 歌辭皆是內出. 開 元初, 則中書令張說奉制所作, 然雜用貞觀舊詞. 自後郊廟歌工樂 師傳授多缺, 或祭用宴樂, 或郊稱廟詞. 二十五年, 太常卿韋縚令 博士韋逌·直太樂尚沖〔一〕1)·樂正沈元福·郊社令陳虔申懷操等, 銓敍前後所行用樂章爲五卷, 以付太樂·鼓吹兩署, 令工人習之.

　　(태종太宗) 정관貞觀 2년(628)년에 태상소경太常少卿 조효손祖孝 孫이 아악雅樂을 제정한 후, 정관 6년에 저량褚亮·우세남虞世南·위 징魏徵 등에게 조서를 내려 각각 악장樂章을 짓도록 했다. 그 후 무 측천武則天이 국정을 주관[稱制]2)할 때 많은 변동이 있어 가사는 모 두 내교방內教坊3)에서 나왔다. (현종玄宗) 개원開元(713~741) 초에 중서령中書令 장열張說이 교지를 받들어 만들었으나 정관 연간 (627~649)의 옛 곡사曲詞가 혼용되었다. 이후 교제郊祭·묘제廟祭의 가공歌工과 악사樂師가 전수하는 바에 빠진 부분이 많아, 제례에 연 악宴樂을 쓰거나 교제郊祭에 묘제의 곡사를 쓰기도 했다. (개원) 25 년에 태상경太常卿 위도韋縚는 박사博士 위유韋逌, 직태악直太樂 상 충尚沖, 악정樂正 심원복沈元福, 교사령郊社令 진건陳虔과 신회조申 懷操 등에게 명하여 그동안 사용한 악장을 차례에 맞게 정리하여 5

　1)　[교감기 1] "直太樂尚沖"에서, 『通典』 권147에는 '尚沖' 앞에 '李'자가 있고, 『唐會要』 권32와 『冊府元龜』 권569에는 '尚沖' 앞에 '季'자가 있다.
　2)　칭제稱制 : 皇后·皇太后·太皇太后 등의 여성 통치자가 황제를 대신해 국정을 장악하는 것을 稱制 또는 臨朝稱制라고 한다.
　3)　내교방內敎坊 : 宮廷 樂舞를 담당하는 기구인데, 武則天은 이를 雲韶部 라고 바꾸었다.

권으로 만들게 한 뒤, 태악서太樂署와 고취서鼓吹署 두 부서에 교부하고 악공들에게 익히도록 했다.

時太常舊相傳有宮·商·角·徵·羽讌樂五調歌詞各一卷, 或云貞觀中侍中楊恭仁妾趙方等所銓集, 詞多鄭·衛, 皆近代詞人雜詩, 至縚又令太樂令孫玄成更加整比爲七卷. 又自開元已來, 歌者雜用胡夷里巷之曲, 其孫玄成所集者, 工人多不能通, 相傳謂爲法曲.

당시 태상太常에는 이전부터 전해온 궁宮·상商·각角·치徵·우羽 오조五調의 연악讌樂 가사가 각 1권씩 있었는데, 혹자는 정관貞觀 연간(627~649)에 시중侍中 양공인楊恭仁의 첩 조방趙方 등이 편집한 것이라고 한다. 가사의 내용은 대체로 정鄭과 위衛4)와 같은 것이 많고, 모두 근대 사인詞人의 잡시雜詩이다. 이후 위도韋縚가 또 태악령太樂令 손현성孫玄成에게 다시 분류하고 정리하게 하여 7권으로 만들었다. 또한 (현종玄宗) 개원開元 연간(713~741) 이래로 노래하는 이들이 오랑캐[胡夷]나 저잣거리[里巷]의 곡조를 뒤섞어 사용했으며, 손현성이 편집한 것은 악공들이 대부분 통달하지 못했는데, (이 곡들을) 서로 전하면서 '법곡法曲'5)이라 칭하였다.

---

4) 정鄭·위衛 : 先秦시기 鄭나라 衛나라의 音을 가리키는데, 亂世와 亡國 의 音을 상징한다. "정나라와 위나라의 音은 세상을 어지럽히는 음으로, 慢(느슨함)에 가깝다. 濮水의 桑林 부근 音은 나라를 망하게 하는 음으로, 정치는 흩어지고 백성은 떠돌아 윗사람을 속이고 사욕을 행하지만 금지시 킬 수가 없다. 鄭·衛之音, 亂世之音也, 比於慢矣. 桑閒濮上之音, 亡國 之音也, 其政散, 其民流, 誣上行私而不可止也."(『禮記』「樂記」)
5) 법곡法曲 : 法曲은 불교 法會에서 유래한 명칭으로, 西域의 음악적 요소

今依前史舊例, 錄雅樂歌詞前後常行用者, 附於此志. 其五調法
曲, 詞多不經, 不復載之.

이제 이전의 사서史書의 전례에 따라, 아악雅樂 가사 중에서 전후
로 자주 사용된 것을 이 지志(「음악지」)에 수록하였다. 오조五調의
법곡法曲은 가사가 이치에 맞지 않는 것[不經]이 많아 수록하지 않
았다.

冬至祀昊天於圓丘樂章八首【貞觀二年, 祖孝孫定雅樂. 貞觀六年, 褚亮·虞世南·魏徵等作此詞, 今行用.】

동지에 원구圓丘[6]에서 호천昊天에게 제사지낼 때의 악장 8수
【정관貞觀 2년(628) 조효손祖孝孫이 아악雅樂을 제정했다. 정관 6년에 저량
褚亮·우세남虞世南·위징魏徵 등이 가사를 쓴 것으로, 지금 사용되고 있다.】

降神用豫和
강신降神에는 〈예화豫和〉를 쓴다.

가 농후하다. 원래는 불교와 함께 西域으로부터 전해져 불교 法會 때
사용된 악곡이었다. 이후 지속적으로 淸商樂과 뒤섞여서 隋·唐 시기에
이르러서는 궁정 燕樂의 중요 악곡으로 자리 잡았다. 그래도 여전히 불교
음악의 흔적이 남아, 가사 중에는 梵語(산스크리트어) 표현이 있다. 玄宗
이 특히 法曲을 애호하여, 梨園을 세우고 法部를 설치해 法曲을 만들고
연주하게 했다.

6) 원구圓丘 : 하늘에 제를 올리기 위한 원형으로 높이 쌓은 제단을 말한다.
圓壇이라고도 한다.

上靈睠命兮膺會昌[二],7) 盛德殷薦叶辰良[三].8)
景福降兮聖德遠, 玄化穆兮天曆長.

천제[上靈]9)께서 총애하시고 중임을 부여하심[睠命]10)에 번
창하는 국운[會昌]11)을 맞이하였으니,
성대한 덕과 극진한 제사[殷薦]12)가 상서로운 날과 어우러지네
[叶辰良].13)
큰 복[景福]을 내리시어 성덕聖德이 멀리까지 이르고,
성덕의 교화[玄化]가 조화로우니 천명[天曆]이 길이 이어지리다.

----

7) [교감기 2] 『唐文粹』 권10과 『樂府詩集』 권4에는 "上靈睠命兮膺會昌"
에서 '兮'자가 없다.
8) [교감기 3] 『唐會要』 권9에는 "盛德殷薦叶辰良"의 '叶' 앞에 '兮'자가
있다.
9) 상령上靈 : 天上神靈의 줄임말로, 天帝를 가리킨다.
10) 권명睠命 : '眷命'이라고도 하며, 총애하고 중임을 부여한다는 의미다. "천
제께서 총애하시고 중임을 부여하시니, 사해를 모두 소유하시어 천하의
군주가 되셨습니다.皇天眷命, 奄有四海, 爲天下君."(『尙書』「大禹謨」)
11) 회창會昌 : 나라를 세워 국운을 번창시킨다는 의미다. "(『河圖』에 이르길)
'赤帝(劉邦)의 9세손(光武帝 劉秀)이 나라를 세워 국운을 번창시키고,
10세손(明帝)은 자리 잡은 나라를 빛나게 하고, 11세손(章帝)은 나라를
흥성하게 했다'라고 했다.赤九會昌, 十世以光, 十一以興."(『後漢書』「律
曆志」)
12) 은천殷薦 : 극진하게 제사지낸다는 의미다. "우레가 땅에서 나와 분발하
는 것이 豫卦의 象이니, 先王께서 이를 악으로 만들어 그 덕을 숭상하고,
상제께 극진하게 제사를 올려 先祖를 배향했다.雷出地奮豫, 先王以作樂
崇德, 殷薦之上帝, 以配祖考."(『周易』「豫卦·象傳」)
13) 협신량叶辰良 : 叶吉, 즉 상서로운 날과 어우러진다는 의미다. 叶은 '協'
과 통한다.

皇帝行用太和

황제의 행차에는 〈태화太和〉를 쓴다.

穆穆我后, 道應千齡. 登三處大, 得一居貞.
禮唯崇德, 樂以和聲. 百神仰止, 天下文明.

경건하신 우리 황제,

치도治道가 천세에 이르리라.

도와 하늘과 땅과 더불어 존귀하시니[등三]14) 큰 곳에 머무시고,

하나를 얻어[得一]15) 바름에 거하시네.

예禮로써 덕을 숭상하고,

악樂으로써 조화를 이루네.

모든 신이 앙모하고[仰止],16)

---

14) 등삼登三 : 帝王이 道·天·地 3자와 더불어 존귀함을 가리킨다. 李商隱의 「賀相國汝南公啓」에 "登三"이라는 표현이 나오는데, 馮浩는 이렇게 말했다. "여기서 말하는 '登三'이란 제왕이 도와 하늘과 땅, 이 세 존재와 똑같이 존귀하다는 것이다.此所謂登三者, 謂帝王與道天地三者並尊也." 혹자는 司馬相如의 「難蜀父老」에 나오는 "위로는 五帝와 더불고, 아래로는 三王을 넘어섰다.上咸五, 下登三."라는 말을 근거로, '登三'을 '德이 三王을 넘어섰다'라는 뜻으로 보기도 한다. 삼왕은 夏나라 禹王, 殷나라 湯王, 周나라 文王을 가리킨다.

15) 득일得一 : 하나를 얻다, 즉 완전한 도를 깨달았다는 의미다. "옛날부터 하나를 얻는 것이란, 하늘은 하나를 얻어 맑아지고, 땅은 하나를 얻어 평안해지고, … 侯王은 하나를 얻어서 천하를 올곧게 한다.昔之得一者, 天得一以清, 地得一以寧 … 侯王得一以爲天下貞."(『道德經』 39장)

16) 앙지仰止 : 위대한 군자의 덕을 우러르고 행실을 따른다는 의미로 사용된다. "높은 산은 사람이 우러르고, 큰길은 사람이 따르네.高山仰止, 景行行

천하가 문치로 빛난다네.

登歌奠玉帛用肅和
등가登歌하고 옥과 비단을 올릴 때는 〈숙화肅和〉를 쓴다.

閶陽播氣, 甄耀垂明. 有赫圓宰, 深仁曲成.
日麗蒼璧, 煙開紫營. 聿遵虞享, 式降鴻禎.

태양[閶陽]이 기운을 뿜어,

빛을 밝게 드리우네.

빛나는 하늘의 주재자[圓宰][17]시여,

한없는 자애로 만물을 모두 생성케 하시네[曲成].[18]

햇살은 푸른 벽옥[蒼璧][19]에 비추이고,

새벽안개는 보랏빛 제단[紫營][20]에 펼쳐져 있네.

止.”(『詩經』「小雅·車舝」)

17) 원재圓宰 : 天帝를 의미한다. 圓은 둥근 하늘, 宰는 주재자를 뜻한다.

18) 곡성曲成 : “만물을 곡진히 이루어 어느 것도 빠트리지 않는다.曲成萬物
而不遺.”(『周易』「繫辭」)

19) 창벽蒼璧 : 하늘에 제사지낼 때 사용하는 원형의 玉器로, 가운데에 구멍
이 뚫려 있다. “옥으로 6가지 옥기를 만들어 천지 사방에 예를 드린다.
蒼璧으로 하늘에 예를 드리고, 黃琮으로 땅에 예를 드리고, 靑圭로 동방
에 예를 드리고, 赤璋으로 남방에 예를 드리고, 白琥로 서방에 예를 드리
고, 玄璜으로 북방에 예를 드린다.以玉作六器, 以禮天地四方, 以蒼璧禮
天, 以黃琮禮地, 以靑圭禮東方, 以赤璋禮南方, 以白琥禮西方, 以玄璜
禮北方.”(『周禮』「春官·大宗伯」)

20) 자영紫營 : 紫壇, 즉 보랏빛 祭壇을 의미한다. 보랏빛은 天子가 직접 제사
지내는 큰 제단에만 사용된 색이다.

정성스러운 제사[虔享]를 받들어 행하오니,

큰 복[鴻禎]을 내리시리.

迎俎入用雍和

조俎[21]를 들일 때는 〈옹화雍和〉를 쓴다.

欽惟大帝, 載仰皇穹. 始命田燭, 爰啓郊宮.
雲門駭聽, 雷鼓鳴空. 神其介祀, 景祚斯融.

호천대제昊天大帝를 공경히 생각하며,

황천창궁皇天蒼穹(하늘)을 우러러 받드나이다.

비로소 밭에 촛불을 밝히게[田燭][22] 하고,

이에 교궁郊宮[23]을 연다네.

〈운문雲門〉[24]의 악무가 귀를 놀라게 하고,

---

21) 조俎 : 俎几라고도 한다. 네 다리가 있는 긴 盤床 모양의 祭器로, 여기에 犧牲 고기를 올렸다. 원래는 '俎' 한 글자만 사용했지만 그 모양이 긴 盤床과 같아서 '几'를 덧붙여 사용하기도 한다.

22) 전촉田燭 : 왕이 郊祭를 지낼 때, 이른 아침에 길이 어두울까 봐 백성들이 밭두둑에 햇불을 두어 길을 밝히는 것을 가리킨다. "제사지내는 날, 왕은 皮弁(朝服)을 착용하고 제사에 관한 보고를 들음으로써 백성들에게 윗사람이 엄격히 예를 준수함을 보여준다. … 鄕의 백성들은 밭에 불을 밝힌다. 祭之日, 王皮弁以聽祭報, 示民嚴上也. … 鄕爲田燭."(『禮記』「郊特牲」)

23) 교궁郊宮 : 郊祭를 올리는 장소를 말한다. 冬至에는 南郊에서 하늘에 제사지내고, 夏至에는 北郊에서 땅에 제사지냈다.

24) 〈운문雲門〉 : 黃帝의 樂舞로, 〈雲門大卷〉이라고도 한다. 文舞에 속하며, 黃鐘·大呂의 樂과 짝이 되어 天神에게 제사할 때 사용했다. "곧 黃鐘을 연주하고 大呂를 노래하고 〈雲門〉을 추며, 천신에게 제사한다. 乃奏黃鐘,

뇌고雷鼓25)가 하늘을 울리네.

신께서 제사를 받으심에,

큰 복[景祚]26)이 길이 이어지리.

酌獻飮福用壽和

작헌酌獻과 음복飮福에는 〈수화壽和〉를 쓴다.

八音斯奏, 三獻畢陳. 寶祚惟永, 暉光日新.

모든 악기[八音]27)가 연주되고,

歌大呂, 舞雲門, 以祭天神."(『周禮』「大司樂」)

25) 뇌고雷鼓 : 하늘에 제사지낼 때 사용하는 북이다. "雷鼓는 8面이며 이것
으로 하늘에 제사지내고, 靈鼓는 6면이며 이것으로 땅에 제사지내고, 路
鼓는 4면이며 이것으로 귀신에게 제사지낸다.雷鼓八面以祀天, 靈鼓六
面以祀地, 路鼓四面以祀鬼神."(『舊唐書』「音樂志」)

雷鼓(聶崇義, 『三禮圖』)

26) 경조景祚 : 景福, 즉 큰 복을 의미한다. 帝業을 비유하는 말로도 사용된다.

27) 팔음八音 : 8가지 재료에 따라 악기를 분류한 것으로, 金·石·土·革·絲

삼헌三獻28)의 예가 다 펼쳐졌네.

국운[寶祚]29)이 영원하고,

광채가 나날이 새로우리라.

送文舞出迎武舞入用舒和

문무文舞를 보내고 무무武舞를 들일 때는 〈서화舒和〉를 쓴다.

疊璧凝影皇壇路, 編珠流彩帝郊前.

已奏黃鐘歌大呂, 還符寶曆祚昌年.

중첩된 벽옥[疊璧]은 황단皇壇30) 길에 모습을 비추고,

꿰어진 구슬[編珠]은 제교帝郊31) 앞에 광채를 드리우네.32)

황종黃鐘으로 연주하고 대려大呂로 노래하니,

국운[寶曆]에 부합하고 태평성세[昌年]의 복이 있으리라.

武舞作用凱安

·木·匏·竹을 가리킨다. 또한 이러한 재료로 만들어진 모든 악기의 통칭
이기도 하다.

28) 삼헌三獻 : 제사 때 술잔을 3번 올리는 祭禮로, 初獻·亞獻·終獻을 말한다.

29) 보조寶祚 : 왕의 자리를 의미하는데, 여기서는 國運을 뜻한다.

30) 황단皇壇 : 皇家의 祭壇을 의미한다.

31) 제교帝郊 : 天國의 郊野를 의미하며, 京城을 가리키기도 한다.

32) '疊璧'은 벽옥이 중첩된 것이고, '編珠'는 구슬이 일렬로 꿰어 있는 것이
다. 疊璧編珠는 '合璧連珠'를 의미한다. "해와 달은 옥벽을 합친 듯하고,
5개의 별은 구슬을 꿰놓은 듯하다.日月如合璧, 五星如連珠."(『漢書』「律
歷志」) 고대 천문학에서는 이를 吉兆로 여겼다.

무무武舞에는 〈개안凱安〉을 쓴다.

昔在炎運終, 中華亂無象. 酆郊赤烏見, 邙山黑雲上.
大賚下周車, 禁暴開殷網. 幽明同協贊, 鼎祚齊天壤.

옛날에 염운炎運[33]이 다했을 때,
중화中華가 혼란에 빠졌다네.
풍酆의 교외에 붉은 까마귀[赤烏]가 나타나고,[34]
망산邙山에는 먹구름이 피어올랐지.[35]
크게 베풂은 주周나라 수레에서 (재물을) 내려놓듯이 하고,[36]
폭력을 금함은 은나라 (탕왕湯王이) 그물[殷網][37]을 열어주는

----

33) 염운炎運 : 漢나라의 명운을 의미한다. 漢나라는 五德 중에서 火德에 속
하므로 '炎漢'으로 칭했다.

34) 周 武王이 紂를 정벌하기 위해 孟津에서 군대를 사열할 때 불기운이 왕의
거소로 흘러들어와 세 발 달린 붉은 까마귀[三足赤烏]로 변하는 상서로움
이 있었다고 한다. 周나라의 도읍인 酆은 제왕의 도읍을 비유한다.

35) 黃帝가 즉위할 때 구름의 상서로움이 있어서 관직명에 모두 '雲' 자를
붙였다고 한다. 黑雲은 세상을 흠뻑 적시는 비가 될 구름이다. 邙山은
洛陽의 北邙山을 가리킨다. 洛陽은 제왕의 도읍을 상징한다.

36) "주나라가 크게 베풀어, 선한 사람들이 부유해졌다.周有大賚, 善人是
富."(『論語』「堯曰」) 주나라가 크게 베푼 것은, 周 武王이 商 紂王을
정벌했을 때의 일이다. 紂王은 鹿臺에 보물을 쌓아 놓고 鉅橋에 곡식을
쌓아 놓고 방탕하게 지냈는데, 武王이 그를 정벌하고 鹿臺의 보물과 鉅橋
의 곡식을 사방에 나눠주자 만백성이 기뻐하며 복종했다고 한다. "散鹿臺
之財, 發鉅橋之粟, 大賚于四海, 而萬姓悅服."(『尙書』「武成」)

37) 은망殷網 : 仁政을 베풀고 법령이 관대한 것을 의미한다. 殷의 湯王이
들에 그물이 사방으로 쳐져 있는 것을 보고 그물 한쪽만 남겨 두고 나머지

것처럼 한다네.

음으로 양으로 함께 도우시니,

국운[鼎祚]이 천지와 더불어 영원하리라.

送神用豫和

송신送神에는 〈예화豫和〉를 쓴다.

> **歌奏畢兮禮獻終, 六龍馭兮神將昇.**
> **明德感兮非黍稷, 降福簡兮祚休徵.**

노래와 연주가 끝나고 제사의 예禮가 끝나니,

육룡六龍이 수레를 몰고 와 신께서 하늘로 오르시려 하네.

명덕明德에 감응하심이지 기장 때문이 아니니,[38]

내려주신 복 성대하니[簡][39] 길조[休徵]를 내려주시네.

又郊天樂章一首【太樂舊有此辭, 不詳所起.】

는 모두 거두게 하니, 제후들이 그 이야기를 듣고 湯王의 덕을 칭송했다고 한다. "湯出, 見野張網四面, 祝曰, 自天下四方皆入吾網. 湯曰, 嘻, 盡之矣. 乃去其三面, 祝曰, 欲左左. 欲右右. 不用命, 乃入吾網. 諸侯聞之, 曰, 湯德湯德至矣, 及禽獸."(『史記』「殷本紀」)

38) "지극한 다스림은 그 향이 멀리 퍼져 신명도 감동시킨다. 기장이 향기로운 것이 아니라 밝은 덕이 향기로운 것이다.至治馨香, 感于神明. 黍稷非馨, 明德惟馨."(『尚書』「君陳」)

39) 간간簡簡 : 簡簡으로, 성대한 모양을 형용한다.

또 교천郊天 악장 1수가 있다.【태악太樂에 전부터 이 가사가 있는데 출처는 분명하지 않다.】

送神用豫和

송신送神에는 〈예화豫和〉를 쓴다.

蘋蘩禮著, 黍稷誠微. 音盈鳳管, 彩駐龍旂.
洪歆式就, 介福攸歸. 送樂有閱, 靈馭遄飛.

변변하지 못한 제물[蘋蘩]40)로 예를 표하니,
기장은 진실로 미미한 것이라네.41)
음악 소리가 봉관鳳管42)에 가득하니,
오색구름이 용기龍旂43)에 머무르네.44)
풍성한 제사 올렸으니,

---

40) 빈번蘋蘩 : 개구리밥과 산흰쑥. 제사에 쓰였던 식용 물풀로, 변변하지 못한 祭物을 비유적으로 표현한 것이다. "진실로 참된 믿음이 있다면, 산골 도랑이나 늪가의 풀, 개구리밥·쑥·수초 같은 나물이라도 광주리에 담고 솥에 삶아 길바닥에 고인 물과 함께 귀신에게 올릴 수 있고 왕공에게 바칠 수 있다. 苟有明信, 澗谿沼沚之毛, 蘋蘩蘊藻之菜, 筐筥錡釜之器, 潢汙行潦之水, 可薦於鬼神 可羞於王公."(『左傳』「隱公 3年」)

41) "지극한 다스림은 그 향이 멀리 퍼져 신명도 감동시킨다. 기장이 향기로운 것이 아니라 밝은 덕이 향기로운 것이다.至治馨香, 感于神明. 黍稷非馨, 明德惟馨."(『尙書』「君陳」)

42) 봉관鳳管 : 笙簫, 또는 笙簫로 연주하는 음악의 美稱이다.

43) 용기龍旂 : 雙龍이 서리어 있는 모습을 그린 깃발로, 天子의 儀仗이다.

44) 오색구름도 멈춰 서서 듣게 할 정도로 음악 소리가 아름다운 것을 '駐彩'라고 한다.

큰 복[介福][45)]이 돌아오리라.

송신送神의 악樂이 끝나자,

신령께서 말을 몰아 순식간에 날아오르시네.

則天大聖皇后大享昊天樂章十二首【御撰】

측천대성황후則天大聖皇后가 호천昊天에 제사지낼 때의 악장
12수【어찬御撰】

第一
제1수

太陰凝至化, 貞耀蘊軒儀. 德邁娥臺敞, 仁高姒幄披.
捫天遂啓極, 夢日乃昇曦.

태음太陰에는 지극한 조화가 응집되어 있고,[46)]

태양의 빛[貞耀][47)]에는 드높은 위용[軒儀][48)]이 간직되어 있네.

덕은 아황娥皇[49)]의 누대보다 드넓고,

---

45) 개복介福 : 큰 복. "제사를 크게 갖추니 선조께서 강림하시어, 큰 복으로 보답해 주시니 만수무강하리로다.祀事孔明, 先祖是皇, 報以介福, 萬壽無疆."(『詩經』「小雅·信南山」)

46) 陰氣의 응집이 극에 이르는 시기는 冬至다. 동지는 음기가 극에 달하는 동시에 양의 기운이 다시 생겨나는 기점이기도 하다. 다음 구절에서 '貞耀(태양의 빛)'를 언급한 것은 이런 맥락에서 이해할 수 있다.

47) 정요貞耀 : '貞曜'로 쓰기도 한다. 찬란한 불꽃, 즉 태양의 빛을 뜻한다.

48) 헌의軒儀 : 위풍당당한 위용을 의미한다.

인仁은 태사太姒[50]의 휘장보다 드높네.

하늘에 닿아 마침내 황극皇極[極][51]을 열고,

태양을 꿈꾸니 이에 아침 태양이 떠오르도다.

第二

제2수

瞻紫極, 望玄穹. 翹至懇, 罄深衷.

聽雖遠, 誠必通. 垂厚澤, 降雲宮.

천공[紫極][52]을 우러러보고,

하늘[玄穹]을 바라보네.

지극한 정성 바치고,

깊은 정성 다하나이다.

(신께서) 들으시기에 비록 멀지만,

정성은 반드시 통할지니.

큰 은택 내리시고,

황궁[雲宮][53]에 강림하소서.

49) 아황娥皇 : 堯 임금의 딸이자 舜 임금의 아내이다.

50) 태사太姒 : 周 文王의 아내이자 周 武王의 어머니다.

51) 극極 : 皇極으로, 제왕이 천하를 다스리는 준칙을 의미한다. 大中至正의
道이다.

52) 자극紫極 : 제왕의 궁전, 또는 天空을 가리킨다. 道敎에서 天上의 仙人이
거하는 곳을 가리키는 말이기도 하다.

53) 운궁雲宮 : 높이 솟은 皇宮을 비유적으로 표현한 말이다.

第三

제3수

乾儀混成沖邃, 天道下濟高明.
閶陽晨披紫闕, 太一曉降黃庭.
圓壇敢申昭報, 方璧冀展虔情.
丹襟式敷衷懇, 玄鑒庶察微誠.

하늘의 형상은 혼연천성渾然天成하고 심오하며,

하늘의 도는 만물에 은택을 베풀고 고명高明하도다.

태양[閶陽]이 새벽에 궁궐[紫闕]54)을 비추고,

태일太一55)께서 동틀 무렵 중앙[黃庭]56)에 강림하시네.

원단圓壇57)에서 감사함을 아뢰고,

벽옥璧玉으로써 정성을 펼치네.

진실한 마음[丹襟]으로 정성을 다하오니,

보잘것없는 정성을 맑은 거울[玄鑒]처럼 살펴주옵소서.

---

54) 자궐紫闕 : 제왕의 궁궐, 또는 神仙의 洞府를 가리킨다.

55) 태일太一 : 太乙·泰一이라고도 한다. 北極星을 일컫는 말로, 漢代에는
   '太一神'이라는 최고신으로 모셨다. 또한 '태일'은 道家에서 천지만물의
   근원인 道를 의미하기도 한다.

56) 황정黃庭 : 중앙을 뜻한다. 黃은 중앙의 색이고, 庭은 사방의 가운데에
   해당한다. 외적으로는 天中·人中·地中을 가리키고, 내적으로는 腦中
   ·心中·脾中을 가리킨다.

57) 원단圓壇 : 황제가 冬至에 祭天 의례를 행하던 장소로, 圜丘라고도 한다.

第四
제4수

　　巍巍叡業廣, 赫赫聖基隆. 菲德承先顧, 禎符萃眇躬.
　　銘開武巖側, 圖薦洛川中. 微誠詎幽感, 景命忽昭融.
　　有懷慚紫極, 無以謝玄穹.

위대하도다, 제업帝業의 광대함이여!

빛나도다, 황실 기초[聖基]의 융성함이여!

박덕薄德하나 선조의 보살핌을 입어,

상서로움이 보잘것없는 이 몸[眇躬][58])에게 이르렀나이다.

무암武巖 곁에 명문銘文이 새겨지고,

낙천洛川 가운데서 신도神圖가 바쳐졌나이다.

보잘것없는 성의로 어찌 (신과) 감응하겠는가만,

천명[景命][59])이 홀연히 환히 드러나셨나이다.

황제가 되기에는 부끄러운 마음뿐,

하늘에 감사드릴 방도가 없나이다.

第五
제5수

　　朝壇霧卷, 曙嶺煙沈. 爰設筐幣, 式表誠心.
　　筵輝麗璧, 樂暢和音. 仰惟靈鑒, 俯察翹襟.

---

58) 묘궁眇躬 : 帝后가 스스로를 일컬을 때 사용하는 말이다.

59) 경명景命 : 帝王의 지위를 내려주는 天命을 가리킨다. 大命이라고도 한다.

아침 제단은 안개 걷히고,

날 밝아오는 산봉우리에는 연기가 자욱하네.

이에 폐백을 진설陳設하며,

정성스러운 마음을 표하네.

연석筵席은 아름다운 옥으로 빛나고,

음악은 화락한 음으로 울려 퍼지네.

신령께서 살피시길 앙망하오니,

이 경건한 마음[翹襟]60)을 굽어살피소서.

第六
제6수

昭昭上帝, 穆穆下臨. 禮崇備物, 樂奏鏘金.

蘭羞委薦, 桂醑盈斝. 敢希明德, 聿罄莊心.

빛나는 상제,

엄숙히 강림하셨도다.

예禮는 성대하여 제물을 갖추었고,

악樂이 연주되니 악기 소리 쟁쟁하여라.

훌륭한 제수[蘭羞]61) 올리고,

---

60) 교금翹襟 : 옷깃을 여민다는 뜻으로, 어떤 일에 마음을 쓰며 경건한 마음
으로 자세를 바로잡는다는 의미이다.

61) 난수蘭羞 : 원래는 향초의 일종인 '蘭'이 들어간 제수를 가리키는데, 좋은
제수를 통칭하기도 한다. 蘭은 주술적 성격이 강해서 巫歌에 자주 등장하
며, 『楚辭』에 많이 보인다. "좋은 제수를 俎에 담아 올리네.蘭羞薦俎."(南
朝 梁나라 簡文帝의 「九日侍皇太子樂遊苑」)

향기 나는 좋은 술[桂醑]62) 가득 따르네.

감히 성명聖明하신 은덕을 바라며,

경건한 마음을 바치나이다.

第七

제7수

鐏浮九醞, 禮備三周. 陳誠菲奠, 契福神猷.

술동이에는 아홉 번 내린 좋은 술[九醞]63)이 있고,

예禮는 세 차례 갖추어 올렸네.64)

보잘것없는 제수이나 정성을 펼치나니,

신령한 계획으로 복을 내려주시길 바라네.

第八

제8수

奠璧郊壇昭大禮, 鏘金拊石表虔誠.

---

62) 계서桂醑 : 원래는 桂花酒를 가리키는데, 훌륭한 술을 통칭하기도 한다.

63) 구온九醞 : 9번 거듭 담근 좋은 술을 가리킨다. "한나라 제도에 종묘의 8월 술에는 九醞과 太牢를 사용한다. 황제가 사당에 나가 정월 초하루 아침에 술을 만들어 놓으면 8월에 완숙하는데, 이것이 酎酒라는 것으로 九醞 또는 醇酎라 한다.漢制, 宗廟八月飮酎, 用九醞·太牢. 皇帝侍祠, 以正月旦作酒, 八月成, 名曰酎, 一曰九醞, 一名醇酎."(『西京雜記』 권1)

64) 제사 때 술잔을 3번 올리는 三獻의 祭禮를 올렸다는 말이다. 三獻은 初獻·亞獻·終獻을 말한다.

始奏承雲娛帝賞, 復歌調露暢韶英.

교제郊祭 제단에 벽옥을 올려 대례大禮를 밝히고,

금석 악기 울리고 두드려 경건함을 나타내네.

먼저 〈승운承雲〉65)을 연주해 상제上帝를 기쁘게 하고,

이어 〈조로調露〉66)를 노래하고 〈소韶〉67) 〈영英〉68)을 펼쳐내네.

---

65) 〈승운承雲〉: 黃帝의 樂舞로, 〈雲門〉〈雲門大卷〉이라고도 한다. 天神에게 제사할 때 사용했다. "곧 黃鐘을 연주하고 大呂를 노래하고 〈雲門〉을 추며, 천신에게 제사한다.乃奏黃鐘, 歌大呂, 舞雲門, 以祭天神." (『周禮』 「大司樂」)

66) 〈조로調露〉: 만물이 잘 생육하고 세상이 태평한 것을 상징하는 음악이다. 甘露가 맺히는 것은 세상이 태평하고 풍년이 들 상서로운 조짐으로 간주되었다. "어찌 (성군 舜이 지으신) 〈南風〉을 (연주할 정도의 태평성대를) 계승하여 〈調露〉와 어울릴만한 세상을 만들 수 있을까?寧足以繼想南風, 克諧調露."(『文選』에 실린 任昉의 「奉答敕示七夕詩啓」) 李善 注에서는 다음과 같이 宋均의 설명을 인용하고 있다. "調露는 조화를 이루어 甘露가 맺힌다는 뜻이다. 만물이 무럭무럭 자라게 하는 음악이다.調露, 調和致甘露也, 使物茂長之樂." 劉良 注에서는 "사계절의 순환이 어긋남이 없기에 〈調露樂〉이라고 한 것이다.四節不相違, 謂之調露之樂."라고 했다.

67) 〈소韶〉: 舜의 樂으로, 〈大韶〉〈大磬〉〈九韶〉〈簫韶〉라고도 한다. "〈韶〉는 (舜이 堯의 덕을) 계승하였음을 기린 것이다.韶, 繼也."(『禮記』 「樂記」) "舜에게는 〈대소〉가 있었다.舜有大韶."(『莊子』 「天下」) 孔子는 다음과 같이 〈韶〉를 극찬했다. "공자가 제나라에서 〈韶〉를 듣고 삼개월 동안 고기 맛을 알지 못하였다.子在齊聞韶, 三月不知肉味."(『論語』 「述而」) "(〈韶〉)는 아름다움을 다하였고, 선함을 다하였다.盡美矣, 又盡善也."(『論語』 「八佾」)

68) 〈영英〉: 帝嚳이 지은 〈五英〉을 가리킨다. "옛날에 황제가 〈咸池〉를 지었

第九
제9수

荷恩承顧託, 執契恭臨撫. 廟略靜邊荒, 天兵曜神武.
有截資先化, 無爲遵舊矩. 禎符降昊穹, 大業光寰宇.

하늘의 은덕을 입고 명을 받들어,
약속의 징표에 따라 천하에 임하였도다.
묘당廟堂의 책략으로 변경을 안정시키고,
천자의 군대는 용맹을 떨치네.
질서 있음[有截]⁶⁹⁾은 선왕의 교화에 힘입고,
무위無爲는 옛 법도를 따름이라.
상서로움이 하늘에서 내려와,
제왕의 대업이 천하를 밝히도다.

고, 전욱이 〈六莖〉을 지었고, 제곡이 〈五英〉을 지었고, 요가 〈大章〉을 지었고, 순이 〈招〉를 지었고, 우가 〈夏〉를 지었고, 탕이 〈濩〉를 지었고, 무왕이 〈武〉를 지었고, 주공이 〈勺〉을 지었다. 〈勺〉은 선조의 도를 능히 취할 수 있음을 말한다. 〈武〉는 공업으로써 천하를 평정한 것을 말한다. 〈濩〉는 백성을 구제한 것을 말한다. 〈夏〉는 크게 두 임금을 이은 것이다. 〈招〉는 요를 계승한 것이다. 〈大章〉은 밝힌 것이다. 〈五英〉은 꽃이 무성한 것이다. 〈六莖〉은 뿌리와 줄기까지 미친 것이다. 〈咸池〉는 갖추었다는 것이다. 昔黃帝作咸池, 顓頊作六莖, 帝嚳作五英, 堯作大章, 舜作招, 禹作夏, 湯作濩, 武王作武, 周公作勺. 勺, 言能勺先祖之道也. 武, 言以功定天下也. 濩, 言救民也. 夏, 大承二帝也. 招, 繼堯也. 大章, 章之也. 五英, 英華茂也. 六莖, 及根莖也. 咸池, 備矣."(『漢書』「禮樂志」)

69) 유절有截 : 질서 있게 가지런하다는 의미이다. "九州가 가지런해졌다.九有有截."(『詩經』「商頌·長發」) 이에 대해 鄭玄의 箋에서는 "구주가 질서 있게 가지런해졌다.九州齊一截然."라고 했다.

第十
제10수

肅肅祀典, 邕邕禮秩. 三獻已周, 九成斯畢.
爰撤其俎, 載遷其實. 或昇或降, 唯誠唯質.

경건하도다, 제사의 예전禮典이여!

화목하도다, 예禮의 질서여!

삼헌三獻[70]의 예를 다하고,

아홉 번의 연주[九成][71]를 마쳤네.

조俎와 두豆를 거두고,

담겨 있는 제물祭物을 옮기네.

받들어 올리고 내리나니,

오로지 정성스럽고 오로지 진실하도다.

第十一
제11수

禮終肆類, 樂闋九成. 仰惟明德, 敢薦非馨.

---

70) 삼헌三獻 : 제사 때 술잔을 3번 올리는 祭禮로, 初獻·亞獻·終獻을 말한다.

71) 구성九成 : 樂舞를 9번 연주한다는 의미이며, '九變'이라고도 한다. 成과
變 모두 '奏(연주하다)'를 의미한다. "'成'은 樂曲이 완성되었음을 이른다.
鄭玄은 '成은 終과 같다'라고 하였다. 매 曲이 한 번 끝나면 반드시 바꾸
어 다시 연주하기 때문에 經文에서는 '九成'이라 말하고 孔傳에서는 '九
奏'라 말하고 『周禮』에서는 '九變'이라 일렀는데, 실은 동일한 것이다.成,
謂樂曲成也. 鄭云, 成, 猶終也. 每曲一終, 必變更奏, 故經言九成, 傳言
九奏, 周禮謂之九變, 其實一也."(『尙書注疏』「虞書」)

顧慚菲奠, 久駐雲軿. 瞻荷靈澤, 悚戀兼盈.

예禮는 상제께 올리는 제례[肆類]72)를 끝내고,
악樂은 아홉 번의 연주[九成]를 마쳤네.
오로지 밝은 덕을 경모하나니,
향기롭지 않은 것을 어찌 올리겠나이까.73)
돌아보니 부끄럽게도 보잘것없는 제물로,
구름수레[雲軿]74) 오래도록 머물게 했음이라.
신령의 은택을 우러러 받들자니,
황송하고도 사모하는 마음이 한데 가득하도다.

第十二
제12수

式乾路, 闢天扉. 迴日馭, 動雲衣.
登金闕, 入紫微. 望仙駕, 仰恩徽.

하늘 길[乾路]을 가르고, 하늘 문[天扉]을 여시네.
해 수레를 돌리며, 운기雲氣[雲衣]를 떨치시네.

---

72) 사류肆類 : 하늘에 제사를 올린다는 의미다. "마침내 상제께 類 제사를
지냈다.肆類於上帝."(『尚書』「舜典」) 肆는 '마침내'라는 뜻이고, 類는 제
사명이다. 후에 '肆類'는 祭天 의례를 지칭하는 말로 쓰였다.
73) "지극한 다스림은 그 향이 멀리 퍼져 신명도 감동시킨다. 기장이 향기로운
것이 아니라 밝은 덕이 향기로운 것이다.至治馨香, 感于神明. 黍稷非馨,
明德惟馨."(『尚書』「君陳」)
74) 운병雲軿 : 신선이 타고 다닌다는 구름수레를 가리킨다.

금궐金闕75)에 올라, 자미紫微76)에 드시니.

선가仙駕를 바라보며, 은혜의 성대함을 앙망하네.

景龍三年中宗親祀昊天上帝樂章十首

경룡景龍 3년(709), 중종中宗이 친히 호천상제昊天上帝에게 제사지낼 때의 악장 10수

降神用豫和

강신降神에는 〈예화豫和〉를 쓴다.

> 天之曆數歸睿唐, 顧惟菲德欽昊蒼.
> 選吉日兮表殷薦, 冀神鑒兮降閶陽.

하늘의 역수曆數77)가 밝은 당唐에게 돌아왔으니,

돌이켜보면 박덕薄德하오나 하늘을 공경하옵니다.

길일을 택하여 성대하게 제사를 올리오니,

신께서 살피시어 광명을 내려주시길 바라옵니다.

皇帝行用太和[圜鐘宮]

황제의 행차에는 〈태화太和〉를 쓴다.【원종궁圜鐘宮】

---

75) 금궐金闕 : 神仙이나 天帝가 거처한다는 황금 궁궐을 의미한다.

76) 자미紫微 : 天帝가 거처하는 곳으로, 天宮·紫宮·紫微宮이라고도 한다.

77) 역수曆數 : 제왕이 하늘을 대신해 백성을 다스리는 순서, 황위 계승의 순서를 의미한다.

恭臨寶位, 肅奉瑤圖. 恆思解網, 每軫泣辜.
德慚巢燧, 化劣唐虞. 期我良弼, 式贊嘉謨.

공손히 보위寶位에 임하여,

경건히 제위[瑤圖]78)를 받드나이다.

항상 그물을 풀어줄 것[解網]79)을 생각하고,

늘 죄인을 긍휼히 여기는 마음[泣辜]80)을 품습니다.

덕행은 유소씨有巢氏와 수인씨燧人氏에 부끄럽고,

교화는 요舜[唐]와 순堯[虞]보다 못합니다.

바라옵건대 저의 좋은 보필이 되셔서,

훌륭한 계획을 도와주소서.

告謝[圜鐘宮]

감사의 말씀을 올리며【원종궁圜鐘宮】

得一流玄澤, 通三御紫宸. 遠協千齡運, 遐銷九域塵.

---

78) 요도瑤圖 : 제왕의 계보를 말한다. 여기서는 帝位를 의미한다.

79) 해망解網 : 그물을 풀어준다는 뜻으로, 어진 德을 상징한다. 殷의 湯王이
들에 그물이 사방으로 둘러쳐져 있는 것을 보고서 한쪽만 남겨 두고 나머
지는 모두 거두게 하니, 제후들이 그 이야기를 듣고 湯王의 덕을 칭송했다
고 한다. "湯出, 見野張網四面, 祝曰, 自天下四方皆入吾網. 湯曰, 嘻,
盡之矣. 乃去其三面, 祝曰, 欲左左. 欲右右. 不用命, 乃入吾網. 諸侯聞
之, 曰, 湯德湯德至矣, 及禽獸."(『史記』「殷本紀」)

80) 읍고泣辜 : 제왕이 죄인을 불쌍히 여기는 것을 말한다. "禹가 나가서 죄인
을 보고는 수레에서 내려 (사정을) 물어보고 울었다.禹出見罪人, 下車問
而泣之."(『說苑』「君道」)

絶瑞駢闐集, 殊祥絡繹臻. 年登慶西畝, 稔歲賀盈囷.

하나를 얻어[得一][81] 황제의 은택[玄澤]을 널리 흐르게 하고,

정성이 하늘과 땅과 사람에 통하여[通三][82] 제위[紫宸][83]에

올랐네.

저 멀리 천년의 운과 화합하여,

구주九州[九域][84]의 먼지를 멀리 흩어버렸네.

빼어난 상서로움이 운집하며,

특별한 길조가 줄이어 모여드네.

풍년의 경사가 논밭에 깃들고,

풍년의 경축이 곳집에 가득하네.

---

81) 득일得一 : 하나를 얻다, 즉 완정한 도를 깨달았다는 의미다. "옛날부터 하나를 얻는 것이란, 하늘은 하나를 얻어 맑아지고, 땅은 하나를 얻어 평안해지고, … 侯王은 하나를 얻어서 천하를 올곧게 한다.昔之得一者, 天得一以淸, 地得一以寧 … 侯王得一以爲天下貞."(『道德經』 39장)

82) 통삼通三 : 三을 三靈으로 본다면 '通三'이란 天·地·人, 혹은 天神·地神·人鬼에 통한다는 의미이다. 천·지·인을 관통한다는 것은 王이 되었음을 뜻한다. 또한 '通三'은 훌륭한 군주가 되는 3가지 요건에 통한다는 의미로 볼 수도 있다. "그러므로 정치는 신중하지 않을 수 없으니, 다음 세 가지에 역점을 두어야 한다. 첫째는 인재를 가려 쓰는 것이요, 둘째는 백성을 기본으로 여기는 것이요, 셋째는 시대를 역행하지 않는 것이다.故政不可不愼也, 務三而已. 一曰擇人, 二曰因民, 三曰從時."(『左傳』「昭公 7年」)

83) 자신紫宸 : 천자가 거처하는 궁전을 말하는데, 제왕 혹은 제위의 의미로 쓰이기도 한다.

84) 구역九域 : 九州, 즉 중국 전체를 가리킨다.

登歌用肅和【無射均之林鐘羽】

등가登歌에는 〈숙화肅和〉를 쓴다.【무역균無射均의 임종우林鐘羽】

悠哉廣覆, 大矣曲成. 九玄著象, 七曜甄明.
珪璧是奠, 醍酹斯盈. 作樂崇德, 爰暢咸英.

유원悠遠하도다, 널리 땅을 덮음이여!

위대하도다, 만물을 모두 생성케 하심이여[曲成]![85]

하늘[九玄][86]은 그 모습을 또렷이 드러내고,

일월성신[七曜][87]은 빛을 빚어내네.

규벽珪璧을 올리고,

좋은 술 가득하네.

악樂을 연주해 덕을 높이고,

〈함咸〉[88]과 〈영英〉[89]을 펼치네.

---

85) 곡성曲成 : "만물을 곡진히 이루어 어느 것도 빠트리지 않는다.曲成萬物
而不遺."(『周易』「繫辭」)

86) 구현九玄 : 九天으로, 하늘의 가장 높은 곳을 말한다.

87) 칠요七曜 : 日月과 五星(金星·木星·水星·火星·土星)을 가리킨다.

88) 〈함咸〉: 堯가 지은 〈咸池〉를 가리킨다. 〈大咸〉이라고도 한다. 黃帝가 지
었는데 堯가 增修했다고도 한다. "〈함지〉는 (黃帝에게 덕행이) 갖추어짐
을 기린 것이다.咸池, 備矣."(『禮記』「樂記」) 이에 대해 鄭玄 注에서는
이렇게 말했다. "黃帝가 지은 樂名으로, 堯가 증수하여 사용했다. '咸'은
'모두'라는 의미이고 '池'는 '베풂'을 말하는데, 덕이 베풀어지지 않음이
없다는 말이다. 『주례』에서는 〈大咸〉이라고 하였다.黃帝所作樂名也, 堯
增脩而用之. 咸, 皆也, 池之言施也, 言德之無不施也. 周禮曰大咸."

89) 〈영英〉: 帝嚳이 지은 〈五英〉을 가리킨다. "옛날에 황제가 〈咸池〉를 지었
고, 전욱이 〈六莖〉을 지었고, 제곡이 〈五英〉을 지었고, 요가 〈大章〉을 지

迎俎用雍和【圜鐘均之黃鐘羽】

조조俎를 들일 때는 〈옹화雍和〉를 쓴다.【원종균圜鐘均의 황종우黃鐘羽】

> 郊壇展敬, 嚴配因心. 孤竹簫管, 空桑瑟琴.
> 肅穆大禮, 鏗鏘八音. 恭惟上帝, 希降靈歆.

교제郊祭 제단에서 공경스러움을 펼치고,

조상님을 배향함에 마음을 다하네.

고죽소관孤竹簫管[90],

공상금슬空桑瑟琴.[91]

엄숙한 대례大禮,

아름답게 울리는[鏗鏘][92] 온갖 악기[八音].[93]

었고, 순이 〈招〉를 지었고, 우가 〈夏〉를 지었고, 탕이 〈濩〉를 지었고, 무왕이 〈武〉를 지었고, 주공이 〈勺〉을 지었다. … 〈五英〉은 꽃이 무성한 것이다.昔黃帝作咸池, 顓頊作六莖, 帝嚳作五英, 堯作大章, 舜作招, 禹作夏, 湯作濩, 武王作武, 周公作勺. … 五英, 英華茂也."(『漢書』「禮樂志」)

90) 고죽소관孤竹簫管 : 孤竹(홀로 자란 대나무)으로 만든 簫와 管을 말한다. "靁鼓와 靁鼗, 孤竹으로 만든 管, 雲和에서 나온 나무로 만든 琴瑟을 연주하며, 〈雲門〉의 춤을 춘다.靁鼓靁鼗, 孤竹之管, 雲和之琴瑟, 雲門之舞."(『周禮』「春官·大司樂」)

91) 공상금슬空桑瑟琴 : 空桑은 산 이름으로, 瑟琴을 만들기에 좋은 재목이 난다고 한다. "靈鼓와 靈鼗, 孤竹으로 만든 管, 空桑의 나무로 만든 琴瑟을 연주하며, 〈咸池〉의 춤을 춘다.空桑之琴瑟, 咸池之舞."(『周禮』「春官·大司樂」)

92) 갱장鏗鏘 : 金石 악기의 소리로, 특히 鐘의 소리를 가리킨다.

93) 팔음八音 : 8가지 재료에 따라 악기를 분류한 것으로, 金·石·土·革·絲·木·匏·竹을 가리킨다. 또한 이러한 재료로 만들어진 모든 악기의 통칭

공손히 상제上帝께 바치오니,

강림하시어 흠향하소서.

酌獻用福和[圜鐘宮]

작헌酌獻에는 〈복화福和〉를 쓴다.[원종궁圜鐘宮]

九成爰奏, 三獻式陳. 欽承景福, 恭託明禋.

구성九成94)이 연주되고,

삼헌三獻95)의 예가 펼쳐지네.

큰 복을 공경히 받들고,

명인明禋96)의 예를 공손히 행하네.

中宮助祭昇壇用[函鐘宮]

황후가 조제助祭하러 단壇에 오를 때 쓴다.[함종궁函鐘宮]

이기도 하다.

94) 구성九成 : 樂舞를 9번 연주한다는 의미이며, '九變'이라고도 한다. 成과 變 모두 '奏(연주하다)'를 의미한다. "'成'은 樂曲이 완성되었음을 이른다. 鄭玄은 '成은 終과 같다'라고 하였다. 매 曲이 한 번 끝나면 반드시 바꾸어 다시 연주하기 때문에 經文에서는 '九成'이라 말하고 孔傳에서는 '九奏'라 말하고 『周禮』에서는 '九變'이라 일렀는데, 실은 동일한 것이다. 成, 謂樂曲成也. 鄭云, 成, 猶終也. 每曲一終, 必變更奏, 故經言九成, 傳言九奏, 周禮謂之九變, 其實一也."(『尚書注疏』「虞書」)

95) 삼헌三獻 : 제사 때 술잔을 3번 올리는 祭禮로, 初獻·亞獻·終獻을 말한다.

96) 명인明禋 : 정성스럽고 공경스럽게 올리는 제사를 말한다.

坤元光至德, 柔訓闡皇風. 芣苢芳聲遠, 螽斯美化隆.
叡範超千載, 嘉猷備六宮. 肅恭陪盛典, 欽若薦禋宗.

땅의 덕[坤元]97)으로 지극한 덕을 밝히니,

부드러운 가르침으로 황제의 교화를 펼친다네.

〈부이芣苢〉98)의 꽃다운 소리 멀리 울리고,

〈종사螽斯〉99)의 아름다운 교화가 융성하구나.

성명聖明한 규범[叡範]은 천년을 뛰어넘고,

훌륭한 계획은 황후다움[六宮]100)을 갖추었네.

경건하고 공손하게 성전盛典에 배석하여,

공경스럽게 육종六宗101)에 제사를 올리네.

---

97) 곤원坤元 : 大地가 만물을 생장하게 하는 덕을 의미하며, 王妃를 가리키기도 한다.

98) 〈부이芣苢〉: 『詩經』에 나오는 노래로, 芣苢(질경이)를 캘 때 부르던 노동요이다. 노동의 열정과 기쁨이 담겨 있다. "采采芣苢, 薄言采之. 采采芣苢, 薄言有之. 采采芣苢, 薄言掇之. 采采芣苢, 薄言捋之. 采采芣苢, 薄言袺之. 采采芣苢, 薄言襭之."

99) 〈종사螽斯〉: 『詩經』에 나오는 노래로, 螽斯(여치)처럼 자손이 많기를 갈구하며 부르던 민요이다. "螽斯羽, 詵詵兮. 宜爾子孫, 振振兮. 螽斯羽, 薨薨兮. 宜爾子孫, 繩繩兮. 螽斯羽, 揖揖兮. 宜爾子孫, 蟄蟄兮."

100) 육궁六宮 : 황후가 거처하는 곳을 말하며, 황후를 가리키기도 한다.

101) 육종六宗 : 六宗에 대해서는 여러 설이 있는데, 대표적인 것은 다음과 같다. 伏勝과 馬融은 天·地·春·夏·秋·冬을 가리킨다고 했으며, 賈逵는 天宗으로 日·月·星, 地宗으로 河·海·岱를 꼽았다. 鄭玄은 星·辰·司中·司命·風師·雨師를 가리킨다고 했으며, 張髦는 돌아가신 조상 중 三昭와 三穆이라고 했다.

亞獻用【函鐘宮】

아헌례亞獻禮에 쓴다.【함종궁函鐘宮】

三靈降饗, 三后配神. 虔敷藻奠, 敬展郊禋.

삼령三靈[102]께서 강림하시어 흠향하시니,

삼후三后[103]를 배향配享하네.

경건히 제물을 올리며,

공경스럽게 제사[郊禋][104]를 드리네.

送文舞出迎武舞入用舒和【圜鐘均之中呂商】

문무文舞를 보내고 무무武舞를 들일 때는 〈서화舒和〉를 쓴다.【원종
균圜鐘均의 중려상中呂商】

已陳粢盛敷嚴祀, 更奏笙鏞協雅聲.

璇圖寶曆欣寧謐, 晏俗淳風樂太平.

---

102) 삼령三靈 : 日·月·星, 또는 天·地·人, 또는 天神·地祇·人鬼를 가리
킨다.

103) 삼후三后 : 세 명의 先王을 의미한다. 天子와 諸侯를 '后'라고 칭했다. "三
后께서 하늘에 계시니, 왕(武王)께서 하늘과 짝하여 鎬京에 거하시었네.三
后在天, 王配于京."(『詩經』「下武」)『詩經』의 三后는 太王·王季·文王
을 가리킨다. 본문에서는 맥락상 당나라의 3명의 先王을 가리킨다.

104) 교인郊禋 : 제왕이 연기를 피워올려 천지에 제사지내는 大禮를 가리킨다.
'郊'는 제사를 지내는 장소를 가리킨다. '禋'은 땔나무를 쌓고서 그 위에
犧牲이나 玉帛 같은 제물을 올려놓고 태워서 그 연기가 하늘에 도달하도
록 올리는 제사인데, 광범하게 '제사'라는 의미로도 쓰인다.

제기에 담은 곡식[粢盛]을 올려 엄숙히 제사 드리고,
생笙[105]과 종[鏞]을 연주해 우아한 소리를 빚어내네.
국운[璇圖]과 황위[寶曆]는 평안함을 기뻐하고,
순박한 풍속은 태평성세를 즐거워하네.

武舞作用凱安【圜鐘均之無射徵】

무무武舞에는 〈개안凱安〉을 쓴다.【원종균圜鐘均의 무역치無射徵】

堂堂聖祖興, 赫赫昌基泰. 戎車盟津偃, 玉帛塗山會.
舜日啓祥暉, 堯雲卷征旆. 風猷被有截, 聲敎覃無外.

성대하도다, 성스러운 조상의 흥기하심이여!
혁혁하도다, 창성한 기초의 위대함이여!
병거[戎車]가 맹진盟津에 집결하고,[106]
(제후들이) 옥과 비단을 지니고 도산塗山에 모였지.[107]

---

105)

笙(『樂書』卷123)

106) 武王이 盟津에서 諸侯들을 회합해 출정식을 거행하고 商나라 紂王을
치러 갔던 일을 가리킨다.

순의 태양[舜日]은 상서로운 빛을 발하고,

요의 구름[堯雲]은 원정의 깃발을 거둬들였지.[108]

풍교風敎와 덕화德化는 천하에 퍼지고,

제왕의 명성과 교화는 온 세상에 이르네.

開元十一年玄宗祀昊天於圓丘樂章十一首

개원開元 11년(723), 현종玄宗이 원구圓丘에서 호천昊天에 제사지낼 때의 악장 11수.

降神用豫和【圓鐘宮三成, 黃鐘角一成, 太簇徵一成, 姑洗羽一成, 已上六變詞同.】
강신降神에는 〈예화豫和〉를 쓴다.【원종궁圓鐘宮 3번, 황종각黃鐘角 1번, 태주치太簇徵 1번, 고선우姑洗羽 1번, 이상 육변六變[109]의 곡사는 동일하다.】

---

107) "禹가 塗山에서 제후를 모았을 때 (맹약에 참가하고자) 玉과 帛을 가지고 온 나라가 1만 나라나 되었다.禹合諸侯於塗山, 執玉帛者萬國."(『春秋左傳』「哀公 7年」)

108) 舜과 堯는 賢君의 대명사이다. 舜日과 堯雲은 제왕의 盛德을 칭송하는 것으로, 태평성대를 비유한다. '堯天舜日'이라고도 한다.

109) 육변六變 : 天神에 대한 제사에서 樂이 6번 연주되는 것을 뜻한다. "冬至가 되면 땅 위의 圓丘에서 연주하는데, 악이 6번 연주되면 天神이 모두 내려와 올리는 의례를 받게 된다.冬日至, 於地上之圓丘奏之, 若樂六變, 則天神皆降, 可得而禮矣."(『周禮』「春官·大司樂」) 地祇에 대한 제사에서는 八變이고, 人鬼에 대한 제사에서는 九變이다. 본문에서 圓鐘宮 3成, 黃鐘角 1成, 太簇徵 1成, 姑洗羽 1成을 모두 더하면 六變이 된다. 成과 變 모두 '奏(연주하다)'를 의미한다. "'成'은 樂曲이 완성되었음을

至矣丕構, 蒸哉太平. 授犧膺籙, 復禹繼明.
草木仁化, 鳧鷖頌聲. 祀宗陳德, 無媿斯誠.

지극하도다, 대업[丕構]이여!

아름답도다, 태평성세여!

복희伏犧로부터 부명符命을 받들어 잇고[膺籙],[110]

다시 우禹로부터 제위를 이어받았네[繼明].[111]

초목은 인仁에 교화되었고,

〈부예鳧鷖〉[112]에는 칭송의 소리가 담겼네.

종묘에 제사 올리며 덕을 펼치니,

이 정성에 부끄러움이 없도다.

이른다. 鄭玄은 '成은 終과 같다'라고 하였다. 매 曲이 한 번 끝나면 반드시 바꾸어 다시 연주하기 때문에 經文에서는 '九成'이라 말하고 孔傳에서는 '九奏'라 말하고 『周禮』에서는 '九變'이라 일렀는데, 실은 동일한 것이다.成, 謂樂曲成也. 鄭云, 成, 猶終也. 每曲一終, 必變更奏, 故經言九成, 傳言九奏, 周禮謂之九變, 其實一也."(『尚書注疏』「虞書」)

110) 응록膺籙 : 符命을 받들어 잇는다는 뜻이다. 符命이란 하늘이 제왕이 될 만한 사람에게 내리는 상서로운 징조를 가리킨다.

111) 계명繼明 : '빛을 잇는다'는 뜻으로, 황제가 즉위하는 것을 의미한다.

112) 〈부예鳧鷖〉:『詩經』에 나오는 詩歌로, 周王이 제사지낼 때의 노래다. 鳧鷖는 물오리와 갈매기를 뜻하는데, 〈鳧鷖〉 각 연의 맨 앞에 '鳧鷖'가 등장한다. 「毛詩序」에 따르면, 〈鳧鷖〉는 태평시대의 왕이 능히 王業을 잘 지킴으로써 조상의 영혼이 그것을 안락하게 여기는 뜻을 노래한 것이다. "태평시대의 군자가 능히 지켜서 守成하니, 神祇와 祖考가 그것을 편안히 여기고 즐거워한다.大平之君子能持盈守成, 神祇祖考安樂之也."

迎神用歆和[四]113)

영신迎神에는 〈흠화歆和〉를 쓴다.

崇禮已備, 粢盛聿修. 潔誠斯展, 鐘石方遒.

성대한 제사가 이미 준비되고,

제물 또한 완비되었네.

순수한 정성을 펼치니,

음악 소리 더욱 강건해지네.

皇祖光皇帝室酌獻用長發【黃鐘宮. 詞同貞觀長發.】

황조皇祖 광황제光皇帝 묘실廟室의 작헌酌獻에는 〈장발長發〉을 쓴다.【황종궁黃鐘宮. 곡사는 정관貞觀 연간의 〈장발〉과 같다.】

太祖景皇帝室酌獻用大基【太簇宮. 詞同貞觀大基.】

태조太祖 경황제景皇帝 묘실의 작헌酌獻에는 〈대기大基〉를 쓴다.【태주궁太簇宮. 곡사는 정관貞觀 연간의 〈대기〉와 같다.】

代祖元皇帝室酌獻用大成【姑洗宮, 詞同貞觀大成.】

대조代祖 원황제元皇帝 묘실의 작헌酌獻에는 〈대성大成〉을 쓴다.【고선궁姑洗宮. 곡사는 정관貞觀 연간의 〈대성〉과 같다.】

高祖神堯皇帝室酌獻用大明【蕤賓宮. 詞同貞觀大明.】

고조高祖 신요황제神堯皇帝 묘실의 작헌酌獻에는 〈대명大明〉을 쓴

---

113) [교감기 4] "迎神用歆和"에서 '神'자는 『樂府詩集』 권10에 '祖'로 되어 있다. 『校勘記』 권14에서는 마땅히 '祖'를 써야 한다고 했다.

다.【유빈궁蕤賓宮. 곡사는 정관貞觀 연간의 〈대명大明〉과 같다.】

太宗文武聖皇帝室酌獻用崇德【夷則宮. 詞同貞觀崇德.】

태종太宗 문무성황제文武聖皇帝 묘실의 작헌酌獻에는 〈숭덕崇德〉을 쓴다.【이칙궁夷則宮. 곡사는 정관貞觀 연간의 〈숭덕崇德〉과 같다.】

高宗天皇大帝室酌獻用鈞天【黃鐘宮. 詞同光宅鈞天.】

고종高宗 천황대제天皇大帝 묘실의 작헌酌獻에는 〈균천鈞天〉을 쓴다.【황종궁黃鐘宮. 곡사는 광택光宅 연간(684)의 〈균천鈞天〉과 같다.】

義宗孝敬皇帝室酌獻用承光 [五]114)【黃鐘宮】

의종義宗115) 효경황제실孝敬皇帝 묘실의 작헌酌獻에는 〈승광承光〉을 쓴다.【황종궁黃鐘宮】

----

114) [교감기 5] "義宗孝敬皇帝室酌獻用承光"에서 '義'자는 각 본에 원래 '懿'로 되어 있다. 『舊唐書』권86 「孝敬皇帝傳」에 근거해서 (義로) 고쳤다. '光'자는 각 본에 원래 '和'로 되어 있고, 『樂府詩集』권10에는 '光'으로 되어 있다. 『校勘記』권14에서 "생각건대 아래 문장에서 '承光紫微'라고 명확히 언급했으니 마땅히 '光' 자가 맞다. 孝敬皇帝 廟樂 注에서는 光으로 맞게 인용했다. 今本의 앞뒤 문장에서 모두 '和'자로 되어 있는 것은 오류다. 按下文明言承光紫微, 則當以光字爲是. 孝敬皇帝廟樂注所引正作光, 今本蓋涉上下文諸和字而誤."라고 한 것에 근거해 (光으로) 고쳤다.

115) 의종義宗：唐 高宗 李治의 다섯째 아들이자 武則天의 長子인 李弘 (652~675)을 가리킨다. 李弘은 高宗이 두 번째로 세운 太子인데 太子로 있을 때 사망했다. 高宗은 전례를 깨고 太子 李弘을 皇帝로 追贈하고 孝敬이라는 시효를 내리고 天子의 禮로 恭陵에 제사지냈다.

金相載穆, 玉裕重暉. 養德淸禁, 承光紫微.
乾宮候色, 震象增威. 監國方永, 賓天不歸.
孝友自衷, 溫文性與, 龍樓正啓, 鶴駕斯擧.
丹宸流念, 鴻名式序. 中興考室, 永陳彝俎.

금金은 엄숙함을 더하고,

옥玉은 빛을 거듭 밝히네[重暉].[116]

황궁[淸禁][117]에서 덕을 기르고,

자미紫微[118]에서 빛을 이었네.

천궁[乾宮]은 기색氣色을 돕고,

진상震象[119]은 위엄을 더하네.

정사를 돌보심[監國][120]이 바야흐로 길이 이어지려는데,

빈천賓天[121]하시어 돌아오시지 않는구나.

---

116) 중휘重暉 : '빛을 거듭 밝히다'라는 뜻으로, 빛나는 업적을 계승하는 것을 의미한다.

117) 청금淸禁 : 宮禁이라고도 하며, 황제가 거하는 皇宮을 말한다.

118) 자미紫微 : 天子가 사는 곳을 상징한다. "紫宮垣의 15개 별은 서쪽 7개, 동쪽 8개로 北斗의 북쪽에 있다. 紫微라고 하는 것은 大帝의 자리이며 天子가 늘 거하는 곳으로, 命運과 度數를 주관한다.紫宮垣十五星, 其西蕃七, 東蕃八, 在北斗北. 一曰紫微, 大帝之坐也, 天子之常居也, 主命主度也."(『晉書』「天文志」)

119) 진상震象 : 『周易』「說卦」에서 "震은 용이다.震爲龍."라고 한 데서 '震象'은 帝王의 象을 의미한다. 또한 국가 흥기의 象을 가리키기도 한다.

120) 국감國監 : 중국의 고대 정치제도로, 皇帝가 外出했을 때 중요 인물(일반적으로 皇太子)이 궁정에 남아서 國事를 대신하는 것을 가리킨다. 君主가 親政할 수 없을 때 다른 사람이 朝政을 대신하는 것을 가리키기도 한다.

효도와 우애는 마음속에서 우러나오고,

온화함과 문아文雅함은 타고나셨네.

태자궁의 문[龍樓]122)이 막 열렸는데,

학가鶴駕123) 타고 올라가셨네.

황궁[丹扆]124)에는 오래도록 그리움이 전해지고,

훌륭한 이름[鴻名]은 차례차례 나타나네.

고실考室125)을 중흥시켜,

영원토록 이彛126)와 조俎를 올리겠나이다.

皇帝飮福用延和[黃鐘宮]

황제의 음복飮福에는 〈연화延和〉를 쓴다.[황종궁黃鐘宮]

---

121) 빈천賓天 : 帝王의 죽음을 완곡히 이르는 말이다.

122) 용루龍樓 : 漢나라 때 太子宮의 宮門인 龍樓門을 가리킨다. 太子가 거
처하던 宮을 의미하기도 한다. 太子, 또는 朝堂을 의미하기도 한다.

123) 학가鶴駕 : 太子가 타는 수레를 가리킨다. 신선이 타는 수레를 가리키기
도 한다. 신선이 학을 타고 하늘로 올라간 데서, '죽음'을 완곡하게 표현할
때 '鶴駕'라는 용어를 사용하기도 한다.

124) 단의丹扆 : 왕의 자리에 설치해 놓은 붉은 비단으로 된 병풍이다. 여기서
는 丹扆를 황제가 거주하는 황궁의 의미로 풀었다. '扆'는 '依'로, 明堂에
세워 놓았던 도끼 형상의 자수가 새겨진 병풍이다. "천자가 병풍을 세워
그 앞에 서면 제후는 북쪽을 면하여 천자를 알현한다.天子當依而立, 諸
侯北面而見天子."(『禮記』「曲禮」)

125) 고실考室 : 宮寢 落成의 禮를 가리킨다. 종묘나 궁실이 완공되었을 때 거
행하는 祭禮로, 새로 완성된 건축물에 피를 바르고 제사지내는 의식이다.

126) 이彛 : 청동 酒器로, 제사용 禮器로 사용되었다.

巍巍累聖, 穆穆重光. 奄有區夏, 祚啓隆唐.
百蠻飮澤, 萬國來王. 本枝億載, 鼎祚逾長[六].127)

위대하도다, 쌓아 올린 성덕聖德이여!

아름답도다, 거듭된 빛이여[重光]!128)

이에 화하華夏를 거느리고,

하늘이 내리신 복으로 대당大唐을 여시었네.

백만百蠻이 은택을 입고,

만국萬國이 입조入朝하여 알현하도다.

황실이 억만년 이어지고,

국운國運[鼎祚]이 영원하리라.

皇帝行用太和

황제의 행차에는 〈태화太和〉를 쓴다.

郊壇齊帝, 禮樂祠天. 丹靑寰宇, 宮徵山川.
神祇畢降, 行止重旋. 融融穆穆, 納祉洪延.

---

127) [교감기 6] "迎神用歆和 … 鼎祚逾長"에서, 『樂府詩集』권10에서 인용한 『舊唐書』「音樂志」에 따르면 〈歆和〉부터 〈延和〉까지의 9章은 마땅히 『舊唐書』「音樂志」下卷의 '中宗 孝和皇帝 神龍 元年에 太廟에 제사지낼 때의 樂章 20首 중의 〈虔和〉章과 〈同和〉章 사이에 놓여야 한다. 이곳에 자리한 것은 錯簡(배열상의 오류)이다. 『校勘記』권14에 상세한 고증이 있으므로 여기서는 생략하기로 한다.

128) 중광重光: 거듭 빛나다. 왕위가 계속 이어지면서 聖德을 펼친 것을 칭송하는 표현이다. "옛 임금이신 文王과 武王은 거듭 빛나는 聖德을 펼치셨네.昔君文王·武王, 宣重光."(『尙書』「顧命」)

교단郊壇에서 상제께 제사지내니,

예악으로 하늘에 제사하네.

그림 같은 천지,

음악 소리 가득한 산천.

신기神祇께서 모두 강림하시어,

다니시고 머무시고 되돌아오시는구나.

온화하고 우아하여라,

받은 복 길이 이어지리라.

登歌奠玉帛用肅和

등가登歌하고 옥과 비단을 올릴 때는 〈숙화肅和〉를 쓴다.

> 止奏潛聆, 登儀宿轉. 大玉躬奉, 參鍾首奠.
> 簠簋聿昇, 犧牲遞薦. 昭事顯若, 存存以俔.

연주 그쳐 가만히 귀 기울이니,

진헌할 예물[登儀]이 거듭 올라오네.

커다란 보옥寶玉을 친히 받들고,

세 번의 술잔을 먼저 올리네.

보簠와 궤簋129)의 제수를 받들어 올리고,

희생犧牲을 차례대로 올리네.

경건하게[顯若] 제사하며[昭事],

두려운 마음을 보존하네.

---

129) 보簠와 궤簋 : 簠는 네 다리가 달린 장방형의 그릇으로 주로 곡식을 담았
고, 簋는 입구가 둥근 모양의 그릇으로 음식물을 담았다.

迎俎入用雍和

조조俎를 들일 때는 〈옹화雍和〉를 쓴다.

爛雲普洽, 律風無外. 千品其凝, 九賓斯會.
禋樽晉燭, 純犧滌汰. 玄覆攸廣, 鴻休汪濊.

빛나는 구름은 온 세상에 펼쳐지고,
조화로운 바람[律風][130]은 이르지 않는 곳이 없도다.
각종 물품[千品][131]이 이곳에 집결하고,
구빈九賓[132]이 여기에 모였도다.
제사에 올린 술잔에는 촛불이 어른거리고,
순색純色의 희생은 정갈히 씻겼구나.
하늘의 보우하심은 넓고도 넓으니,
크나큰 복 넘쳐나리라.

---

130) 율풍律風 : 조화로운 바람을 의미한다. "지극히 잘 다스려지는 세상에서
    는 천지의 기가 합해져 바람이 생겨난다. 천지의 風氣가 바르면 12율이
    정해진다.至治之世, 天地之氣合以生風. 天地之風氣正, 十二律定."
    (『漢書』「律曆志」) 顔師古 注에서 "律이 風氣를 얻으면 소리가 되고,
    바람이 조화로우면 律이 조화로워진다.律得風氣而成聲, 風和乃律調
    也."라고 했다.

131) 천품千品 : 각종 물품을 의미한다. "이때 庭實이 千品이고, 맛있는 술이
    萬鍾이다.於是庭實千品, 旨酒萬鍾."(『後漢書』「班固傳」) 李賢 注에서
    "庭實은 공물로 바친 물품이다.庭實, 貢獻之物也."라고 했다.

132) 구빈九賓 : 천자가 외국이나 제후의 나라에서 보내온 사자를 맞아 가장
    성대한 의례를 행할 때 九賓에 해당하는 모든 관원들이 참석하여 맞이하
    도록 했다. 九賓은 公·侯·伯·子·男·孤·卿·大夫·士를 말한다.

皇帝酌獻天神用壽和

황제의 작헌酌獻에는 〈수화壽和〉를 쓴다.

六變爰闋, 八階載虔. 祐我皇祚, 於萬斯年.

(악樂이) 육변六變[133]하여 끝이 나고,

팔계八階[134]에서 경건함을 다하네.

우리 황실[皇祚][135]을 보우하사,

만년토록 이어지게 하소서.

酌獻配座用壽和

배좌配座에 작헌酌獻할 때는 〈수화壽和〉를 쓴다.

於赫聖祖, 龍飛晉陽. 底定萬國, 奄有四方.

功格上下, 道冠農黃. 郊天配享, 德合無疆.

빛나는구나, 성스러운 선조여!

용이 진양晉陽[136]에서 날아올랐다네.

---

133) 육변六變 : 天神에 대한 제사에서 樂이 6번 연주되는 것을 뜻한다. "冬至
가 되면 땅 위의 圜丘에서 연주하는데, 악이 6번 연주되면 天神이 모두
내려와 올리는 의례를 받게 된다.冬日至, 於地上之圜丘奏之, 若樂六變,
則天神皆降, 可得而禮矣."(『周禮』「春官·大司樂」) 地祇에 대한 제사
에서는 八變이고, 人鬼에 대한 제사에서는 九變이다.

134) 팔계八階 : 8층의 계단이다. 八墀, 八陛라고도 한다. 天子가 天地에 제사
지내는 祭壇에 8층의 계단이 있었다.

135) 황조皇祚 : 帝統, 皇位를 가리킨다.

136) 진양晉陽 : 오늘날 山西省 太原市 내에 자리했다. 晉陽 古城에는 唐,

만국을 평정하시고,

사방을 모두 차지하셨네.

공功은 하늘과 땅에 이르고,

도道는 신농神農과 황제黃帝를 뛰어넘으시네.

천신에 배향配享하여 제사지내니,

그 덕이 무한하도다[德合無疆].[137]

飮福酒用壽和

음복飮福에는 〈수화壽和〉를 쓴다.

崇崇太畤, 肅肅嚴禋. 粢盛旣潔, 金石畢陳.
上帝來享, 介福爰臻. 受釐合福, 寶祚惟新.

높고 높은 제단[太畤],[138]

엄숙히 올리는 장중한 제사.

제물로 올린 곡식 정갈하고,

종과 경[金石][139] 모두 갖추어졌네.

五代 시기의 도시 면모가 잘 보존되어 있다. 晉陽을 太原, 또는 北都라고도 한다. 李世民이 "왕업의 기초이자 국가의 근본王業所基, 國之根本"이라고 했을 만큼 唐나라에 중요한 곳으로, 唐나라가 起兵한 곳이자 북방의 경제·군사 요지였다. 天授 元年(690)에 武則天은 晉陽을 北都로 정하여 上都 長安, 神都 洛陽과 병칭했다. 天寶 元年(742)에 唐 玄宗은 北京으로 개칭하여 西都 長安, 東道 洛陽과 병칭했다.

137) 덕합무강德合無疆 : "坤은 두터워 만물을 실으니 그 덕이 무한함에 부합한다.坤厚載物, 德合無疆."(『周易』「坤卦·象傳」)

138) 태치太畤 : 天子가 天神에게 제사지낼 때의 祭壇인 泰畤를 가리킨다.

상제께서 흠향하시니,

큰 복[介福]이 이르리라.

제사지낸 고기를 받아[受釐]¹⁴⁰⁾ 복을 만났으니,

국운이 날로 새로우리라.

送文舞出迎武舞入用舒和

문무文舞를 보내고 무무武舞를 들일 때는 〈서화舒和〉를 쓴다.

祝史正辭, 人神慶協. 福以德昭, 享以誠接.

六變云備, 百禮斯浹. 祀事孔明, 祚流萬葉.

축사祝史¹⁴¹⁾가 바른말을 하니,¹⁴²⁾

인간과 신이 경사스럽게 화합하네.

복은 덕으로써 밝아지고,

흠향은 정성으로써 받아들여진다네.

---

139) 금석金石 : 鐘과 磬을 가리킨다. "토목으로 높이 짓고 단청으로 칠한 것
을 아름다움으로 여기거나 金·石·匏·竹의 악기를 크게 벌려놓고 시끄
럽게 하는 것을 즐거움으로 여긴다는 말은 들어보지 못했습니다.不聞其
以土木之崇高, 彤鏤爲美, 而以金石匏竹之昌大, 囂庶爲樂."(『國語』
「楚語」) 韋昭 注에서 "금은 종이고, 석은 경이다.金, 鐘也, 石, 磬也."라
고 했다.

140) 수희受釐 : 제사를 지낸 후의 절차로, 신이 드신 고기와 술을 내려받아
복을 받는 飮福을 말한다. '釐'는 '胙'와 같은 뜻으로, 제사지낸 고기이다.

141) 축사祝史 : 축문을 읽어 신에게 축원하는 바를 전하고, 또 신의 대답을
대신 전하는 祭官을 의미한다.

142) "축사가 (神에게) 바른말을 하는 것이 '信'이다.祝史正辭, 信也."(『春秋
左傳』「桓公 7年」)

육변六變143)의 악무가 준비되고,

백 가지 예[百禮]가 갖추어졌으니.

제사가 광명光明하여,

복이 만대에 전해지리라.

武舞用凱安

무무武舞에는 〈개안凱安〉을 쓴다.

馨香惟后德, 明命光天保. 肅和崇聖靈, 陳信表皇道.
玉鏚初蹈厲, 金貌甌静好.

향기로움은 오로지 제왕의 덕이니,144)

하늘의 밝으신 명[明命]이 하늘의 보우하심을 빛낸다네.

경건함과 화락함으로 성스러운 신령을 존숭하고,

정성스러움을 펼쳐 황도皇道145)를 드러낸다네.

옥도끼[玉鏚]146)를 든 춤사위 힘차게 시작하니,

---

143) 육변六變 : 天神에 대한 제사에서 樂이 6번 연주되는 것을 뜻한다. "冬至가 되면 땅 위의 圓丘에서 연주하는데, 악이 6번 연주되면 天神이 모두 내려 올리는 의례를 받게 된다.冬日至, 於地上之圜丘奏之, 若樂六變, 則天神皆降, 可得而禮矣."(『周禮』「春官·大司樂」) 地祇에 대한 제사에서는 八變이고, 人鬼에 대한 제사는 九變이다.

144) "지극한 다스림은 그 향이 멀리 퍼져 신명도 감동시킨다. 기장이 향기로운 것이 아니라 밝은 덕이 향기로운 것이다.至治馨香, 感于神明. 黍稷非馨, 明德惟馨."(『尙書』「君陳」)

145) 황도皇道 : 帝王이 나라를 다스리는 법칙을 의미한다.

146) 옥척玉戚 : 玉戚이라고도 한다. 옥도끼라는 의미로, 천자의 武舞에 사용

악기 소리[金匏] 그윽하구나.

禮畢送神用豫和

예를 마치고 송신送神할 때는 〈예화豫和〉를 쓴다.

> 大號成命, 思文配天. 神光胖蠁, 龍駕言旋.
> 眇眇閶闔, 昭昭上玄. 俾昌而大, 於萬斯年.

성명成命[147]을 크게 내리시니,

문덕을 갖추어 하늘에 짝할 만하도다[思文配天].[148]

신령스런 빛이 널리 퍼지고[胖蠁],[149]

하는 舞具이다. "朱干과 玉戚으로 〈대하〉를 추고 八佾로 〈대무〉를 추는데, 이것은 모두 천자의 예이다.朱干 · 玉戚. 以舞大夏. 八佾以舞大武, 此皆天子之禮也."(『春秋公羊傳』 「昭公 25年」) "季夏 6월에 太廟에서 周公에게 禘祭를 올리는데 … 朱干과 玉戚을 들고 면류관을 쓰고 (周나라의 武舞인) 〈대무〉를 춘다.季夏六月, 以禘禮祀周公於大廟 … 朱干玉戚, 冕而舞大武."(『禮記』 「明堂位」) "오늘날 … 무무를 출 때는 방패와 도끼를 들고 춘다.今 … 武舞執干戚."(『隋書』 「音樂志」)

玉戚(聶崇義, 『三禮圖』)

147) 성명成命 : 이미 정해진 天命, 이미 하달된 명령을 뜻한다. "하늘이 정하신 명이 있어, 二后(文王과 武王)께서 그것을 받으셨도다.昊天有成命, 二后受之."(『詩經』 「周頌 · 昊天有成命」)

148) 사문배천思文配天 : "문덕을 갖춘 후직, 하늘과 짝할 만하다.思文后稷, 克配彼天."(『詩經』 「周頌 · 思文」)라는 구절에 근거한 표현이다. 『詩經』 「周頌 · 思文」은 백성들이 곡식을 먹게 해준 后稷의 덕을 기리는 시가이다.

용이 모는 수레는 돌아가려 하네.

멀고 먼 천문天門[閭闔],

밝고 밝은 하늘[上玄]이시어.

부디 창성하고 강대하게 하시어,

만년토록 이어지게 하소서.

皇帝還大次用太和

황제가 대차大次[150]로 돌아올 때는 〈태화太和〉를 쓴다.

六成旣閡, 三薦云終. 神心具醉, 聖敬愈崇.
受釐皇邸, 迴蹕帷宮. 穰穰之福, 永永無窮.

여섯 차례[六成][151]의 연주가 끝나고,

삼헌三獻의 예[三薦][152]도 끝났네.

---

149) 힐향肸蠁 : 소리나 기체가 널리 퍼진다는 의미다. 끊이지 않고 이어지다,
신령스러운 感應이 은미한 데까지 통한다는 의미도 있다.

150) 대차大次 : 천자가 出宮하여 제사를 지내거나 제후가 朝覲하고 會同할
때 行禮 장소에 도착하여 행사 전에 머무는 곳을 '大次'라 한다. 행례를
마친 후 물러나서 다음 행례를 대기하는 곳을 '小次'라고 한다.

151) 육성六成 : 六變이라고도 한다. 天神에 대한 제사에서 樂이 6번 연주되
는 것을 뜻한다. "冬至가 되면 땅 위의 圓丘에서 연주하는데, 악이 6번
연주되면 天神이 모두 내려와 올리는 의례를 받게 된다.冬日至, 於地上
之圓丘奏之, 若樂六變, 則天神皆降, 可得而禮矣."(『周禮』 「春官 · 大
司樂」) 地祇에 대한 제사에서는 八變이고, 人鬼에 대한 제사에서는 九
變이다.

152) 삼천三薦 : 신에게 술을 3번 올리는 三獻禮를 말한다. 初獻 · 亞獻 · 終獻
을 합하여 '三獻'이라고 한다.

신의 마음까지 취하셨으니,

성스러운 공경은 더욱 높아가네.

황저皇邸[153])에서 수희受釐[154])하시고,

유궁帷宮[155])으로 돌아오시네.

크나큰[穰穰][156]) 복,

길이길이 다함이 없으리라.

玄宗開元十三年, 封泰山祀天樂章十四首【中書令燕國公張說作, 今行用.】

현종玄宗 개원開元 13년, 태산泰山에서 하늘에 봉제封祭를 올릴 때의 악장 14수【중서령中書令 연국공燕國公 장열張說이 만든 것으로, 지금 사용되고 있다.】

降神用豫和六變.

강신降神에는 〈예화豫和〉를 사용해 육변六變[157])한다.

---

153) 황저皇邸 : 제례를 행할 때 皇帝의 좌석 뒤로 병풍을 친 곳을 말한다.

154) 수희受釐 : 제사를 지낸 후의 절차로, 신이 드신 고기와 술을 내려받아 복을 받는 飲福을 말한다.

155) 유궁帷宮 : 大次를 말한다. 즉 나라의 큰 행사 때 장막을 쳐서 마련한 황제의 임시 거처이다.

156) 양양穰穰 : 풍성함을 형용하는 말이다. "종과 북이 둥둥 울리고, 경과 피리 소리 쟁쟁하여라. 내리시는 복이 풍성하고도, 내리시는 복이 크구나.鐘鼓喤喤, 磬筦將將, 降福穰穰, 降福簡簡."(『詩經』「周頌 · 執競」)

157) 육변六變 : 天神에 대한 제사에서 樂이 6번 연주되는 것을 뜻한다. "冬至

夾鐘宮之一

협종궁夾鐘宮의 첫 번째

款泰壇, 柴泰淸. 受天命, 報天成.
悚皇心, 薦樂聲. 志上達, 歌下迎.

태산의 제단[泰壇]에 올라,

섶을 태워 연기를 태청泰淸(하늘)으로 올려 보내네.

천명天命을 받았으니,

하늘의 이루심에 보답하고자 한다네.

황제의 마음을 공경스럽게 다잡고,

음악 소리 바치네.

뜻은 위로 하늘에 이르고,

노랫소리는 아래에서 맞이하네.

夾鐘宮之二

협종궁夾鐘宮의 두 번째

億上帝, 臨下庭. 騎日月, 陪列星.
嘉祝信, 大糦馨. 澹神心, 醉皇靈.

상제를 간절히 그리니,

가 되면 땅 위의 圓丘에서 연주하는데, 악이 6번 연주되면 天神이 모두
내려와 올리는 의례를 받게 된다.冬日至, 於地上之圓丘奏之, 若樂六變,
則天神皆降, 可得而禮矣.”(『周禮』「春官·大司樂」) 地祇에 대한 제사
에서는 八變이고, 人鬼에 대한 제사에서는 九變이다.

아래로 강림하시네.

해와 달을 타고,

별들을 대동하시네.

훌륭한 축사祝史의 말은 믿을 만하고[158],

기장은 향기롭구나.

신의 마음을 평안케 하고,

황령皇靈[159]을 취하게 하네.

夾鐘宮之三
협종궁夾鐘宮의 세 번째

相百辟, 貢八荒. 九歌敍, 萬舞翔.

肅振振, 鏘皇皇. 帝欣欣, 福穰穰.

제후[百辟][160]들이 도우니,

팔방[八荒]에서 공물貢物이 이르네.

구가九歌[161]의 연주가 차례로 이어지니,

---

158) "축사가 (神에게) 바른말을 하는 것이 '信'이다.祝史正辭, 信也."(『春秋左傳』「桓公 7年」)

159) 황령皇靈 : 조상, 天帝, 皇帝를 뜻한다.

160) 백벽百辟 : 諸侯, 또는 百官을 의미한다.

161) 구가九歌 : 여러 종류의 악곡을 의미한다. 禹 때의 악곡 중에 '九歌'가 있었다. "啓가 하늘에서 〈구변〉과 〈구가〉를 얻어왔다네.啓九辯與九歌兮."(『楚辭』「離騷」) 王逸 注에서 "〈구변〉〈구가〉는 우의 악곡이다.九辯, 九歌, 禹樂也."라고 했다. 여기서는 〈구가〉라는 특정 악곡이 아닌 여러

만무萬舞162)의 춤사위가 날아오르는구나.

엄숙한 모습은 위풍당당하고,

쟁쟁 울리는 소리는 성대하도다.

상제께서 기뻐하시니,

복이 풍성하리라[穰穰].163)

黃鐘宮

황종궁黃鐘宮

高在上, 道光明. 物資始, 德難名.

承眷命, 牧蒼生. 寰宇謐, 太階平.

(상제께서는) 높이 위에 계시고,

도道는 밝게 빛나네.

만물이 이를 근본으로 비롯되니[物資始],164)

종류의 악곡을 의미하는 것으로 보았다.

162) 만무萬舞 : 文舞와 武舞를 아울러 일컫는 말이다. 萬舞를 干羽라고도
하는데, 干은 武舞를 상징하고 羽는 文舞를 상징한다. 武舞를 출 때는
오른손에 戚(도끼)을 들고 왼손에 干(방패)를 들고 춘다. 文舞를 출 때는
오른손에 翟(꿩 깃)를 들고 왼손에 籥을 들고 춘다. "힘차고 힘차게, 만무
를 추려 하네.簡兮簡兮, 方將萬舞."(『詩經』「邶風·簡兮」) 鄭玄 注에서
"萬으로써 춤의 총명으로 삼았다. 干戚(무무)과 羽籥(문무)가 모두 해당
된다.以萬者舞之總名, 干戚與羽籥皆是."라고 했다.

163) 양양穰穰 : 풍성함을 형용하는 말이다. "종과 북이 둥둥 울리고, 경과 피
리 소리 쟁쟁하여라. 내리시는 복이 풍성하고도, 내리시는 복이 크구나.鐘
鼓喤喤, 磬筦將將, 降福穰穰, 降福簡簡."(『詩經』「周頌·執競」)

그 공덕을 일컬을 수 없구나.

(상제께서) 총애하시고 부여하신 중임[眷命]165)을 이어받아,

만백성[蒼生]을 다스리나니.

천하[寰宇]가 안정되고,

천하가 태평하리라[太階平].166)

太簇徵

태주치太簇徵

天道無親, 至誠與鄰. 山川遍禮, 宮徵惟新.

---

164) 물자시物資始 : "위대하구나, 乾元이여. 만물이 이를 근본으로 비롯되니, 이에 하늘을 통솔한다. 大哉, 乾元. 萬物資始, 乃統天."(『周易』「乾卦·象傳」)

165) 권명睠命 : '眷命'이라고도 하며, 총애하고 중임을 부여한다는 의미다. "천제께서 총애하시고 중임을 부여하시니, 사해를 모두 소유하시어 천하의 군주가 되셨습니다. 皇天眷命, 奄有四海, 爲天下君."(『尙書』「大禹謨」)

166) 太階는 泰階라고도 하며, 큰곰자리에 속하는 3쌍의 별로 上台·中台·下台의 三台星을 가리킨다. 이 별에 이상이 없으면 천하가 태평하다고 여겨졌다. "이로써 북두성의 운행이 바르고, 泰階가 가지런해진다. 是以玉衡正而泰階平也."(揚雄의「長楊賦」) 李善 注에서는 이렇게 말했다. "泰階는 하늘의 삼계다. 상계의 상성은 천자고, 하성은 여주이다. 중계의 상성은 제후와 삼공이고, 하성은 경대부이다. 하계의 상성은 원사이고, 하성은 서인이다. 삼계가 고르면, 음양이 화합하고 비와 바람이 때에 맞으며 풍년이 들고 백성이 편안하며 천하가 평안하다. 이를 일러 태평이라고 한다. 泰階者, 天之三階也. 上階上星爲天子, 下星爲女主. 中階上星爲諸侯三公, 下星爲卿大夫. 下階上星爲元士, 下星爲庶人. 三階平則陰陽和, 風雨時, 歲大登, 民人息, 天下平, 是謂太平."

玉帛非盛, 聰明會貞. 正斯一德, 通乎百神.

천도는 편애함이 없으니[天道無親],[167]

지극한 정성과 이웃하신다네.

산천에 예를 다하니,

음악 소리[宮徵]가 새롭구나.

옥과 비단이 성대하진 않으나,

귀 밝고 눈 밝음이 곧음에 부합하네.[168]

이 하나의 덕[一德]을 바르게 하면,

모든 신[百神]과 통하리로다.

姑洗羽

고선우姑洗羽

饗帝饗親, 維孝維聖. 緝熙懿德, 敷揚成命.
華夷志同, 笙鏞禮盛. 明靈降止, 感此誠敬.

상제께 제사 올리고 조상께 제사 올리나니,

효성스럽고 성스럽도다.

아름다운 덕을 빛나게[緝熙][169] 하고,

---

167) 천도무친天道無親 : "천도는 편애함이 없고 선인과 늘 함께한다.天道無親, 常與善人."(『老子』79장)

168) "신은 귀 밝고 눈 밝고 바르고 곧으며 한결같으신 분이다.神, 聰明正直而壹者也."(『左傳』「莊公 32年」)

169) 집희緝熙 : "경건하신 문왕이여, 계속해서 빛나시고 공경함에 머무시네. 穆穆文王, 於緝熙敬止."(『詩經』「大雅·文王」) 毛傳에서 풀이하길, "緝

하늘이 정하신 명[成命]170)을 널리 떨치니.

화이華夷의 뜻이 일치하고,

생笙과 종[鏞]의 예禮가 성대하구나.

성명聖明한 신령께서 강림하시니,

이 정성과 공경에 감응하심이로다.

迎送皇帝用太和

황제를 맞이하고 전송할 때는 〈태화太和〉를 쓴다.

孝敬中發, 和容外彰. 騰華照宇, 如昇太陽.
貞璧就奠, 玄靈垂光. 禮樂具擧, 濟濟洋洋.

효경孝敬이 마음에서 우러나오고,

온화한 용모가 밖으로 드러나도다.

뛰어난 빛이 세상을 밝히니,

마치 떠오른 태양과 같구나.

정결한 옥을 제단에 바치니,

신령께서 빛을 드리우시네.

예악이 모두 갖추어지니,

성대하고 아름답구나[濟濟洋洋].

熙는 밝게 빛나는 것이다.緝熙, 光明也."라고 했다.

170) 성명成命 : 이미 정해진 天命, 이미 하달된 명령을 뜻한다. "하늘이 정하
신 명이 있어, 二后(文王과 武王)께서 그것을 받으셨도다.昊天有成命,
二后受之."(『詩經』「周頌·昊天有成命」)

登歌奠玉帛用肅和[羽調]

등가登歌하고 옥과 비단을 올릴 때는 〈숙화肅和〉를 쓴다.[우조羽調]

奠祖配天, 承天享帝. 百靈咸秩, 四海來祭.
植我蒼璧, 布我玄製. 華日徘徊, 神靈容裔.

조상을 제사지내 하늘과 짝하게 하고[配天],
천명을 받들어 상제께 제사 올리나이다.
백령百靈께 모두 차례대로 제사지내니[咸秩],[171]
사해四海가 모두 와서 제사 올리네.
나의 창벽蒼璧[172]을 놓아두고[植],[173]
나의 검은 옷을 펼쳐놓네.
태양은 천천히 움직이고,
신령께서도 한가로이 거니시네[容裔].[174]

---

171) 함질咸秩 : 모두 차례대로 일을 진행하는 것을 의미한다. "왕께서 처음 성대한 예를 거행하여 새 도읍에서 제사하시되 기록에 없는 것까지 모두 차례로 제사하소서.王肇稱殷禮, 祀於新邑, 咸秩無文."(『尙書』「洛誥」)

172) 창벽蒼璧 : 하늘에 제사지낼 때 사용하는 푸른 玉器로, 가운데에 구멍이 뚫린 원형이다. "옥으로 6가지 옥기를 만들어 천지 사방에 예를 드린다. 창벽으로 하늘에 예를 드리고, 황종으로 땅에 예를 드리고, 청규로 동방에 예를 드리고, 적장으로 남방에 예를 드리고, 백호로 서방에 예를 드리고, 현황으로 북방에 예를 드린다.以玉作六器, 以禮天地四方, 以蒼璧禮天, 以黃琮禮地, 以靑圭禮東方, 以赤璋禮南方, 以白琥禮西方, 以玄璜禮北方."(『周禮』「春官·大宗伯」)

173) 치植 : '置(놓다, 두다)'를 의미한다. "벽을 두고 규를 손에 잡는다.植璧秉珪."(『尙書』「金縢」)

174) 용예容裔 : 한가로이 천천히 가는 모습을 의미한다.

迎俎入用雍和

조俎를 들일 때는 〈옹화雍和〉를 쓴다.

俎豆有飶, 潔粢豐盛. 亦有和羹, 旣戒旣平.
鼓鐘管磬, 肅唱和鳴. 皇皇后祖, 賚我思成.

조두俎豆에 담긴 제물 향기롭고,

정갈한 곡식[粢]175) 풍성하구나.

간을 맞춘 국도 있어,

완전하게 어우러진 맛이 조화롭구나.176)

북과 종과 피리[管]와 경磬이 어울려,

엄숙하고 조화롭게 울리네.177)

위대한 선조시여, 우리에게 복을 내려주소서[賚我思成].178)

酌獻用壽和[黃鐘宮調]

작헌酌獻에는 〈수화壽和〉를 쓴다.【황종궁조黃鐘宮調】

---

175) 자粢 : 기장, 또는 곡식의 총칭이다. 제사 때 올리는 곡물을 가리키기도
한다.

176) 『詩經』「商頌·烈祖」에 나오는 구절에 근거한 것이다. "간을 맞춘 국도
있어, 완전하게 어우러진 맛이 조화롭구나.亦有和羹, 旣戒旣平." '戒'는
빠짐없이 갖춘다는 의미다.

177) "웅장한 음악 소리, 엄숙하고 조화롭게 울리는구나.喤喤厥聲, 肅雝和
鳴."(『詩經』「周頌·有瞽」)

178) "맑은 술 담아 올리나니, 우리에게 복을 내려주소서.旣載淸酤, 賚我思
成."(『詩經』「商頌·烈祖」)

蒸蒸我后, 享獻惟寅. 躬酌鬱鬯, 跪奠明神.
孝莫孝乎配上帝以親, 敬莫敬乎教天下爲臣.

아름답고 위대하신[蒸蒸][179] 우리 선조시여,
공경스럽게[寅] 제사를 올리나이다.
울창주를 몸소 따라서,
무릎 꿇고 성명聖明한 신령께 바치나이다.
효도로는 조상님을 상제와 함께 배제配祭하는 것보다 더한
것이 없고,
공경으로는 천하를 교화해 신민臣民으로 삼는 것보다 더한
것이 없나이다.

皇帝飮福用壽和

황제의 음복飮福에는 〈수화壽和〉를 쓴다.

皇祖嚴配, 配享皇天. 皇皇降嘏, 天子萬年.

황조皇祖를 경건히 배제配祭하여,
황천皇天에 배향配享하나이다.
복을 크게 내려주시어,
천자께서 만수무강하시리.

送文舞出迎武舞入用舒和[商調]

문무文舞를 보내고 무무武舞를 들일 때 〈서화舒和〉를 쓴다.【상조商調】

---

179) 증증蒸蒸 : 아름답고 성대한 모습을 가리킨다.

六鐘翕協六變成, 八佾倘佯八風生.
樂九韶兮人神感, 美七德兮天地清.

육려[六鐘][180]와 어울려 육변六變[181]이 완성되니,

〈팔일무八佾舞〉와 어울려 팔풍八風[182]이 생겨나네.

〈구소九韶〉[183]의 음악에 사람과 신이 감동하고,

〈칠덕七德〉[184]의 아름다움에 하늘과 땅이 맑아지는구나.

---

180) 육종六鐘 : 12律에서 陰律에 속하는 六呂를 말한다. 즉 大呂·夾鐘·仲呂·林鐘·南呂·應鐘이다.

181) 육변六變 : 天神에 대한 제사에서 樂이 6번 연주되는 것을 뜻한다. "冬至가 되면 땅 위의 圓丘에서 연주하는데, 악이 6번 연주되면 天神이 모두 내려와 올리는 의례를 받게 된다.冬日至, 於地上之圜丘奏之, 若樂六變, 則天神皆降, 可得而禮矣."(『周禮』「春官·大司樂」) 地祇에 대한 제사에서는 八變이고, 人鬼에 대한 제사에서는 九變이다.

182) 팔풍八風 : 八方에서 불어오는 바람이라는 뜻이다. 고대에는 팔풍과 八音 간에 감응 관계가 있다고 여겼다. "무릇 (天子의) 춤은 八音을 조절하여 八風을 행하는 것이다.夫舞, 所以節八音而行八風."(『左傳』「隱公5年」) 본문의 〈八佾舞〉가 바로 천자의 춤이다.

183) 〈구소九韶〉 : 舜의 樂으로, 〈소韶〉〈大韶〉〈大磬〉〈九韶〉〈簫韶〉라고도 한다. "〈韶〉는 (舜이 堯의 덕을) 계승하였음을 기린 것이다.韶, 繼也."(『禮記』「樂記」) "舜에게는 〈대소〉가 있었다.舜有大韶."(『莊子』「天下」) 孔子는 다음과 같이 〈韶〉를 극찬했다. "공자가 제나라에서 〈韶〉를 듣고 삼개월 동안 고기 맛을 알지 못하였다.子在齊聞韶, 三月不知肉味."(『論語』「述而」) "(〈韶〉)는 아름다움을 다하였고, 선함을 다하였다.盡美矣, 又盡善也."(『論語「八佾」)

184) 〈칠덕七德〉 : 당나라의 대표적 武舞에 속하는 〈七德舞〉를 가리킨다. 원래 명칭은 〈秦王破陣樂〉이었다. 七德이란 武功의 7가지 德行을 가리키는데, 『左傳』에서 유래한 말이다. "武라는 것은 폭력을 억누르고, 무기를

終獻亞獻用凱安

종헌終獻과 아헌亞獻에는 〈개안凱安〉을 쓴다.

> 列祖順三靈, 文宗威四海. 黃鉞誅群盜, 朱旗掃多罪.
> 戢兵天下安, 約法人心改. 大哉干羽意, 長見風雲在.

역대 선조[列祖]께서 삼령三靈[185]에 순응하시어,

문덕文德의 종주로서 사해에 위엄을 떨치셨도다.

제왕의 황금 도끼[黃鉞][186]가 도적 떼를 섬멸하고,

붉은 깃발[朱旗][187]이 온갖 죄악을 소탕하였네.

전쟁을 멈추니 천하가 안정되고,

법을 간략히 하니 민심이 바로잡혔네.

크도다! 무무武舞와 문무文舞[干羽][188]의 뜻,

바람과 구름이 함께함[189]을 오래도록 보리라.

거두어 싸움을 중지하며, 큰 나라를 유지하고, 공을 세우고, 백성을 편안

하게 하며, 만민을 화합시키며, 재물을 풍성하게 하는 것이다.夫武, 禁暴,

戢兵, 保大, 定功, 安民, 和衆, 豐財者也."(『左傳』「宣公 12年」)

185) 삼령三靈 : 日 · 月 · 星을 의미하기도 하고, 天 · 地 · 人을 의미하기도 하

며, 天神 · 地祇 · 人鬼를 의미하기도 한다 .

186) 황월黃鉞 : 왕이 사용하는 황금 장식의 도끼로, 정벌을 맡긴 重臣에게

특별히 하사하기도 했다. "왕(武王)은 왼손에 黃鉞을 들고, 오른손에 白

旄를 들고 지휘하였다.王左杖黃鉞, 右秉白旄以麾."(『尙書』「牧誓」)

187) 주기朱旗 : 전쟁 때 쓰는 깃발을 의미한다.

188) 간우干羽 : 干(방패)은 武舞를 상징하고, 羽(깃)는 文舞를 상징한다. 武

舞를 출 때는 오른손에 戚(도끼)을 들고 왼손에 干(방패)을 들고 춘다.

그래서 武舞를 干戚舞라고도 한다. 文舞를 출 때는 오른손에 翟(꿩 깃)

을 들고 왼손에 籥을 들고 춘다. 그래서 文舞를 籥翟舞라고도 한다.

送神用豫和【夾鐘宮調】

송신送神에는 〈예화豫和〉를 쓴다.【협종궁조夾鐘宮調】

> 禮樂終, 煙燎上[七].190) 懷靈惠, 結皇想.
> 歸風疾, 迴風爽. 百福來, 衆神往.

의례와 음악이 끝나자,

연기가 하늘로 오르네.

신령의 은혜를 마음에 품고,

아름다운 그리움을 마음에 새기네.

돌개바람 빠르게 불고,

회오리바람 시원하구나.

만복이 도래하고,

신들께서 떠나시네.

正月上辛祈穀於南郊樂章八首【貞觀中褚亮作, 今行用.】

정월正月 상신일上辛日 남교南郊에서 기곡제祈穀祭를 올릴 때의 악장 8수【정관貞觀 연간에 저량褚亮이 만든 것으로, 지금 사용되고 있다.】

---

189) "구름은 용을 따르고 바람은 범을 따른다.雲從龍, 風從虎."(『周易』「坤卦·文言傳」)는 구절에 근거한 것으로, 훌륭한 군주와 신하의 만남을 뜻한다.

190) [교감기 7] "煙燎上."에서 '煙'자는 『唐文粹』 권10과 『樂府詩集』 권5에 '禋'으로 되어 있다. 하늘에 제사지내는 것을 '禋'이라고 한다. 여기서는 문장의 의미에 근거해서 '禋'으로 고쳐야 할 듯하다.

降神用豫和[詞同冬至圓丘]

강신降神에는 〈예화豫和〉를 쓴다.[곡사는 동지에 원구圓丘에서 제사지낼 때의 것과 같다.]

皇帝行用太和[詞同冬至圓丘]

황제의 행차에는 〈태화太和〉를 쓴다.[곡사는 동지에 원구圓丘에서 제사지낼 때의 것과 같다.]

登歌奠玉帛用肅和[貞觀禮, 祀感帝用此詞, 顯慶已後, 詞同冬至圓丘]

등가登歌하고 옥과 비단을 올릴 때에는 〈숙화肅和〉를 쓴다.[『정관례貞觀禮』에서는 천제에 감사의 제사를 지낼 때 이 곡사를 사용한다고 했다. 현경顯慶 연간 이후의 곡사는 동지에 원구圓丘에서 제사지낼 때의 것과 같다.]

> 履艮斯繩, 居中體正. 龍運垂祉, 昭符啓聖.
> 式事嚴禋, 聿懷嘉慶. 惟帝永錫, 時皇休命.

> 높은 지위에 오름[履艮][191)]에 먹줄처럼 곧고,
> 가운데에 거함[居中]에 예의가 바루어지네[體正].[192)]
> 용의 운이 복을 드리우니,
> 밝은 부명符命이 성군聖君을 이끄셨네.
> 장중한 제사 받들어 모시니,
> 이에 경사를 불러오셨네[聿懷嘉慶].[193)]

---

191) 리간履艮 : 履는 '등위登位(지위에 오르다)'를 의미한다. 艮은 八卦에서 '산'을 상징하는데, 여기서는 '높은 곳'으로 해석했다.

192) 체정體正 : 예의와 규율을 의미한다. 여기서 '體'는 '禮'와 통한다.

193) 율회가경聿懷嘉慶 : 이에 경사를 불러오다. 聿은 '이에'라는 의미이고, 懷

상제께서 길이 복을 내리시어,

이 왕조에 상서로운 명[休命]194)을 내리소서.

迎俎用雍和

조조俎를 들일 때는 〈옹화雍和〉를 쓴다.

殷薦乘春, 太壇臨曙. 八簋盈和, 六瑚登御.
嘉稷匪歆, 德馨斯飫. 祝嘏無易, 靈心有豫.

봄을 맞아 성대히 제사 올리니,

제단에는 아침 태양이 밝아오도다.

팔궤八簋195)는 화락함을 가득 담고,

육호六瑚196)는 신령께 바쳐졌네[登御].197)

는 '초래하다'라는 의미다. 『詩經』 「大雅·大明」에 "聿懷多福"이라는 구
절이 나온다. "문왕께서는 조심조심 삼가며 명백한 태도로 상제를 섬기시
어, 이에 많은 복을 불러오셨도다.維此文王, 小心翼翼. 昭事上帝, 聿懷
多福."

194) 휴명休命 : 休는 美(아름답다), 慶(경사롭다)을 의미한다. 休命은 일반적
으로 天子나 神明의 뜻을 가리킨다.

195) 팔궤八簋 : 제사에 쓰인 제기의 일종이다. "유우씨의 양돈, 하후씨의 사
련, 은의 육호, 주의 팔궤.有虞氏之兩敦, 夏后氏之四連, 殷之六瑚, 周之
八簋."(『禮記』 「明堂位」) 鄭玄 注에서 "모두 黍稷를 담는 그릇인데, 구
체적인 양식의 차이는 전해지지 않는다.皆黍稷器, 制之異同未聞."라고
했다. "아, 빛나게 닦아, 八簋에 음식을 차리네.於粲洒掃, 陳饋八簋."
(『詩經』 「小雅·伐木」)

196) 육호六瑚 : 제사에 쓰인 제기의 일종이다. "유우씨의 양돈, 하후씨의 사
련, 은의 육호, 주의 팔궤.有虞氏之兩敦, 夏后氏之四連, 殷之六瑚, 周之

좋은 곡식이라 흠향하시는 게 아니라,

덕이 향기로워 흠향하시네.198)

제사의 예법을 바꿈이 없으니[祝嘏無易],199)

신령의 마음에는 즐거움이 있다네.

皇帝酌獻飲福酒用壽和[詞同冬至圓丘]

황제의 작헌酌獻과 음복飲福에는 〈수화壽和〉를 쓴다.[곡사는 동지에
원구圓丘에서 제사지낼 때의 것과 같다.]

送文舞出迎武舞入用舒和

八篇."(『禮記』「明堂位」) 鄭玄 注에서 "모두 黍稷를 담는 그릇인데, 구
체적인 양식의 차이는 전해지지 않는다.皆黍稷器, 制之異同未聞."라고
했다.

197) 등어登御 : 帝王에게 바친다는 의미인데, 여기서는 맥락상 '신령께 바친
다'는 뜻으로 풀었다.

198) "지극한 다스림은 그 향이 멀리 퍼져 신명도 감동시킨다. 기장이 향기로
운 것이 아니라 밝은 덕이 향기로운 것이다.至治馨香, 感于神明. 黍稷非
馨, 明德惟馨."(『尙書』「君陳」)

199) 축하무역祝嘏無易 : 제사의 예법을 준수하고 함부로 바꾸지 않는다는 의
미다. "제후가 사직과 종묘에 제사를 드리는데 상하가 모두 그 제전을
받들며, 祝嘏는 감히 그 常法을 바꾸지 않으니 이를 일컬어 '大嘉'라고
한다.諸侯祭社稷宗廟, 上下皆奉其典, 而祝嘏莫敢易其常法, 是謂大
嘉."(『孔子家語』「禮運」) '祝嘏'는 祝辭와 嘏辭, 또는 축사와 하사를
담당한 제관을 가리킨다. 제관이 축문을 읽어 축원하는 바를 신에게 전하
고 또 신의 말을 대신 전하는 것을 뜻하는데, 제사라는 의미로도 쓰인다.
"祝으로 자손의 효도를 아뢰고 嘏로 선조의 자애로움을 아뢴다.祝以孝
告, 嘏以慈告."(『禮記』「禮運」)

문무文舞를 보내고 무무武舞를 들일 때는 〈서화舒和〉를 쓴다.

玉帛犧牲申敬享, 金絲鍼羽盛音容.
庶俾億齡禔景福, 長欣萬宇洽時邕.

옥백玉帛과 희생이 펼치는 공경스러운 제사,
악기[金絲][200)]와 무무·문무[鍼羽][201)]의 성대한 소리와 모습.
바라옵건대 억만년 큰 복을 평안히 누리게 해주시고,
천하 만방이 태평한 시대[時邕][202)]를 오래도록 즐기게 하옵소서.

武舞用凱安[詞同冬至圓丘]

무무武舞에는 〈개안凱安〉을 쓴다.【곡사는 동지에 원구圓丘에서 제사지낼 때의 것과 같다.】

送神用豫和[詞同冬至圓丘]

송신送神에는 〈예화豫和〉를 쓴다.【곡사는 동지에 원구圓丘에서 제사지낼 때의 것과 같다.】

---

200) 금사金絲 : 金·石·土·革·絲·木·匏·竹으로 이루어진 八音의 악기 중 金과 絲를 가리킨다. 金에 해당하는 것으로는 鑄鍾·編鍾·鎛·鐃·鐲·鐸 등이 있다. 絲에 해당하는 것으로는 琴·瑟·箏·阮咸·筑 등이 있다.

201) 척우鍼羽 : 鍼(도끼)과 羽(꿩 깃)는 각각 武舞와 文舞를 출 때 사용하는 舞具이다.

202) 시옹時邕 : '時雍'이라고도 하며, 시대가 태평하다는 의미다. "천하가 태평하여, (덕의 은택이) 드높고 드넓어라.六合時邕, 巍巍蕩蕩."(張協의 「七命」)

季秋享上帝於明堂樂章八首【貞觀中褚亮等作, 今行用.】

계추季秋에 명당明堂에서 상제께 제사지낼 때의 악장 8수【정관貞觀 연간에 저량褚亮 등이 지은 것으로, 지금 사용되고 있다.】

降神用豫和【詞同冬至圓丘】

강신降神에는 〈예화豫和〉를 쓴다.【곡사는 동지에 원구圓丘에서 제사지낼 때의 것과 같다.】

皇帝行用太和【詞同冬至圓丘】

황제의 행차에는 〈태화太和〉를 쓴다.【곡사는 동지에 원구圓丘에서 제사지낼 때의 것과 같다.】

登歌奠玉帛用肅和

등가登歌하고 옥과 비단을 올릴 때는 〈숙화肅和〉를 쓴다.

象天御宇, 乘時布政. 嚴配申虔, 宗禋展敬.
樽罍盈列, 樹羽交映. 玉幣通誠, 祚隆皇聖.

하늘을 본받아 천하에 임하시어,
알맞은 때를 타고 정사를 베푸시네.
엄숙히 배제配祭하여 정성을 다하며,
조상님 제사에 공경스러움을 펼치네.
술잔이 가득 벌여져 있고,
악기 틀의 깃 장식[樹羽][203])이 서로를 비추네.

---

203) 수우樹羽 : 종 틀이나 경 틀에 오색 깃을 꽂아서 만든 장식물을 말한다.

옥과 비단이 정성스러움을 나타내니,

황제께 큰 복을 내려주시네.

迎俎用雍和

조俎를 들일 때는 〈옹화雍和〉를 쓴다.

八牖晨披, 五精朝奠. 霧凝璇簋, 風淸金縣.

神滌備全, 明粢豐衍. 載結彝俎, 陳誠以薦.

(명당明堂의) 여덟 창[八牖]204)에 새벽이 밝아올 때,

오방의 별[五精]205)께 아침 제사 올리네.

안개는 옥 제기[璇簋]206)에 서리고,

바람은 금현[金縣]207)에 맑게 울리네.

"맹인 악사들이 주나라 종묘의 뜰에서, (종과 경을 매다는 틀인) 業과
虡를 세우고, 그 위에 崇牙와 樹羽를 더하네.有瞽有瞽, 在周之庭. 設業
設虡, 崇牙樹羽."(『詩經』「周頌 · 有瞽」) '樹羽'에 대해 孔穎達 注에서
는 "오색의 깃을 꽂아 장식한다.樹置五采之羽以爲之飾."라고 했다.

204) 팔유八牖 : 8개의 창. 明堂에는 九室(9개의 방)이 있고, 각 방마다 八牖(8
개의 창)가 있다.

205) 오정五精 : 五方을 주재하는 별을 의미한다. "방위를 구별하여 예법을
바로 세우니, 五精이 따라서 이르네.辨方位而正則, 五精帥而來摧."(張
衡의 「東京賦」) 薛綜 注에서 "오정은 오방의 별이다.五精, 五方星也."라
고 했다.

206) 선비璇簋 : 옥으로 된 장방형 제기를 의미한다. 비단을 담는 데 썼으므로
帛簋라고도 한다.

207) 금현金縣 : 金懸과 같다. 金懸은 金鼓之樂(금고의 악기)을 의미하는데,
金鼓란 四金과 六鼓를 가리킨다. 四金은 錞 · 鐲 · 鐃 · 鐸이고, 六鼓는

제사에 올릴 희생[神滌][208])이 모두 갖추어졌고,

제사에 올릴 곡물[明粢][209])도 풍성하구나.

이彝와 조俎를 잇달아 올리며,

정성을 펼쳐 제사 올리네.

皇帝酌獻飮福用壽和.[詞同冬至圓丘]

황제의 작헌酌獻과 음복飮福에는 〈수화壽和〉를 쓴다.[곡사는 동지에 원구圓丘에서 제사지낼 때의 것과 같다.]

送文舞出迎武舞入用舒和

문무文舞를 보내고 무무武舞를 들일 때는 〈서화舒和〉를 쓴다.

御宸合宮承寶曆, 席圖重館奉明靈.

偃武修文九圍泰, 沉烽靜柝八荒寧.

황제의 병풍[御宸][210]) 펼쳐진 합궁合宮[211])에서 국운을 이어받고,

雷鼓·靈鼓·路鼓·鼖鼓·鼛鼓·晉鼓이다.

208) 신척神滌 : 신에게 올리는 제사에 쓰는 희생을 가리킨다. 상제의 제사에 쓰는 희생은 특별히 滌에서 기르고 관리했다. "상제에게 제사지낼 때 쓰는 희생은 滌에서 3개월 동안 기른다.帝牲在於滌三月."(『公羊傳』「宣公三年」) 何休 注에서 "滌은 宮名이다. 상제에게 제사지낼 때 희생으로 쓰는 三牢(소·양·돼지)를 기르는 곳이다. 이를 '滌'이라 이르는 것은, 깨끗이 씻어서 청결하다는 의미를 취한 것이다.滌, 宮名, 養帝牲三牢之處也. 謂之滌者, 取其蕩滌洁清."라고 했다.

209) 명자明粢 : 제사에 올리는 곡물을 의미한다. 明粢는 稷(기장)의 별칭이다. "직을 명자라고 한다.稷曰明粢."(『禮記』「曲禮下」)

210) 어의御宸 : '御'는 천자와 관련된 사물에 붙이는 높임말이고, '宸'는 廟堂

명당도明堂圖에 따라 자리한[席圖]212) 중관重館213)에서 성명
聖明한 신령을 받드네.
무력을 폐하고 문덕을 일으키니 천하[九圍]214)가 태평하고,
봉화 잦아들고 딱따기 소리 고요하니 팔방[八荒]이 평안하도다.

武舞用凱安.[詞同冬至圓丘]
무무武舞에는 〈개안凱安〉을 쓴다.[곡사는 동지에 원구圓丘에서 제사지낼
때의 것과 같다.]

의 문 앞에 세워 놓았던, 도끼 형상이 수놓아진 병풍이다. "천자가 병풍을
세우고 그 앞에 서면 제후는 북쪽을 면하여 천자를 알현한다.天子當依而
立, 諸侯北面而見天子."(『禮記』「曲禮」) 陸德明은 "여기서 '依'는 본래
'扆'로 쓰기도 한다.依, 本又作扆)."라고 했다.

211) 합궁合宮 : 明堂을 의미한다. 명당은 고대 제왕이 정사와 교화를 선포하
고 밝히는 곳으로, 朝會·祭祀·褒賞·人選·養老·敎育 등과 관련된 大
典을 모두 이곳에서 거행했다. "황제 때는 합궁이라 하고, 유우씨 때는
총장이라 하고, 은나라 사람은 양관이라 하고, 주나라 사람은 명당이라
했다.夫黃帝曰合宮, 有虞氏曰總章, 殷人曰陽館, 周人曰明堂."(『尸子』
「君治」)

212) 석도席圖 : 문맥상 圖는 '明堂圖'를 뜻하는 것으로 추정하여, 席圖를 "明
堂圖에 따라 자리했다"라고 풀었다. 『史記』「孝武本紀」에 明堂圖와 관
련된 내용이 나온다. "황제가 명당을 지어 高旁을 받들고자 했으나 그
제도를 알지 못했는데, 제남 사람 公玉帶가 황제 때의 명당도를 올렸다.
上欲治明堂奉高旁, 未曉其制度, 濟南人公玉帶上黃帝時明堂圖." 明
堂은 고대에 정교를 선포하고 주요 제사를 지내던 장소로, 중앙과 사방에
堂이 있다. 동쪽의 당을 靑陽, 남쪽의 당을 明堂, 서쪽의 당을 總章,
북쪽의 당을 玄堂이라고 한다. 각 방향의 堂에서 正堂을 太廟라 하고,
太廟마의 좌우에 있는 室을 个(左个와 右个)라고 한다.

送神用豫和.[詞同冬至圓丘]

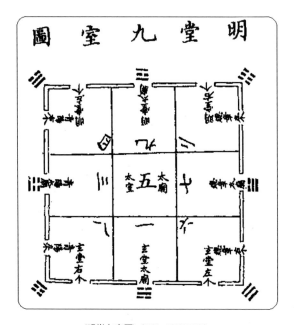

〈明堂九室圖〉(胡渭, 『易圖明辨』)

213) 중관重館 : 殷代에 明堂을 지칭한 '重屋'을 뜻하는 것으로 추정된다. 孔
穎達은 『禮記』「明堂位」 해제에서 다음과 같이 蔡邕의 「明堂月令章
句」를 인용했다. "명당은 천자의 태묘로, 제사를 올리는 곳이다. 하후씨
때는 세실이라 하고, 은나라 사람은 중옥이라 하고, 주나라 사람은 명당이
라 했다.明堂者, 天子大廟, 所以祭祀. 夏后氏世室, 殷人重屋, 周人明
堂." 중옥은 겹지붕 양식의 건물을 말한다. 『禮記』「明堂位」에서는 "복묘
와 중첨은 천자의 廟飾이다.復廟重檐, 天子之廟飾也."라고 했다. 鄭玄
注에서 "복묘는 중옥이다.復廟, 重屋也."라고 했다. 孫詒讓은 『周禮正
義』에서 "「명당위」의 복묘는 복옥이고, 중첨이 바로 중옥이다.明堂位之
復廟, 卽復屋, 重檐, 乃是重屋."라고 했다. 중첨은 겹처마를 가리킨다.
214) 구위九圍 : 九州, 즉 천하를 의미한다.

송신送神에는 〈예화豫和〉를 쓴다.【곡사는 동지에 원구圜丘에서 제사지낼 때의 것과 같다.】

則天大聖皇后享明堂樂章十二首【御撰】

측천대성황후則天大聖皇后 명당明堂 악장 12수【어찬御撰】

外辦將出

궁중의 경비가 갖추어져서[外辦]215) 장차 출궁하려 할 때

總章陳昔典, 衢室禮惟神. 宏規則天地, 神用協陶鈞.
負扆三春旦, 充庭萬宇賓. 顧己誠虛薄, 空慚馭兆人.

총장總章216)에서 옛 전례典禮를 펼치고,

---

215) 외판外辦 : 천자가 출행할 때 儀仗과 扈從을 제자리에 정돈시키는 것을 말한다. 궁중의 경비가 갖추어졌음을 의미한다. "야루의 물이 다 내려가기 5각 전에 알자·복야·대홍려는 각각 신하들에게 정해진 위치에 서도록 알린다. 야루의 물이 다 내려가면 시중은 '궁중의 경비가 갖추었습니다'라고 아뢴다. 황제가 나오면, 종과 북을 연주하고 백관이 모두 엎드려 절한다.漏未盡五刻, 謁者·僕射·大鴻臚各各奏群臣就位定. 漏盡, 侍中奏外辦. 皇帝出, 鐘鼓作, 百官皆拜伏."(『晉書』「禮志」)

216) 총장總章 : 明堂에서 서쪽에 있는 堂을 가리킨다. "(孟秋의 달에) 천자는 總章 左个에 거처한다.天子居總章左个."(『禮記』「月令」) "총장은 서쪽에 있는 堂이다. 서방은 (가을에) 만물이 총체적인 결실을 이루고 드러나는 것을 상징하므로, '총장'이라 하였다. 좌개는 남쪽의 室이다.總章, 西向堂也. 西方總成萬物, 章明之也, 故曰总章. 左个, 南頭室也."(『呂氏春秋』「孟秋」의 高誘 注) "황제 때는 합궁이라 하고, 유우씨 때는 총장이

구실衢室217)에서 오로지 신께 예를 행하네.

원대한 계획[宏規]이 천지를 본받으니,

신명神明의 작용이 천하를 다스림[陶鈞]218)과 어우러지네.

정사를 돌보심[負扆]219)이 봄날[三春]220) 아침과 같으니,

만국의 귀빈이 조정에 가득하구나.

자신을 돌아보니 정성이 얕아서,

만민[兆人]을 통솔하기에 공연히 부끄럽구나.

皇帝行用黃鐘宮

라 하고, 은나라 사람은 양관이라 하고 주나라 사람은 명당이라 했다.夫黃帝曰合宮, 有虞氏曰總章, 殷人曰陽館, 周人曰明堂.”(『尸子』「君治」)

217) 구실衢室 : 堯 임금이 民意를 들었던 장소라고 전해진다. 고대 제왕이 聽政하던 장소를 두루 가리키며, 明堂을 의미한다. “황제가 명대를 세워 자문을 들었던 것은 위로부터 현자의 의견을 구하기 위해서였다. 요 임금이 구실에서 물어본 것은 아래로부터 백성의 말을 듣기 위해서였다.黃帝立明臺之議者, 上觀於賢也. 堯有衢室之問者, 下聽於人也.”(『管子』「桓公問」)

218) 도균陶鈞 : 도기를 만드는 녹로를 뜻하는데, 聖王이 천하를 다스리는 것을 비유한다.

219) 부의負扆 : 병풍을 등지고 있다는 뜻으로, 황제가 조정에서 政事를 보는 것을 의미한다. “(제왕은) 거처하면 장용과 부의를 설치하여 앉는다.居則設張容負依而坐.”(『荀子』「正論」) 張容은 장막과 병풍이고, 負依는 負扆와 같다. “(周公이) 천자의 지위를 섭정하니, 남면하여 제후를 접견했다.攝天子之位, 負扆而朝諸侯.”(『淮南子』「齊俗」)

220) 삼춘三春 : 봄의 3달을 의미한다. 즉 음력 정월 孟春, 2월 仲春, 3월 季春을 가리킨다.

황제의 행차에는 황종궁黃鐘宮을 쓴다.

仰膺曆數, 俯順謳歌. 遠安邇肅, 俗阜時和.
化光玉鏡, 訟息金科. 方興典禮, 永戢干戈.

위로 우러러 역수曆數[221]를 받들고,
아래로 굽어보며 덕을 칭송하는 노래를 따르네.
먼 곳은 안정되고 가까운 곳은 엄숙해지니,
백성은 풍족해지고[俗阜] 시절은 평화롭구나.
교화가 빛남은 청명한 도[玉鏡]가 행해짐이요,
송사訟事가 그침은 소중한 규범[金科]이 지켜짐이라.
바야흐로 전례典禮가 흥기하니,
영원토록 전쟁[干戈]이 그치리라.

皇嗣出入昇降
태자가 출입승강出入昇降할 때

至人光俗, 大孝通神. 謙以表性, 恭惟立身.
洪規載啓, 茂典方陳. 譽隆三善, 祥開萬春.

성인[至人]은 세속을 밝히시고,
큰 효도[大孝]는 신령에 통하도다.
겸허함으로 품성을 드러내고,

---

221) 역수曆數 : 曆法, 歲時節侯의 순서, 歲時節侯를 계산하는 방법을 가리킨
다. 제왕이 하늘을 대신해 백성을 다스리는 순서, 황위 계승의 순서를
가리키기도 한다.

공손함으로 몸가짐을 바로 세우네.

커다란 법규[洪規]가 이에 열리고,

아름다운 법칙[茂典]이 바야흐로 펼쳐지네.

영예로움은 삼선三善222)을 드높이고,

상서로움은 만년의 봄날을 여네.

迎送王公

왕공王公을 맞이하고 전송할 때

千官肅事, 萬國朝宗. 載延百辟, 爰集三宮.
君臣得合, 魚水斯同. 睿圖方永, 周曆長隆.

천관千官이 공경스럽게 받들고,

만국萬國이 조현朝見하네.

제후[百辟]223)를 맞이하고,

이에 삼궁三宮224)을 불러모았네.

군신이 서로 화합하니,

물과 물고기가 이와 같구나.

---

222) 삼선三善 : 신하가 군주를 섬기는 것, 자식이 아버지를 섬기는 것, 나이
   어린 이가 장자를 섬기는 것의 3가지 도덕규범을 가리킨다. "한 가지
   일을 행하면서 세 가지의 훌륭함을 다 얻을 수 있는 이는 오로지 세자뿐이
   다. … 부자, 군신, 장유 사이의 도리가 갖추어지고서 나라가 다스려진다.
   行一物而三善皆得者, 唯世子而已 … 父子·君臣·長幼之道得而國
   治."(『禮記』「文王世子」)

223) 백벽百辟 : 諸侯, 또는 百官을 의미한다.

224) 삼궁三宮 : 天子·太后·皇后를 의미한다.

황제의 계획[睿圖] 영원하니,

주력周曆은225) 길이 융성하리라.

登歌【大呂均無射羽】

등가登歌【대려균大呂均 무역우無射羽】

禮崇宗祀, 志表嚴禋. 笙鏞合奏, 文物惟新.
敬遵茂典, 敢擇良辰. 潔誠斯著, 奠謁方申.

예로써 종사宗祀를 높이 받들며,

뜻을 다해 엄숙한 제사를 올리네.

생笙과 종[鏞]을 합주하니,226)

문물제도가 새로워지도다.

삼가 아름다운 법칙[茂典]을 준수하고,

감히 좋은 날을 골랐네.

순수한 정성이 이에 드러나고,

---

225) 주력周曆 : 음력 11월을 한 해의 시작으로 삼았던 周代의 曆法을 의미한
다. 여기서는 則天武后(武則天, 624~705)가 周를 세우고 周曆을 채택했
던 것을 가리킨다. 고대에는 夏曆·殷曆·周曆의 세 가지 正朔이 있었는
데, 각각 1월·12월·11월을 한 해의 시작으로 삼았다. 則天武后는 689년
11월에 周曆을 채택해 11월을 한 해의 시작으로 삼았다. 그리고 690년
황제의 자리에 올라 국호를 '周'라고 했는데, 바로 '武周'이다. 705년 中
宗이 복위한 뒤 다시 夏曆을 사용했다.

226) 생笙과 종[鏞]을 합주하니 : 笙과 鏞은 나라를 잘 다스리는 데 필요한
악기로 간주되었다. "笙과 鏞을 번갈아 치니, 새와 짐승이 음률에 맞추어
춤춘다.笙鏞以間, 鳥獸蹌蹌."(『尙書』「益稷」)

제사와 참배가 바야흐로 펼쳐지네.

配饗
배향配饗

笙鏞間鳴玉, 文物昭清暉. 粹影臨芳奠, 休光下太微.
孝思期有感, 明潔庶無違.

생笙과 종[鏞]에 옥 소리 간간이 울리고,
문물제도가 맑은 빛을 밝히네.
(신의) 아름다운 모습[粹影]이 아름다운 제사[芳奠]에 강림하시니,
성대한 빛이 태미太微227)로 내려오네.
효성스러운 마음에는 감응이 있으리니,
깨끗함은 저버려지지 않으리.

宮音
궁음宮音

履艮苞群望, 居中冠百靈. 萬方資廣運, 庶品荷裁成.
神功諒匪測, 盛德實難名. 藻奠申誠敬, 恭祀表惟馨.

높은 지위에 올라[履艮]228) 군망群望229)을 아우르시고,

---

227) 태미太微 : 朝廷, 또는 황제의 거처를 가리킨다. 원래는 별의 명칭으로, 三垣의 하나이다. 北斗의 남쪽, 軫·翼의 북쪽, 大角의 서쪽, 軒轅의 동쪽에 자리한다. 모든 별이 가운데의 五帝座를 병풍처럼 둘러싸고 있는 형태이다.

가운데에 거하며[居中] 백령百靈의 우두머리 되시었네.
만방萬方이 그 광대하신 운행[廣運]에 의지하고,
만물[庶品]이 그 재성裁成230)에 힘입는다네.
신묘한 공功은 실로 예측할 수 없고,
성대한 덕은 실로 이름 붙이기 어렵구나.
정결한 제수[藻奠]231)로 정성을 펼치니,
공경스런 제사가 향기를 드러내네.232)

角音

각음角音

出震位, 開平秩. 扇條風, 乘甲乙.
龍德盛, 鳥星出. 薦珪篚, 陳誠實.

---

228) 리간履艮 : 履는 '지위에 오르다[登位]'라는 뜻이다. 艮은 八卦에서 '산'
    을 상징하는데, 여기서는 '높은 곳'으로 해석했다.
229) 군망群望 : 天子의 제사를 받는 山川星辰을 가리키는데, 직접 도달할 수
    없기에 바라보며 멀리서 제사지내는 대상이다.
230) 재성裁成 : 일을 알맞게 처리하여 목적한 대로 이루는 것을 가리킨다.
231) 조전藻奠 : 정결한 제수를 말한다. 법도에 따라 제수를 정결하게 마련하
    려는 여인의 아름다운 행실을 기록한 『詩經』「召南·采蘋」에 다음과 같
    은 구절이 나온다. "마름풀 뜯으러 남쪽 시냇가로 가네. 마름풀 뜯으러
    저 개울가로 가네.于以采蘋, 南澗之濱. 于以采藻, 于彼行潦."
232) "지극한 다스림은 그 향이 멀리 퍼져 신명도 감동시킨다. 기장이 향기로
    운 것이 아니라 밝은 덕이 향기로운 것이다.至治馨香, 感于神明. 黍稷非
    馨, 明德惟馨."(『尚書』「君陳」)

동방[震位]233)에서 나오시어,

봄갈이의 바른 순서[平秩]234)를 여시었네.

봄바람[條風]235) 일으키시며,

봄[甲乙]236) 기운을 타고 오르셨네.

창룡蒼龍237)의 덕이 성대하고,

---

233) 진위震位 : 震方 즉 東方으로, 사계절 중 봄을 상징한다. "帝는 震方에서
나온다. … 만물이 震方에서 나온다. 震方은 동방이다.帝出乎震. … 萬物
出乎震. 震, 東方也."(『周易』「說卦傳」)

234) 평질平秩 : 春耕의 순서를 바르게 하는 것을 의미한다. "(帝堯는) 희중에
게 따로 명하시어 … 떠오르는 해를 공경스럽게 맞이하고 봄갈이를 순서
대로 고르게 다스리도록 하셨다.分命羲仲 … 寅賓出日, 平秩東作."(『尙
書』「堯典」) "봄갈이의 일을 순서대로 고르게 함으로써 농사에 힘쓴다.平
均次序東作之事, 以務農也."(『孔傳』)

235) 조풍條風 : 봄바람을 의미한다. 동북풍, 또는 동풍이다. "條風은 동북쪽에
위치하고 있으며 만물이 나타나는 것을 주관한다. 條는 만물을 조리 있게
다스려 그것을 나타나게 하는 것을 말한다.條風居東北, 主出萬物. 條之
言條治萬物而出之."(『史記』「律書」) 『淮南子』「墜形」에서는 "동방은
조풍이라 한다.東方曰條風."고 했는데, 이에 대해 高誘 注에서는 "震氣
가 생겨나는 곳이다. 명서풍이라고도 한다.震氣所生也, 一曰明庶風."라
고 했다.

236) 갑을甲乙 : 봄을 의미한다. "孟春의 달에 해는 營室에 있으며 황혼 무렵
에는 參星이 남쪽 하늘의 중앙에 있고 해 돋을 무렵에는 尾星이 남쪽
하늘의 중앙에 있으며, 이 날을 甲乙이라고 한다.孟春之月, 日在營室,
昏參中, 旦尾中, 其日甲乙."(『禮記』「月令」) 孔穎達 疏에서는 이렇게
말했다. "맹춘·중춘·계춘의 때에 해의 生養의 공로를 가리켜 甲乙이라
고 한 것이다.其當孟春·仲春·季春之時, 日之生養之功, 謂爲甲乙."

237) 창룡蒼龍 : 東方 蒼龍 7宿를 가리킨다. 角·亢·氐·房·心·尾·箕의 7
宿의 형상이 용과 유사하므로 이를 합하여 蒼龍이라 칭한 것이다. 특히

조성鳥星238)이 나타나네.

옥 제기[珪籩]를 바치며,

정성을 펼치네.

徵音

치음徵音

赫赫離精御炎陸, 滔滔熾景開隆暑.

冀延神鑒俯蘭樽, 式表虔襟陳桂俎.

격렬한 화신[離精]239)이 뜨거운 땅을 주관하며,

들끓는 햇볕이 한더위를 여네.

신령한 눈길로 향긋한 술잔[蘭樽] 굽어보시길 바라며,

공경의 마음을 표하며 향기 나는 조[桂俎]를 올리나이다.

동방 창룡 7수의 角宿는 28宿 중에서 첫 번째 별자리로, 창룡의 뿔에 해당한다. "(孟春에 天子는) 鸞路를 타고 蒼龍에 멍에를 메운다. 乘鸞路, 駕蒼龍."(『禮記』「月令」)

238) 조성鳥星 : 南方 朱雀 7宿를 가리키는데, 仲春의 절기를 바로잡는 기준이 되는 별이다. "낮밤의 길이가 같은 때[日中]와 鳥星으로 중춘의 절기를 바로 잡는다. 이때 백성은 들로 나가고 새와 짐승은 교미하고 번식한다. 日中, 星鳥, 以殷仲春. 厥民析, 鳥獸孶尾."(『尙書』「堯典」) 孔穎達 疏에서는 이렇게 말했다. "鳥星은 남방 주작 7수이다. 殷은 正(바로잡다)이다. 춘분 해질 무렵이면 조성이 완전히 나타나니, 이로써 중춘의 절기를 바로잡는다. 鳥, 南方朱鳥七宿. 殷, 正也. 春分之昏, 鳥星畢見, 以正仲春之氣節."

239) 리정離精 : 火神, 또는 日神을 의미한다. 八卦에서 離는 불과 해를 상징한다. "離, 爲火, 爲日."(『周易』「說卦傳」)

商音

상음商音

律中夷則, 序應收成. 功宣建武, 儀表惟明.
爰申禮奠, 庶展翹誠. 九秋是式, 百穀斯盈.

율관律管이 이칙夷則[240]에 들어맞으니,[241]

시기가 가을[收成][242]이로구나.

공功은 굳셈을 선양하고,

위의威儀는 밝음을 드러내네.

이에 예를 다해 제사 올리니,

경건함과 정성스러움을 펼치길 바라네.

가을[九秋]의 이 제사에,

백곡百穀이 풍성하구나.

---

240) 이칙夷則 : 12律의 아홉째로, 절기로는 處暑에 해당한다.

241) 律管은 갈대의 재를 담은 管을 가리키는데, 12律管에 갈대 재를 담아서
밀폐된 실내에 두고 기후를 살폈다. 律管으로 律呂를 조정했으며, 12律
呂는 각각 12달에 짝한다. 6律에 속하는 黃鐘은 11월, 大簇는 1월, 姑洗
은 3월, 蕤賓은 5월, 夷則은 7월, 無射은 9월에 해당한다. 6呂에 속하는
大呂는 12월, 夾鐘은 2월, 仲呂는 4월, 林鐘은 6월, 南呂는 8월, 應鐘은
10월에 해당한다.

242) 수성收成 : 가을을 의미한다. "가을을 일러 白藏이라고 한다. 收成이라고
도 하고, 三秋·九秋·素秋·素商·高商이라고도 한다.秋日白藏, 亦日
收成, 亦日三秋·九秋·素秋·素商·高商."(『初學記』권3에 인용된 南
朝 梁나라 元帝의 『纂要』)

羽音

우음羽音

 葭律肇啓隆冬, 蘋藻攸陳饗祭.
 黃鐘旣陳玉燭, 紅粒方殷稔歲.

 갈대의 재를 담은 율관[葭律]이 매섭게 추운 겨울[隆冬]을 여니,
 빈조蘋藻243)를 차려 제사를 올리네.
 황종黃鐘244)으로 태평성세[玉燭]245)를 노래하니,
 붉은 낟알이 바야흐로 풍성한 풍년이리라.

孟夏雩祀上帝于南郊樂章八首【貞觀中褚亮等作, 今行用.】

맹하孟夏에 남교南郊에서 상제에게 우사雩祀를 올릴 때의
악장 8수【정관貞觀 연간에 저량褚亮 등이 지은 것으로, 지금 사용되고 있
다.】

---

243) 빈조蘋藻 : 蘋은 개구리밥, 藻는 마름이다. 비록 보잘것없으나 진심으로
 차린 제수를 가리킨다. "진실로 참된 믿음이 있다면, 산골 도랑이나 늪가
 의 풀, 개구리밥·쑥·수초 같은 나물이라도 광주리에 담고 솥에 삶아 길
 바닥에 고인 물과 함께 귀신에게 올릴 수 있고 왕공에게 바칠 수 있다.苟
 有明信, 澗谿沼沚之毛, 蘋蘩薀藻之菜, 筐筥錡釜之器, 潢汙行潦之水,
 可薦於鬼神 可羞於王公."(『左傳』「隱公 3年」)
244) 황종黃鐘 : 12律의 첫째로, 절기로는 冬至에 해당한다.
245) 옥촉玉燭 : 四時의 氣가 화창하다는 뜻으로, 太平盛世를 형용한다.

降神用豫和【詞同冬至圓丘**】**

강신降神에는 〈예화豫和〉를 쓴다.【곡사는 동지에 원구圓丘에서 제사지낼
때의 것과 같다.】

皇帝行用太和【詞同冬至圓丘**】**

황제의 행차에는 〈태화太和〉를 쓴다.【곡사는 동지에 원구圓丘에서 제사지
낼 때의 것과 같다.】

登歌奠玉帛用肅和

등가登歌하고 옥과 비단을 올릴 때는 〈숙화肅和〉를 쓴다.

> 朱鳥開辰, 蒼龍啓映. 大帝昭饗, 群生展敬.
> 禮備懷柔, 功宣舞詠. 旬液應序, 年祥協慶.

주작朱雀이 시진時辰을 열고,

창룡蒼龍이 빛을 여는구나.

상제께서 제사를 밝혀주시고,

모든 생명이 경건함을 펼치네.

예禮는 부드럽게 품음[懷柔]246)으로 갖추어지고,

공功은 춤과 노래로 선양되네.

때맞춰 내리는 비[旬液]247)가 계절의 순서에 순응하니,

풍년[年祥]이 경사로움과 어우러지네.

---

246) 회유懷柔 : 통치자가 온화한 정치 수단으로 자신에게 歸附하게 하는 것
을 가리킨다.
247) 순액旬液 : 때맞춰 내리는 비, 時雨를 의미한다.

迎俎用雍和

조俎를 들일 때는 〈옹화雍和〉를 쓴다.

紺筵分彩, 瑤圖吐絢. 風管晨凝, 雲歌曉囀.
肅事蘋藻, 虔申桂奠. 百穀斯登, 萬箱攸薦.

푸른 자리[紺筵]는 빛깔 분명하고,

아름다운 문양[瑤圖]이 빛을 발하는구나.

관악기[風管] 소리 새벽에 가득하고,

운가雲歌[248]가 새벽에 울리네.

제수[蘋藻][249]를 엄숙히 올리며,

향기로운 제사를 경건히 펼치네.

백곡이 잘 여무니[登],[250]

수레 만 대의 곡식[萬箱][251]이 바쳐지네.

---

248) 운가雲歌 : 帝王의 祭祀와 慶典 때 불리는 頌歌를 가리킨다. 『尙書大傳』에 따르면 舜이 禹에게 禪讓하려 할 때 "뛰어난 신하들이 화답하여 〈卿雲〉을 노래했다.俊乂百工相和而歌卿雲."고 한다. '卿雲'은 '慶雲'을 뜻하는데, 여기서 유래하여 雲歌는 帝王의 祭祀와 慶典 때 불리는 頌歌를 의미하게 되었다.

249) 빈조蘋藻 : 蘋은 개구리밥, 藻는 마름이다. 비록 보잘것없으나 진심으로 차린 제수를 가리킨다. "진실로 참된 믿음이 있다면, 산골 도랑이나 늪가의 풀, 개구리밥·쑥·수초 같은 나물이라도 광주리에 담고 솥에 삶아 길바닥에 고인 물과 함께 귀신에게 올릴 수 있고 왕공에게 바칠 수 있다.苟有明信, 澗谿沼沚之毛, 蘋蘩薀藻之菜, 筐筥錡釜之器, 潢汙行潦之水, 可薦於鬼神 可羞於王公."(『左傳』「隱公 3年」)

250) 등登 : 곡식이 잘 여무는 것을 '登'이라 한다. 풍작이 드는 것을 '豐登'이라 하고, 곡식이 잘 여물어 풍작이 든 해를 '登歲'라 한다.

皇帝酌獻飲福酒用壽和【詞同冬至圜丘】

황제의 작헌酌獻과 음복飲福에는 〈수화壽和〉를 쓴다.【곡사는 동지에 원구圜丘에서 제사지낼 때의 것과 같다.】

送文舞出迎武舞入用舒和

문무文舞를 보내고 무무武舞를 들일 때는 〈서화舒和〉를 쓴다.

> 鳳曲登歌調令序, 龍雩集舞泛祥風.
> 綵旒雲迴昭睿德, 朱干電發表神功.

아름다운 악곡[鳳曲]에 올려진 노래는 좋은 때[令序]를 조화 시키고,

용우龍雩252)에 모여든 춤은 상서로운 바람을 일으키네.

오색 깃발의 웅장한 기세[雲迴]는 아름다운 덕을 밝히고,

붉은 방패[朱干]253)의 맹렬한 기세[電發]는 신공神功을 나타내네.

---

251) 만상萬箱 : 만 대나 되는 짐수레에 담을 만큼 많은 곡식을 의미한다. "(그 많은 곡식을 저장할) 천 개의 창고가 필요하고 (그 많은 곡식을 옮길) 만 대의 짐수레가 필요하네.乃求千斯倉, 乃求萬斯箱."(『詩經』「小雅 · 甫田」) 鄭玄 箋에서는 이렇게 말했다. "成王이 곡식으로 거둔 稅收가 엄청나게 쌓여 있는 것을 보고는, 천 개의 창고를 찾아 이를 저장하고 만 대의 수레를 찾아 이를 실었다. 이는 풍년이 들어 그 수확이 이전을 넘어섰음을 말하는 것이다.成王見禾穀之稅委積之多, 於是求千倉以處之, 萬車以載之, 是言年豐收入踰前也."

252) 용우龍雩 : 東方 蒼龍 7宿인 龍星이 나타났을 때 지내는 雩祀(기우제)이 다. 孟夏(음력 4월) 황혼에 용성이 남쪽에서 나타나면 기우제를 지냈다. "용성이 나타나면 기우제를 지낸다.龍見而雩."(『左傳』「桓公 5年」)

253) 주간朱干 : 붉은 방패라는 의미로, 천자의 武舞에 사용하는 舞具이다.

武舞用凱安【詞同冬至圓丘】

무무武舞에는 〈개안凱安〉을 쓴다.【곡사는 동지에 원구圓丘에서 제사지낼 때의 것과 같다.】

送神用豫和【詞同冬至圓丘】

송신送神에는 〈예화豫和〉를 쓴다.【곡사는 동지에 원구圓丘에서 제사지낼 때의 것과 같다.】

又雩祀樂章二首【太樂舊有此詞, 不詳所起, 或云開元初造.】

우사雩祀 악장 2수【태악太樂에 전부터 이 곡사가 있었다. 어느 시기의 것인지 알 수 없는데, 혹자는 개원開元 초에 지은 것이라고 한다.】

降神用豫和

강신降神에는 〈예화豫和〉를 쓴다.

> 鳥緯遷序, 龍星見辰. 純陽在律, 明德崇禋.
> 五方降帝, 萬宇安人. 恭以致享, 肅以迎神.

"朱干과 玉戚으로 〈대하〉를 추고 八佾로 〈대무〉를 추는데, 이것은 모두 천자의 예이다.朱干·玉戚. 以舞大夏. 八佾以舞大武, 此皆天子之禮也."(『春秋公羊傳』「昭公 25年」) "季夏 6월에 太廟에서 周公에게 禘祭를 올리는데 … 朱干과 玉戚을 들고 면류관을 쓰고 (周나라의 武舞인) 〈대무〉를 춘다.季夏六月, 以禘禮祀周公於大廟 … 朱干玉戚, 冕而舞大武."(『禮記』「明堂位」)

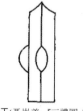

朱干(聶崇義, 『三禮圖』)

조성[鳥緯]254)이 순서대로 옮겨가고,

용성龍星이 때에 맞춰 나타나네.255)

순양純陽256)이 율관律管에 있으니,

밝은 덕[明德]으로 제사를 높이네.

오방五方에서 천제가 강림하시어,

만방[萬宇]에서 백성을 평안케 하시네.

공경스럽게 제사 올리며,

경건하게 신을 맞이하네.

254) 조위鳥緯 : 鳥星을 의미한다.

255) 龍星이 나타나는 시기는 농사일이 끝나는 때로, 음력 9월에 해당한다.
"무릇 토목공사는 용성이 나타나는 시기에 농사일이 끝나니, 공사를 준
비하도록 경계한다.凡土功, 龍見而畢務, 戒事也."(『春秋左傳』 「莊公
29年」) 周曆의 11월, 夏曆 9월이 되면 龍星인 角星과 亢星이 새벽에
東方에 나타나는데, 이때는 三務 즉 春·夏·秋 세 철의 농사가 비로소
끝나므로 백성들에게 治水와 築城 등의 토목공사를 준비하도록 경계한
다는 말이다.

256) 순양純陽 : 純一한 陽氣를 의미한다. 『周易』에서는 1년 12달을 陰陽의
消長에 따라 표시하는데, 음력 11월부터 陽이 하나씩 증가하여 4월이면
純陽의 乾卦가 된다. 5월부터 다시 陰이 하나씩 증가하여 10월이면 純陰
의 坤卦가 된다. 純陰이라고 해도 陽이 전혀 존재하지 않는 것은 아니기
에 이를 나타내기 위해서 純陰인 10월을 '陽月'이라고 불렀다. "10월을
'陽'이라고 한다.十月爲陽."(『爾雅』 「釋天」) "10월은 비록 陰氣가 주도권
을 가지고 있지만 음기가 홀로 존재할 수는 없는 법이다. 이 달은 純陰에
속하지만, 아예 양기는 없다고 의심할까봐 양월이라 부른다.十月, 陰雖用
事, 而陰不孤立. 此月純陰, 疑於無陽, 故謂之陽月."(董仲舒의 「雨雹
對」) 본문의 純陽은 맥락상 4월이 아닌 10월의 양기로 보아야 할 듯하다.

送神用豫和

송신送神에는 〈예화豫和〉를 쓴다.

祀遵經設, 享緣誠擧. 獻畢于樽, 撤臨于俎.
舞止干戚, 樂停柷敔. 歌以送神, 神還其所.

제사는 경전의 가르침을 따르고,

흠향은 정성을 올림에 달려있다네.

술잔에 삼헌三獻257)의 예를 마치고,

두豆와 조俎를 거두네.

춤은 방패와 도끼[干戚]258)를 그쳤고,

음악은 축柷259)과 어敔260)를 끝냈네.

---

257) 삼헌三獻 : 제사 때 술잔을 3번 올리는 祭禮로, 初獻·亞獻·終獻을 말
한다.

258) 간척干戚 : 武舞를 상징한다. 干과 鍼은 武舞를 출 때 사용하는 舞具인
방패와 도끼다. "오늘날 … 무무를 출 때는 방패와 도끼를 들고 춘다.今
… 武舞執干戚."(『隋書』「音樂志」) 武舞는 직접 무력을 사용하지 않고
상대방을 복종하게 한다는 상징적 의미를 지녔다. "舜 임금 때 苗가 복종
하지 않았다. (이에) 禹가 苗를 정벌하려고 했는데, 순 임금이 이렇게
말했다. '안 된다오. 윗사람의 덕이 도탑지 않으면서 무력을 행사하는
것은 도에 어긋나오.' 이에 3년 동안 教化를 펼치며 방패와 도끼를 들고
춤을 추었더니 苗가 (교화되어) 복종했다.當舜之時, 有苗不服, 禹將伐
之, 舜曰, 不可. 上德不厚而行武, 非道也. 乃修教三年, 執干戚舞, 有苗
乃服."(『韓非子』「五蠹」)

259) 축柷 : 악곡의 시작을 알리는 악기이다. "柷은 衆(무리)이다. 立夏의 소리
이며, 만물의 무리가 모두 성장하는 것이다. 사방이 각각 2척 남짓이며,
옆으로 둥근 구멍이 뚫려 있어서 그 안에 손을 넣어 두드려서 음악을

노래로 신을 전송하니,

신께서 본래 자리로 돌아가시네.

祀五方上帝於五郊樂章四十首【貞觀中魏徵等作, 今行用.】

오교五郊에서 오방의 상제께 제사지낼 때의 악장 40수【정관貞
觀 연간에 위징魏徵 등이 지은 것으로, 지금 사용되고 있다.】

祀黃帝降神奏宮音

황제黃帝에게 제사지낼 때 강신降神에는 궁음宮音을 연주한다.

시작한다.柷, 衆也. 立夏之音, 萬物衆皆成也. 方面各二尺餘, 傍開員
孔, 內手於中, 擊之以擧樂.”(『舊唐書』「音樂志」)

柷(『樂書』 卷124)

260) 어敔 : 악곡의 종결을 알리는 악기이다. “敔
는 엎드린 호랑이처럼 생겼는데, 등에는 (톱
날처럼 생긴) 27개의 갈기[鬛]가 있으며 대
나무채[碎竹]로 그 머리를 치고 거슬러 긁으
며 (소리를 내) 음악을 마친다.敔, 如伏虎,
背皆有鬛二十七, 碎竹以擊其首而逆刮之,
以止樂也.”(『舊唐書』「音樂志」)

敔(聶崇義, 『三禮圖』)

黃中正位, 含章居貞. 旣彰六律, 兼和五聲.
畢陳萬舞, 乃薦斯牲. 神其下降, 永祚休平.

황색은 가운데 있어 바른 자리이고[黃中正位],[261]

아름다움을 간직하니 바름에 거하시네[含章居貞].[262]

육률六律[263]을 밝히고,

오성五聲[264]을 모두 아울렀네.

만무萬舞[265]를 다 펼쳤으니,

이제 희생을 올리네.

---

261) 황중정위黃中正位 : "군자는 황색이 가운데 있어 이치에 통달하고, 바른 자리에 몸을 거한다. 아름다움이 그 가운데 있어서 사지에 통하고 사업에 드러나며 아름다움이 이른다.君子黃中通理, 正位居體. 美在其中, 而暢於四支, 發於事業, 美之至也."(『周易』「坤卦·文言傳」) 孔穎達 疏에서는 "가운데 거하여 바름을 얻으니, 이것이 바른 자리다.居中得正, 是正位也."라고 했다.

262) 함장거정含章居貞 : "아름다움을 간직하면 곧을 수 있다.含章可貞."(『周易』「坤卦」)라는 구절에 근거한 표현이다. 아름다움을 안에 간직하고 자신을 내세우지 않는 덕을 뜻한다.

263) 육률六律 : 12律 중에서 陽律을 가리킨다. 즉 黃鐘·太簇·姑洗·蕤賓·夷則·無射이다.

264) 오성五聲 : 宮·商·角·徵·羽의 다섯 음을 가리킨다.

265) 만무萬舞 : 文舞와 武舞를 아울러 일컫는 말이다. 萬舞를 干羽라고도 하는데, 干은 武舞를 상징하고 羽는 文舞를 상징한다. 武舞를 출 때는 오른손에 戚(도끼)을 들고 왼손에 干(방패)을 들고 춘다. 文舞를 출 때는 오른손에 翟(꿩 깃)을 들고 왼손에 籥을 들고 춘다. "힘차고 힘차게, 만무를 추려 하네.簡兮簡兮, 方將萬舞."(『詩經』「邶風·簡兮」) 鄭玄 注에서 "萬으로써 춤의 총명으로 삼았다. 干戚(무무)과 羽籥(문무)가 모두 해당된다.以萬者舞之總名, 干戚與羽籥皆是."라고 했다.

신께서 강림하시니,

태평성대[休平]의 복을 영원히 내리시리라.

皇帝行用太和【詞同冬至圓丘】

황제의 행차에는 〈태화太和〉를 쓴다.【곡사는 동지에 원구圓丘에서 제사지
낼 때의 것과 같다.】

登歌奠玉帛用肅和

등가登歌하고 옥과 비단을 올릴 때는 〈숙화肅和〉를 쓴다.

> 渺渺方輿, 蒼蒼圓蓋. 至哉樞紐, 宅中圖大.
> 氣調四序, 風和萬籟. 祚我明德, 時雍道泰.

끝없이 펼쳐진 대지[方輿],

푸르른 하늘[圓蓋].

지극하구나, 중추[樞紐]여!

중앙에 자리하여 원대함을 도모하는구나.

기운은 사계절의 순서를 조화롭게 하고,

바람은 온갖 소리[萬籟]266)를 아우르네.

우리 밝은 덕에 복을 내리시리니,

시절은 평화롭고[時雍]267) 치도治道는 태평하리라.

---

266) 만뢰萬籟 : 자연계의 만물이 내는 각종 소리를 가리킨다.

267) 시옹時雍 : '時邕'이라고도 하며, 시대가 태평하다는 의미다. "천하가 태
평하여, (덕의 은택이) 드높고 드넓어라.六合時邕, 巍巍蕩蕩."(張協의
「七命」)

迎俎用雍和

조조俎를 들일 때는 〈옹화雍和〉를 쓴다.

金縣夕肆, 玉俎朝陳. 饗薦黃道, 芬流紫辰.
迺誠迺敬, 載享載禋. 崇薦斯在, 惟皇是賓.

악기[金縣]268)는 전날 저녁에 진설해 놓았고,

옥조玉俎는 아침에 펼쳐놓았네.

황도黃道에 제사 올리니,

천궁[紫辰]269)에 향기로움이 이르네.

정성을 다하고 공경을 다하여,

제사를 올리네.

융숭한 제사가 이곳에 있으니,

오직 천황만이 빈객이시라네.

皇帝酌獻飮福用壽和【詞同冬至圓丘】

황제의 작헌酌獻과 음복飮福에는 〈수화壽和〉를 쓴다.【곡사는 동지에 원구圓丘에서 제사지낼 때의 것과 같다.】

送文舞出迎武舞入用舒和

문무文舞를 보내고 무무武舞를 들일 때는 〈서화舒和〉를 쓴다.

---

268) 금현金縣 : 金懸과 같다. 金懸은 金鼓之樂(금고의 악기)을 의미하는데, 金鼓란 四金과 六鼓를 가리킨다. 四金은 錞·鐲·鐃·鐸이고, 六鼓는 雷鼓·靈鼓·路鼓·鼛鼓·鼖鼓·晉鼓이다.

269) 자신紫辰 : 天帝가 거처하는 天宮인 紫微로 풀었다. 紫微는 紫宮, 紫微宮이라고도 한다.

御徵乘宮出郊甸, 安歌率舞遞將迎.
自有雲門符帝賞, 猶持雷鼓答天成.

치음 다스리고 궁음 타고서[御徵乘宮] 교외로 나가,
편안히 노래하고 잇따라 춤추며 차례대로 맞이하네.
〈운문雲門〉270)이 있어 황제黃帝의 즐기심에 절로 부합하고,
뇌고雷鼓271)까지 들고서 천성天成272)에 답하네.

---

270) 〈운문雲門〉: 黃帝의 樂舞로, 〈雲門大卷〉이라고도 한다. 文舞에 속하며,
黃鐘·大呂의 樂과 짝이 되어 天神에게 제사할 때 사용했다. "곧 黃鐘을
연주하고 大呂를 노래하고 〈雲門〉을 추며, 천신에게 제사한다.乃奏黃鐘,
歌大呂, 舞雲門, 以祭天神."(『周禮』「大司樂」)

271) 뇌고雷鼓: 하늘에 제사지낼 때 쓰인 북으로, 8面이다. "雷鼓는 8面이며
이것으로 하늘에 제사지내고, 靈鼓는 6면이며 이것으로 땅에 제사지내고
路鼓는 4면이며 이것으로 귀신에게 제사지낸다.雷鼓八面以祀天, 靈鼓
六面以祀地, 路鼓四面以祀鬼神."(『舊唐書』「音樂志」)

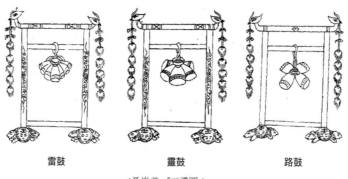

雷鼓   靈鼓   路鼓
(聶崇義, 『三禮圖』)

272) 천성天成: 자연과 합치되는 것을 의미한다. 인공이 가해지지 않고 자연
스럽게 이루어진다는 의미도 있다. 『莊子』에 '天成'이라는 표현이 나온
다. "顏成子游가 東郭子綦에게 말했다. '내가 그대의 말을 들은 뒤로

武舞用凱安【詞同冬至圓丘**】**

무무武舞에는 〈개안凱安〉을 쓴다.【곡사는 동지에 원구圓丘에서 제사지낼 때의 것과 같다.】

送神用豫和【詞同冬至圓丘**】**

송신送神에는 〈예화豫和〉를 쓴다.【곡사는 동지에 원구圓丘에서 제사지낼 때의 것과 같다.】

祀青帝降神用角音

청제靑帝에게 제사지낼 때 강신降神에는 각음角音을 쓴다.

鶴雲旦起, 烏星昏集. 律候新風, 陽開初蟄.
至德可饗, 行潦斯挹. 錫以無疆, 蒸人乃粒.

신선의 구름[鶴雲]이 아침에 피어오르고,
조성烏星[273]이 황혼에 모이네.

… 7년이 지나서는 자연과 합치되었고[天成], 8년이 지나서는 죽음도 삶도 알지 못하게 되었고, 9년이 지나서는 크게 신묘해졌다.顏成子游謂東郭子綦曰, 自吾聞子之言 … 七年而天成, 八年而不知死不知生, 九年而大妙."(『莊子』 「雜篇·寓言」)

273) 조성烏星 : 南方 朱雀 7宿를 가리키는데, 仲春의 절기를 바로잡는 기준이 되는 별이다. "낮밤의 길이가 같은 때[日中]와 鳥星으로 중춘의 절기를 바로 잡는다. 이때 백성은 들로 나가고 새와 짐승은 교미하고 번식한다.日中, 星鳥, 以殷仲春. 厥民析, 鳥獸孶尾."(『尙書』 「堯典」) 孔穎達 疏에서는 이렇게 말했다. "鳥星은 남방 주작 7수이다. 殷은 正(바로잡다)이다. 춘분 해질 무렵이면 조성이 완전히 나타나니, 이로써 중춘의 절기를 바로잡는다.鳥, 南方朱鳥七宿. 殷, 正也. 春分之昏, 鳥星畢見, 以正仲春之氣節."

율관律管이 새로운 (계절의) 바람을 기다리고,
양기陽氣가 경칩驚蟄을 연다네.
지극한 덕은 제사 올릴 만하니,
길에 고인 물이라도 떠서 바칠 수 있다네[行潦斯挹].[274]
무한한 복을 내려주시니, 백성[蒸人]에게 양식이 있구나.

皇帝行用太和[詞同冬至圓丘]

황제의 행차에는 〈태화太和〉를 쓴다.[곡사는 동지에 원구圓丘에서 제사지
낼 때의 것과 같다.]

登歌奠玉帛用肅和

등가登歌하고 옥과 비단을 올릴 때는 〈숙화肅和〉를 쓴다.

玄鳥司春, 蒼龍登歲. 節物變柳, 光風轉蕙.
瑤席降神, 朱絃饗帝. 誠備祝嘏, 禮殫珪幣.

제비[玄鳥]가 봄을 알리고,
창룡蒼龍이 세수歲首에 날아오르네.

---

274) 행료사읍行潦斯挹 : 길바닥에 고인 물을 뜬다는 의미로, 『詩經』 「大雅」
에 나오는 구절에 근거한 것이다. 진귀하지는 않아도 정성껏 祭物을 올리
는 것을 비유한다. "멀리 行潦(저 길바닥에 고인 물)를 뜨니, 저기서 퍼서
여기에 갖다 부어도, 밥을 찔 수 있지.泂酌彼行潦, 挹彼注茲, 可以饋
饎."(『詩經』 「大雅·泂酌」) "진실로 참된 믿음이 있다면, 산골 도랑이나
늪가의 풀, 개구리밥·쑥·수초 같은 나물이라도 광주리에 담고 솥에 삶아
길바닥에 고인 물과 함께 귀신에게 올릴 수 있고 왕공에게 바칠 수 있다.
苟有明信, 澗谿沼沚之毛, 蘋蘩薀藻之菜, 筐筥錡釜之器, 潢汙行潦之
水, 可薦於鬼神 可羞於王公."(『左傳』 「隱公 3年」)

계절의 물상物象[節物][275]은 버들 빛깔을 바꾸고,

봄볕에 부는 따사로운 바람[光風]은[276] 혜초를 흔드네.[277]

아름다운 자리에 신께서 강림하시니,

악기[朱絃][278] 연주를 상제께 바치나이다.

정성이 축사와 하사[祝嘏][279]에 갖추어졌고,

예禮가 옥과 비단[珪幣][280]에 갖추어졌구나.

迎俎用雍和

조俎를 들일 때는 〈옹화雍和〉를 쓴다.

大樂稀音, 至誠簡禮. 文物斯建, 聲名濟濟.

---

275) 절물節物 : 계절에 따른 物象, 즉 계절에 따른 자연계의 사물 및 변화
  현상을 의미한다.

276) 광풍光風 : 봄볕이 따사로운 맑은 날씨에 부는 바람, 또는 비가 갠 뒤에
  맑은 햇살과 함께 부는 따뜻한 바람을 의미한다.

277) 광풍전혜光風轉蕙 : 宋玉의 「招魂」에 나오는 구절에 근거한 것이다. "光
  風은 혜초를 흔들고, 한 떨기 난초 꽃향기 넘치네.光風轉蕙, 氾崇蘭些."

278) 주현朱絃 : 琴瑟 종류의 絃樂器를 가리킨다.

279) 축하祝嘏 : 祝辭와 嘏辭, 또는 축사와 하사를 담당한 제관을 가리킨다.
  제관이 축문을 읽어 축원하는 바를 신에게 전하고 또 신의 말을 대신
  전하는 것을 뜻하는데, 제사라는 의미로도 쓰인다. "祝으로 자손의 효도
  를 아뢰고 嘏로 선조의 자애로움을 아뢴다.祝以孝告, 嘏以慈告."(『禮
  記』「禮運」)

280) 규폐珪幣 : 제사에 사용되는 玉帛의 통칭이다. "짐은 희생과 옥과 비단을
  가져다 상제와 종묘(의 신령)를 섬겼다.朕獲執犧牲珪幣以事上帝宗
  廟."(『史記』「孝文帝紀」)

六變有成, 三登無體. 洒脣豐潔, 恩覃愷悌.

대악大樂은 소리가 없고[稀音],[281]

지성至誠은 예禮가 간소하여라.

문물제도가 이에 세워짐에,

명성이 드높구나.

육변六變[282]은 성취가 있으니,

계속된 풍년[三登][283]은 (신묘하여) 형체가 없네.[284]

---

281) 희음稀音 : 보통 사람이 귀로 듣지 못하는, 소리 없는 위대한 연주를 의미
한다. "큰 소리는 소리가 거의 없고, 큰 형상은 형태가 없다.大音希聲,
大象無形."(『老子』41章)

282) 육변六變 : 天神에 대한 제사에서 樂이 6번 연주되는 것을 뜻한다. "冬至
가 되면 땅 위의 圜丘에서 연주하는데, 악이 6번 연주되면 天神이 모두
내려와 올리는 의례를 받게 된다.冬日至, 於地上之圜丘奏之, 若樂六變,
則天神皆降, 可得而禮矣."(『周禮』「春官·大司樂」) 地祇에 대한 제사
에서는 八變이고, 人鬼에 대한 제사에서는 九變이다.

283) 삼등三登 : 연속해서 풍년이 든다는 의미로, 천하가 태평함을 상징한
다. 『漢書』「食貨志」에 따르면, 三登이란 27년 동안 연속해서 풍년이
들어 9년 분량의 양식을 비축해두는 것을 말하며 이를 '泰平'이라고도
한다. "3년마다 공적을 살펴 … 3번 살핀 것을 기준으로 파면하기도 하
고 승급시키기도 한다. (9년 사이에) 3년 동안의 양식을 여분으로 두어
농사의 공적을 진상하는 것을 登이라 한다. 두 번 登한 것을 平이라
하며, (18년 사이에) 6년 동안의 양식을 여분으로 둔다. 세 번 登한
것을 泰平이라 하며, 27년 사이에 9년 동안의 양식을 여분으로 둔다.餘
三年食, 進業曰登. 再登曰平, 餘六年食. 三登曰泰平, 二十七歲, 遺
九年食."

284) '三登無體'라는 표현은 앞에 나온 '大樂稀音'과 관계가 있다. 『禮記』에
서 子夏가 孔子에게 '三無'가 무엇인지 묻자 孔子가 이렇게 대답했다.

풍성하고 정갈한 제물을 신께서 굽어보시니,

은택이 널리 미치어 즐겁고 화평하도다.

皇帝酌獻飮福用壽和【詞同冬至圓丘】

황제의 작헌酌獻과 음복飮福에는 〈수화壽和〉를 쓴다.【곡사는 동지에
원구圓丘에서 제사지낼 때의 것과 같다.】

送文舞出迎武舞入用舒和

문무文舞를 보내고 무무武舞를 들일 때는 〈서화舒和〉를 쓴다.

笙歌籥舞屬年韶, 鷺鼓鼉鐘展時豫.

調露初迎綺春節, 承雲遽踐蒼霄馭.

생笙에 맞춰 노래하고 약籥에 맞춰 춤추니 아름다운 시절이라,

노고鷺鼓[285]와 부종鼉鐘[286]이 황제의 때맞은 행차[時豫][287]에

"소리 없는 樂, 형체 없는 禮, 상복 없는 喪, 이것을 三無라고 한다.無聲
之樂, 無體之禮, 無服之喪, 此之謂三無."(『禮記』「孔子閒居」) 이상의
三無는 자연스럽게 이루어지는 것을 강조한 것이다. '三登無體'라는 표
현은 연속해서 풍년이 드는 '三登' 역시 인간이 애쓰지 않아도 天神의
축복으로 자연스럽게 실현될 것임을 의미한다. 이러한 축복은 六變(天神
에 대한 제사에서 樂이 6번 연주되는 것)을 통해 天神이 강림함으로써
이루어지는 것이다.

285) 노고鷺鼓 : 建鼓라고도 한다. 북통 가운데를 기둥에 꿰어 설치한 북으로,
商(殷)나라의 楹鼓로부터 비롯되었다고 한다. 隋·唐 시기에는 기둥 꼭
대기에 날갯짓하는 鷺(해오라기)를 장식했다. "夏后는 (鼓에) 다리를 더
했는데, 이것을 일러 足鼓라고 한다. 殷人은 기둥으로 북을 꿰뚫었는데,
이것을 일러 楹鼓라고 한다. 周人은 북을 매달았는데, 이것을 일러 縣鼓

펼쳐지네.

〈조로調露〉[288]의 가락이 아름다운 봄을 비로소 맞이하고,
〈승운承雲〉[289]의 춤사위에 날렵히 푸른 하늘을 거니네.

라고 한다. 후세에 殷나라 제도를 따라서 북을
만들었는데, 이것을 建鼓라고 한다. 夏后加之
以足, 謂之足鼓. 殷人貫之以柱, 謂之楹鼓.
周人縣之, 謂之縣鼓. 後世從殷制建之, 謂之
建鼓."(『舊唐書』「音樂志」)

建鼓(『樂書』 卷116)

286) 부종鳧鐘 : 『周禮』「考工記」에 "鳧氏가 종을 만들었다. 鳧氏爲鐘."는 기
록이 있는데, 여기서 비롯해 銅鐘을 '鳧鐘'이라고 한다.

287) 시예時豫 : 때에 맞는 제왕의 행차를 의미한다.

288) 〈조로調露〉: 만물이 잘 생육하고 세상이 태평한 것을 상징하는 음악이다.
甘露가 맺히는 것은 세상이 태평하고 풍년이 들 상서로운 조짐으로 간주
되었다. "어찌 (성군 舜이 지으신) 〈南風〉을 (연주할 정도의 태평성대를)
계승하여 〈調露〉와 어울릴 만한 세상을 만들 수 있을까?(寧足以繼想南
風, 克諧調露."(『文選』에 실린 任昉의 「奉答敕示七夕詩啓」) 李善 注에
서는 다음과 같이 宋均의 설명을 인용하고 있다. "調露는 조화를 이루어
甘露가 맺힌다는 뜻이다. 만물이 무럭무럭 자라게 하는 음악이다. 調露,
調和致甘露也, 使物茂長之樂." 劉良 注에서는 "사계절의 순환이 어긋
남이 없기에 〈調露樂〉이라고 한 것이다. 四節不相違, 謂之調露之樂."라
고 했다.

289) 〈승운承雲〉: 黃帝의 樂舞로, 〈雲門〉〈雲門大卷〉이라고도 한다. 天神에
게 제사할 때 사용했다. "곧 黃鐘을 연주하고 大呂를 노래하고 〈雲門〉을
추며, 천신에게 제사한다. 乃奏黃鐘, 歌大呂, 舞雲門, 以祭天神."(『周禮』
「大司樂」)

武舞用凱安【詞同冬至圓丘】

무무武舞에는 〈개안凱安〉을 쓴다.【곡사는 동지에 원구圓丘에서 제사지낼 때의 것과 같다.】

送神用豫和【詞同冬至圓丘】

송신送神에는 〈예화豫和〉를 쓴다.【곡사는 동지에 원구圓丘에서 제사지낼 때의 것과 같다.】

祀赤帝降神用徵音

적제赤帝를 제사지낼 때 강신降神에는 치음徵音을 쓴다.

> 青陽告謝, 朱明戒序. 延長是祈, 敬陳椒醑.
> 博碩斯薦, 笙鏞備擧. 庶盡肅恭, 非馨稷黍.

봄[靑陽]이 이별을 고하고,
여름[朱明]이 제 순서를 알리는구나.
앞날이 장구하길 기원하며,
공경스럽게 산초주를 올리네.
크고 풍성한 제물을 바치고,
생笙과 종[鏞] 갖추어 올리네.
경건함과 공경스러움을 다하길 바라나니,
기장이 향기로운 것이 아니라네.[290]

---

290) "지극한 다스림은 그 향이 멀리 퍼져 신명도 감동시킨다. 기장이 향기로운 것이 아니라 밝은 덕이 향기로운 것이다.至治馨香, 感于神明. 黍稷非馨, 明德惟馨."(『尚書』「君陳」)

皇帝行用太和[詞同冬至圜丘]

황제의 행차에는 〈태화太和〉를 쓴다.[곡사는 동지에 원구圜丘에서 제사지
낼 때의 것과 같다.]

登歌奠玉帛用肅和

등가登歌하고 옥과 비단을 올릴 때는 〈숙화肅和〉를 쓴다.

> 離位克明, 火中宵見. 峰雲暮起, 景風晨扇.
> 木槿初榮, 含桃可薦. 芬馥百品, 鏗鏘三變.

여름 대낮의 광명[離位]291)이 빛나고,
대화성大火星[火中]292)은 어두운 밤 드러나네.
산봉우리처럼 생긴 구름[峰雲]293)은 해질녘에 피어오르고,
여름의 따뜻한 바람[景風]294)은 새벽에 불어오네.

---

291) 리위離位 : 여름 대낮의 광명을 말한다. "離卦는 光明이다. 萬物이 모두
(그 광명 아래서) 드러나니, 남방의 卦이다. 聖人이 南面하여 천하(백성)
의 소리를 들으면서 광명을 지향하며 다스리는 것은 대개 이 의미를 취한
것이다.離也者, 明也. 萬物皆相見, 南方之卦也. 聖人南面而聽天下, 嚮
明而治, 蓋取諸此也."(『周易』「說卦傳」)

292) 화중火中 : 28宿에서 心宿의 세 별 중 두 번째의 별을 가리키는데, 天王
을 상징한다. 大火·火星·大火星이라고도 하는데, 불처럼 붉은 빛깔 때
문에 생겨난 명칭이다. "해가 가장 긴 夏至에 나타나는 大火星을 보고,
仲夏(음력 5월)를 바로잡는다.日永星火, 以正仲夏."(『尙書』「堯典」)

293) 봉운峰雲 : 산봉우리 모양의 구름이라는 뜻으로, 여름을 상징하는 표현이
다. "여름 구름엔 기이한 산봉우리가 많구나.夏雲多奇峰."(陶淵明의
「四時」)라고 했다.

294) 경풍景風 : 여름의 따뜻한 바람을 가리킨다. 12律의 蕤賓에 해당하는 음

무궁화가 갓 피어나고,

앵두[含桃]295)도 제사에 올릴 수 있다네.

향기는 온갖 제수에서 풍겨 나오고,

악기 소리[鏗鏘]296) 계속해서 변주되네[三變].297)

迎俎用雍和

조俎를 들일 때는 〈옹화雍和〉를 쓴다.

력 5월의 바람이며, 夏至의 바람이기도 하다. 12律과 12달의 대응 관계를 살펴보면, 음력 기준으로 黃鐘(C)은 11월, 大呂(C#)는 12월, 太簇(D)는 1월, 夾鐘(D#)은 2월, 姑洗(E)은 3월, 仲呂(F)는 4월, 蕤賓(F#)은 5월, 林鐘(G)은 6월, 夷則(G#)은 7월, 南呂(A)는 8월, 無射(A#)은 9월, 應鐘(B)은 10월에 해당한다. "바야흐로 이제는 蕤賓으로 표시되는 시기(음력 5월)이니, 날씨는 따뜻하고 온갖 과실은 무성해진다.方今蕤賓紀時, 景風扇物, 天氣和暖, 衆果其繁."(曹丕의「與朝歌令吳質書」) "八節의 바람을 八風이라고 한다. 입춘에는 조풍, 춘분에는 명서풍, 입하에는 청명풍, 하지에는 경풍, 입추에는 양풍, 추분에는 창합풍, 입동에는 부주풍, 동지에는 광막풍이 이른다.八節之風謂八風. 立春條風至, 春分明庶風至, 立夏淸明風至, 夏至景風至, 立秋凉風至, 秋分閶闔風至, 立冬不周風至, 冬至廣莫風至."(『易緯通卦驗』)

295) 함도含桃 : 櫻桃를 말한다. "仲夏의 달(음력 5월)에 … 천자께서 어린 닭을 갖추어 기장의 맛을 본 뒤 앵두를 제사상에 차려서 먼저 종묘의 正殿에 薦新한다. … (이때에 약초인) 半夏가 자라나고, 무궁화는 꽃을 피운다.仲夏之月, … 天子乃以雛嘗黍, 羞以含桃, 先薦寢廟. … 半夏生, 木槿榮."(『禮記』「月令」)

296) 갱장鏗鏘 : 金石 악기의 소리로, 특히 鐘의 소리를 가리킨다.

297) 삼변三變 : 여러 차례 변한다는 의미이다. '三'은 횟수나 개수가 많음을 나타낸다.

昭昭丹陸, 奕奕炎方. 禮陳牲幣, 樂備篪簧.
瓊羞溢俎, 玉醑浮觴. 恭惟正直, 歆此馨香.

밝고 밝은 남쪽의 땅[丹陸],[298]

환하고 환한 남쪽의 무더운 곳[炎方].[299]

예禮는 희생과 비단[牲幣][300]을 진설하고,

악樂은 지篪[301]와 생황[簧]을 갖추었네.

---

298) 단륙丹陸 : 五行에서 불을 상징하는 남쪽 땅을 의미한다. "절기가 여름에 다다르니, 해시계는 남쪽 땅을 가리키네.節屆朱明, 晷鍾丹陸."(蕭統의 「錦帶書十二月啓・中呂四月」)

299) 염방炎方 : 무더운 남쪽 지역을 가리킨다. "무더운 남쪽의 위대한 새(공작), 신령함에 감응하여 춤추러 왔다네.有炎方之偉鳥, 感靈和而來儀." (鍾會의 「孔雀賦」)

300) 생폐牲幣 : 원래는 犧牲인 소와 幣帛을 가리켰는데, 이후 제사에 사용되는 모든 물품을 통칭하게 되었다. "(천지에 올리는) 큰 제사는 옥과 비단과 희생을 사용하고, (해와 달과 별에 올리는) 그다음 제사는 희생과 비단을 사용하며, 작은 제사는 희생을 사용한다.立大祀用玉帛牲牷, 立次祀用牲幣, 立小祀用牲."(『周禮』 「春官・肆師」)

301) 지篪 : 피리와 비슷한 管樂器의 일종이다. "篪는 (입김을 불어 넣는 구멍인) 吹孔에 멧대추[酸棗]처럼 생긴 주둥이[觜]가 있다. 橫笛은 작은 篪이다. 漢나라 靈帝가 胡笛을 좋아했다. … 지금 횡적은 모두 주둥이를 제거했으며, 그것(횡적)에 주둥이를 더한 것은 '義觜笛'이라고 한다.篪, 吹孔有觜如酸棗. 橫笛, 小篪也. … 之橫笛皆去觜, 其加觜者謂之義觜笛." (『舊唐書』 「音樂志」)

篪(『樂書』 卷122)

진수성찬은 조俎에 그득하고,

좋은 술은 술잔에 넘실거리네.

바르고 곧으신 신령302)을 삼가 생각하오니,

이 제물[馨香]303)을 흠향하시리.

皇帝酌獻飮福用壽和.【詞同冬至圓丘】

황제의 작헌酌獻과 음복飮福에는 〈수화壽和〉를 쓴다.【곡사는 동지에 원구圓丘에서 제사지낼 때의 것과 같다.】

送文舞出迎武舞入用舒和

문무文舞를 보내고 무무武舞를 들일 때는 〈서화舒和〉를 쓴다.

千里溫風飄絳羽, 十枚炎景勝朱干.

陳觴薦俎歌三獻, 拊石擬金會七盤.

천리에서 불어온 따뜻한 바람[溫風]304)에 붉은 깃[絳羽]305) 나

---

302) "신은 귀 밝고 눈 밝고 바르고 곧으며 한결같으신 분이다.神, 聰明正直而 壹者也."(『左傳』「莊公 32年」)

303) 형향馨香 : 좋은 향기를 의미하는데, 제사에 사용되는 黍稷을 가리키기도 한다.

304) 온풍溫風 : 따뜻한 바람이라는 의미로, 주로 음력 6월을 가리킨다. "季夏 의 달(음력 6월)에는… 따뜻한 바람이 분다.季夏之月 … 溫風始至."(『禮記』「月令」)

305) 강우絳羽 : 붉은 깃을 뜻한다. 文舞를 출 때는 꿩의 깃을 들었다. "오늘 날 문무를 출 때는 (꿩의) 깃과 籥을 쥐고, 무무를 출 때는 방패와 도끼를 쥔다.今文舞執羽籥, 武舞執干戚."(『隋書』「音樂志」) 본문에 서 '絳羽'라고 한 이유는 남방의 赤帝에게 올리는 舞에 사용되었기

부끼고,

10개의 이글거리는 태양[十枚炎景]306)은 붉은 방패[朱干]307)
보다 맹렬하네.

술잔을 진설하고 조俎를 올리며 삼헌三獻308)의 예에 맞춰 노래
하는데,

악기 두드리는 소리[拊石摐金]309)가 〈칠반무七盤舞〉310)와 어우
러지네.

때문이다.

306) 십매염경十枚炎景 : 10개의 이글거리는 태양을 의미한다. '景'은 태양이
라는 뜻이다. '后羿射日후예가 해를 쏘다' 전설에 따르면, 원래는 태양이
10개였는데, 后羿가 활로 9개를 떨어뜨려 1개만 남았다고 한다. 뜨거운
태양을 10개의 태양에 비유하기도 한다.

307) 주간朱干 : 붉은 방패라는 의미로, 천자의 악무에 사용하는 舞具이다.
"朱干과 玉戚으로 〈대하〉를 추고 八佾로 〈대무〉를 추는데, 이것은 모두
천자의 예이다.朱干 · 玉戚. 以舞大夏. 八佾以舞大武, 此皆天子之禮
也"(『春秋公羊傳』「昭公 25年」) "季夏 6월에 太廟에서 周公에게 禘祭
를 올리는데 … 붉은 방패에 옥으로 된 도끼를 들고 면류관을 쓰고 (周나
라의 武舞인) 〈대무〉를 춘다.季夏六月, 以禘禮祀周公於大廟 … 朱干玉
戚, 冕而舞大武."(『禮記』「明堂位」)

308) 삼헌三獻 : 제사 때 술잔을 3번 올리는 祭禮로, 初獻 · 亞獻 · 終獻을 말한다.

309) 부석종금拊石摐金 : '拊'와 '摐'은 모두 악기를 쳐서 연주한다는 의미다.
'石'과 '金'은 八音 중 돌과 금속으로 만든 악기를 가리킨다.

310) 〈칠반무七盤舞〉 : 〈盤舞〉 〈盤鼓舞〉라고도 한다. 盤이나 북[鼓]을 바닥에
놓고 춤추는 이가 그 위나 주위에서 춤을 추는데, 7개의 盤을 사용하는
경우가 많기 때문에 〈七盤舞〉라고 한다. "일곱 쟁반 위에서 돌아다니며
뛰어오르고 내딛네.歷七槃而縱躧."(張衡의 「舞賦」)

武舞用凱安.【詞同冬至圓丘】

무무武舞에는 〈개안凱安〉을 쓴다.【곡사는 동지에 원구圓丘에서 제사지낼
때의 것과 같다.】

送神用豫和.【詞同冬至圓丘】

송신送神에는 〈예화豫和〉를 쓴다.【곡사는 동지에 원구圓丘에서 제사지낼
때의 것과 같다.】

祀白帝降神用商音

백제白帝에게 제사지낼 때 강신降神에는 상음商音을 쓴다.

> 白藏應節, 天高氣清. 歲功旣阜, 庶類收成.
> 萬方靜謐, 九土和平. 馨香是薦, 受祚聰明.

가을[白藏]311)이 절기에 응하니,
하늘은 높고 공기는 맑도다.
한 해의 수확[歲功]312) 풍성하니,
만물[庶類]이 거둬들여졌도다[收成].313)

---

311) 백장白藏 : 가을을 의미한다. '白'은 오행 중 가을에 해당하는 金의 색이고,
'藏'은 추수를 뜻한다. "가을은 '백장'이라고 한다.秋爲白藏."(『爾雅』「釋
天」) 郭璞 注에서 "(가을의) 기운은 하얗고 (모든 것을) 거두어 보관한다.
氣白而收藏."라고 했다.

312) 세공歲功 : 가을에 거둔 한 해의 수확을 말한다. "(쓸데없는 訟事 따위를)
마치기 기다렸다가 결국 한 해의 수확이 없게 되면, 천하 백성 중에 굶주
리게 되는 이들이 있게 된다.比事訖, 竟亡一歲功, 則天下獨有受其饑者
矣."(王符의 『潛夫論』「愛日」)

313) 수성收成 : 수확을 의미한다. 가을의 별칭이기도 하다. "봄은 발생이라

만방萬方이 평안하고,

구주九州가 평화롭네.

제물[馨香]314)을 이에 바치니,

총명하신 신령[聰明]315)으로부터 복을 받는다네.

皇帝行用太和【詞同冬至圓丘】

황제의 행차에는 〈태화太和〉를 쓴다.【곡사는 동지에 원구圓丘에서 제사지
낼 때의 것과 같다.】

登歌奠玉帛用肅和

등가登歌하고 옥과 비단을 올릴 때는 〈숙화肅和〉를 쓴다.

金行在節, 素靈居正. 氣肅霜嚴, 林凋草勁.

豺祭隼擊, 潦收川鏡. 九穀已登, 萬箱流詠.

오행의 금[金行]316)이 자신의 절기에 위치하니,

하얀 가을 신령[素靈]317)이 제자리에 거하시네.

하고, 여름은 장영이라 하고, 가을은 수성이라 하고, 겨울은 안녕이라고
한다.春爲發生, 夏爲長嬴, 秋爲收成, 冬爲安寧."(『爾雅』「釋天」) 發生
·長嬴·收成·安寧은 생겨나고, 성장하고, 수확하고, 갈무리하는 봄·여
름·가을·겨울의 특징에 따라 각 계절을 명명한 것이다.

314) 형향馨香 : 좋은 향기를 의미하는데, 제사에 사용되는 黍稷을 가리키기도
한다.

315) 총명聰明 : 제사를 흠향하러 오신 신령을 가리킨다. "신령은 총명하고 올
곧으며 한결같다.神, 聰明正直而壹者也."(『左傳』「莊公 32年」)

316) 금행金行 : 오행 중 金을 의미한다. 金은 계절 중 가을에 해당한다.

기운은 쌀쌀하고[氣肅][318] 서릿발은 매서우니[霜嚴],[319]

나무는 시들고 풀은 억세구나.

승냥이가 제사지내고[豺祭][320] 매가 날개를 치니[隼擊],[321]

길에 괸 물은 마르고 시냇물은 거울처럼 맑아지네.

아홉 가지 곡식[九穀][322] 이미 잘 여물어[登],[323]

---

317) 소령素靈 : 가을의 신, 혹은 白帝를 의미한다. '素'는 오행 중 가을에 해당하는 흰색을 의미한다. "黃精이 극에 달하니, 素靈이 빛나네.黃精旣亢, 素靈乃暉."(潘尼의 「釋奠頌」) 黃精(황토의 정기)은 오행의 土德을 의미하고, 素靈(흰 신령)은 金德을 의미한다.

318) 기숙氣肅 : 만물을 시들게 할 정도로 기운이 쌀쌀하다는 의미다. "孟秋의 달(음력 7월)에는 … 천지간에 (만물을 시들게 하는) 쌀쌀한 기운이 나타나기 시작한다.孟秋之月, … 天地始肅."(『禮記』 「月令」)

319) 엄상霜嚴 : 서리가 심하다는 의미다 "季秋의 달(음력 9월)에는 … 서리가 처음 내린다.季秋之月, … 霜始降."(『禮記』 「月令」)

320) 시제豺祭 : 승냥이가 제사지낸다는 뜻으로, 승냥이가 본격적으로 사냥하기 시작하는 음력 9월에 해당한다. "季秋의 달(음력 9월)에는 … 승냥이가 짐승을 잡아 제사지낸 뒤에 짐승을 사냥한다.季秋之月, … 豺乃祭獸戮禽."(『禮記』 「月令」) "孟秋의 달(음력 7월)에는 … 매가 (사냥한) 날짐승으로 제사를 지낸다.孟秋之月 … 鷹乃祭鳥."(『禮記』 「月令」)

321) 준격隼擊 : 매가 날개를 친다는 뜻으로, 서리가 처음 내리는 음력 9월에 해당한다. "서리는 살벌의 표상이다. 늦가을에 서리가 처음 내리면 매가 날개를 치니, 왕자는 하늘의 도를 따라 주벌을 행하여 숙살의 위엄을 이룬다.霜殺伐之表. 季秋霜始降, 鷹隼擊, 王者順天行誅, 以成肅殺之威."(『初學記』 권2에 인용된 『春秋感精符』)

322) 구곡九穀 : 아홉 가지 곡식이라는 의미다. "평지와 산과 물가에서 농사를 지어 아홉 가지 곡식을 생산한다.三農生九穀."(『周禮』 「天官'冢宰·大宰」) 이에 대하여 鄭玄 注에서는 다음과 같이 鄭衆의 설명을 인용했다. "아홉 가지 곡식이란 찰기장·메기장·차조·벼·깨·대두·소두·보리·

수레 만 대 그득한 곡식[萬箱]324)에서 노랫소리 흘러나오네.

迎俎用雍和
조俎를 들일 때는 〈옹화雍和〉를 쓴다.

律應西成, 氣躔南呂. 珪幣咸列, 笙竽備擧.
苾苾蘭羞, 芬芬桂醑. 式資宴昵, 用調霜序.

십이율十二律이 가을[西成]325)에 응하니,

그 절기가 남려南呂326)로 건너오네.

옥과 비단[珪幣]327)을 모두 늘어놓고,

밀을 말한다.九穀, 黍·稷·秫·稻·麻·大小豆·大小麥."

323) 등登 : 곡식이 잘 여무는 것을 '登'이라 한다. 풍작이 드는 것을 '豐登'이
라 하고, 곡식이 잘 여물어 풍작이 든 해를 '登歲'라 한다.

324) 만상萬箱 : 만 대나 되는 짐수레에 담을 만큼 많은 곡식을 의미한다. "(그
많은 곡식을 저장할) 천 개의 창고가 필요하고 (그 많은 곡식을 옮길)
만 대의 짐수레가 필요하네.乃求千斯倉, 乃求萬斯箱."(『詩經』「小雅·
甫田」) 鄭玄 箋에서는 이렇게 말했다. "成王이 곡식으로 거둔 稅收가
엄청나게 쌓여 있는 것을 보고는, 천 개의 창고를 찾아 이를 저장하고
만 대의 수레를 찾아 이를 실었다. 이는 풍년이 들어 그 수확이 이전을
넘어섰음을 말하는 것이다.成王見禾穀之稅委積之多, 於是求千倉以處
之, 萬車以載之, 是言年豐收入踰前也."

325) 서성西成 : 가을의 수확을 가리키는데, 가을의 별칭이기도 하다. "서쪽(가
을)의 수확을 가늠하고 살폈다.平秩西成."(『尙書』「堯典」)

326) 남려南呂 : 12律의 하나로, 계절로는 한가을을 상징한다. "仲秋의 달(음
력 8월)은 … 12율 중 남려에 해당한다.仲秋之月 … 律中南呂."(『禮記』
「月令」)

생笙과 우竽328)를 두루 갖추었네.

짙은 향기 폴폴 내뿜는[苾苾]329) 훌륭한 제수[蘭羞],330)

향내 나는 좋은 술[桂醑].331)

이것을 즐기시고 복을 내리시어,

서리 내리는 계절[霜序]332)을 조율해주소서.

---

327) 규폐珪幣 : 제사에 사용되는 玉帛의 통칭이다. "짐은 희생과 珪玉과 幣帛을 가져다 상제와 종묘(의 신령)를 섬겼다.朕獲執犧牲珪幣以事上帝宗廟."(『史記』「孝文帝紀」)

328)

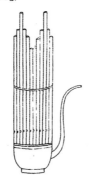

竽(『樂書』 卷123)

329) 필필苾苾 : 짙은 향기가 뿜어져 나오는 것을 형용하는 표현이다. "짙고 좋은 향기 폴폴 뿜어져 나오니, 제사가 잘 갖추어졌도다.苾苾芬芬, 祀事孔明."(『詩經』「小雅·信南山」)

330) 난수蘭羞 : 원래는 향초의 일종인 '蘭'이 들어간 제수를 가리키는데, 좋은 제수를 통칭하기도 한다. 蘭은 주술적 성격이 강해서 巫歌에 자주 등장하며, 『楚辭』에 많이 보인다. "좋은 제수를 俎에 담아 올리네.蘭羞薦俎." (南朝 梁나라 簡文帝의 「九日侍皇太子樂遊苑」)

331) 계서桂醑 : 원래는 桂花酒를 가리키는데, 훌륭한 술을 통칭하기도 한다.

332) 상서霜序 : 서리 내리는 계절, 즉 가을을 가리킨다. '序'는 계절의 순서를 뜻한다. "季秋의 달(음력 9월)에는 … 서리가 처음 내린다.季秋之月, …

皇帝酌獻飮福用壽和[詞同冬至圜丘]

황제의 작헌酌獻과 음복飮福에는 〈수화壽和〉를 쓴다.[곡사는 동지에
원구圜丘에서 제사지낼 때의 것과 같다.]

送文舞出迎武舞入用舒和

문무文舞를 보내고 무무武舞를 들일 때는 〈서화舒和〉를 쓴다.

　璿儀氣爽驚緹籥, 玉呂灰飛含素商.
　鳴鞞奏管芳羞薦, 會舞安歌葆旭揚.

하늘의 기운 상쾌하여 제실緹室의 율관律管[緹籥]333)을 움찔
거리게 만드니,
남려[玉呂]334)의 재가 흩날림은 가을[素商]335) 기운 머금었음

霜始降."(『禮記』「月令」)

333) 제약緹籥 : 緹室에 있는 12개의 律官을 뜻한다. '緹'는 候氣法을 행하는
緹室이고, '籥'은 12개의 律管을 의미한다. 候氣法에 따르면, 12개의 律
管 안에 갈대 재를 채워두면 12달의 절기에 상응하여 각 율관 안의 재가
날아 움직였다. "사계절(12달)은 緹籥(緹室의 12율관)에 맞춰 순환하네.
四序周緹籥."(盧照鄰의 「七日登樂遊故墓」) "候氣法은, 방을 3겹으로
만들고 문을 밀폐한 뒤 틈을 세밀하게 메우고 적황색의 비단을 꼼꼼히
펼쳐 둔다. 방 안에는 나무로 案을 만들어 두는데, (12율에 해당하는)
각 율관마다 1개씩이며 안쪽 것이 낮고 바깥쪽 것이 높다. 방위에 따라서
(12개의) 율관을 (각각) 해당하는 案 위에 놓고서, 갈대를 태운 재로 율관
의 안을 채운 뒤 曆法을 따져 (해당 절기를) 기다린다. 해당 절기가 되면
(해당 율관에 채워둔) 재가 움직인다.候氣之法, 爲室三重, 戶閉, 塗釁必
周, 密布緹縵. 室中以木爲案, 每律各一, 內庳外高, 從其方位, 加律其
上, 以葭莩灰抑其內端, 案曆而候之. 氣至者灰動."(『後漢書』「律曆志」)

이라.

북[鞞]336)을 울리고 피리[管]337)를 연주하며 향긋한 제수 올
리나니,

모여서 춤추고 편안히 노래하니 덮였던 어둠 날아가네.

武舞用凱安[詞同冬至圓丘]

무무武舞에는 〈개안凱安〉을 쓴다.【곡사는 동지에 원구圓丘에서 제사지낼

---

334) 옥려玉呂 : 12律 중 가을을 주관하는 南呂를 가리킨다. "중추(음력 8월)
　　의 달, 그 帝는 少皡이고, 그 神은 蓐收이다. 그 동물은 털 있는 동물이다.
　　그 音은 商이고, 律은 南呂에 응한다.仲秋之月 … 其帝少皡, 其神蓐收.
　　其蟲毛. 其音商, 律中南呂."(『禮記』「月令」)

335) 소상素商 : 가을의 별칭이다. '素'는 오행 중 가을에 해당하는 金의 색인
　　흰색을 뜻한다. '商'은 五音(宮·商·角·徵·羽) 중 金에 속하는 商音을
　　가리킨다. "가을을 일러 白藏이라고 한다. 收成이라고도 하고, 三秋·九
　　秋·素秋·素商·高商이라고도 한다.秋曰白藏, 亦曰收成, 亦曰三秋·
　　九秋·素秋·素商·高商."(『初學記』 권3에 인용된 南朝 梁나라 元帝의
　　『纂要』) "철 지난 매미 느지막이 울어대니, 가을의 계절이로다.殘蟬噪晚,
　　素商時序."(柳永의 「竹馬子」)

336) 비鞞 : 자루가 있는 작은 북을 가리킨다.

337)

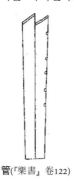

管(『樂書』 卷122)

때의 것과 같다.】

送神用豫和【詞同冬至圓丘】

송신送神에는 〈예화豫和〉를 쓴다.【곡사는 동지에 원구圓丘에서 제사지낼
때의 것과 같다.】

祀黑帝降神用羽音

흑제黑帝에게 제사지낼 때 강신降神에는 우음羽音을 쓴다.

> 嚴冬季月, 星迴風厲. 享祀報功, 方祈來歲.

엄동설한의 계월季月(음력 12월)이라,
별도 돌아가고[星迴]338) 바람은 거세지는구나[風厲].339)
제사를 올리며 공적을 아뢰오니,
바야흐로 내년에도 복을 내려주시길 기원하나이다.

皇帝行用太和【詞同冬至圓丘】

황제의 행차에는 〈태화太和〉를 쓴다.【곡사는 동지에 원구圓丘에서 제사지
낼 때의 것과 같다.】

---

338) 성회星迴 : 28宿가 제자리로 돌아간다는 의미다. "季冬의 달(음력 12월)
에 … 해는 운행을 다하여 (玄枵에) 머물고, 달은 운행을 다하여 (玄枵에
서 해와) 만나고, 별은 하늘의 제자리로 돌아가니, (1년의) 수가 거의 끝나
가고 한 해가 다시 시작된다.季冬之月 … 日窮于次, 月窮于紀, 星回于
天, 數將幾終, 歲且更始."(『禮記』「月令」)

339) 풍려風厲 : 북쪽에서 불어오는 朔風이 거세진다는 의미로, 전형적인 겨울
날씨를 가리킨다. "하늘은 얼어붙고 땅은 굳게 닫히니, 바람도 거세지고
서릿발이 날리네.天凝地閉, 風厲霜飛."(張協의 「七命」)

登歌奠玉帛用肅和

등가登歌하고 옥과 비단을 올릴 때는 〈숙화肅和〉를 쓴다.

> 律周玉琯, 星迴金度. 次極陽烏, 紀窮陰兔.
> 火林霰雪, 湯泉凝沍. 八蜡已登, 三農息務.

(12개의) 율律은 (각각의) 옥관玉琯[340)]을 모두 순환했고,
별은 하늘의 제자리로 돌아가네[星迴金度].[341)]
현효玄枵에 머무는[次極][342)] 태양[陽烏],[343)]

---

340) 옥관玉琯 : 候氣法에 사용되는 律管을 가리킨다. 候氣法에 따르면, 12개
의 律管 안에 갈대 재를 채워두면 12달의 절기에 상응하여 각 율관 안의
재가 날아 움직였다. 예를 들면 11월에는 黃鐘 율관의 재가 날아 움직였
다. '玉琯'이라는 단어에서처럼 옥으로 만든 율관도 있었는데, 『後漢書』
「律曆志」에서는 "후기법은 … 12개의 옥률을 사용한다.候氣之法 … 用
玉律十二."라고 했다.

341) 성회금도星迴金度 : 『禮記』「月令」의 '星回于天'으로 풀이했다. "季冬
의 달(음력 12월)에 … 해는 운행을 다하여 (玄枵에) 머물고, 달은 운행을
다하여 (玄枵에서 해와) 만나고, 별은 하늘의 제자리로 돌아가니, (1년의)
수가 거의 끝나가고 한 해가 다시 시작된다.季冬之月 … 日窮于次, 月窮
于紀, 星回于天, 數將幾終, 歲且更始."(『禮記』「月令」)

342) 차극次極 : 해가 한 해의 운행을 다하여 12次의 마지막에 해당하는 玄枵
에 머문다는 뜻이다. 12次는 하늘의 黃道를 12개 구간으로 나눈 것으로,
娵訾·降婁·大梁·實沈·鶉首·鶉火·鶉尾·壽星·大火·析木·星紀·
玄枵를 가리킨다. 여기서 마지막이 바로 玄枵이다. 次極은 極에 머문다
[次]는 의미로, 極이 바로 12次의 마지막인 玄枵를 가리키는 것이다.
玄枵는 겨울의 마지막을 상징하고, 그다음인 娵訾는 立春에 해당한다.
『禮記』「月令」에서 "季冬의 달(음력 12월)에 … 해는 운행을 다하여 (玄
枵에) 머문다.季冬之月 … 日窮于次."라고 했다. 鄭玄 注에서는 이에 대

태양과의 만남[紀窮]을 다한 달[陰免].344)

화림火林345)에 싸라기눈 내리고,

따뜻한 물[湯泉]346)도 얼어붙네[凝沍].347)

해 "해·달·별이 운행하면서 이달이면 모두 한 바퀴를 돌아 이전의 위치로 오는 것을 말한다. '次'는 舍(머문다)이고, '紀'는 會(만나다)이다.言日月星辰運行, 于此月皆周匝於故處也. 次, 舍也. 紀, 會也."라고 했다. '日窮于次'에 대해 『禮記集說』에서는 "지난해 季冬에 玄枵에서 머물렀는데, 이때에 이르러 운행을 다하고 다시 돌아와 玄枵에 머무는 것이다. 去年季冬次玄枵, 至此窮盡, 還次玄枵也."라고 했다.

343) 양오陽烏 : 태양을 의미한다. 태양에는 '金烏'라는 三足烏가 살고 달에는 토끼(또는 두꺼비)가 산다는 전설이 있는데, 양자를 합쳐서 陽烏陰免 또는 陽烏陰蟾이라고 한다. 陽烏와 다음 구절에 나오는 '陰免'가 서로 대구를 이룬다.

344) 기궁紀窮 : 달이 한 해의 운행을 다하여 12次의 마지막에 해당하는 玄枵에서 해와 만난다는 뜻이다. 紀窮은 窮에서 만난다[紀]는 의미로, 窮은 12次의 마지막인 玄枵를 가리킨다. 『禮記』 「月令」에서 "季冬의 달(음력 12월)에 … 달은 운행을 다하여 (玄枵에서 해와) 만난다.季冬之月 … 月窮于紀."라고 했다. 鄭玄 注에서 "'紀'는 會(만나다)이다.紀, 會也."라고 했다. '月窮于紀'에 대해 『禮記集說』에서, "'紀'는 會(만나다)이다. 지난해 季冬에 달은 해와 玄枵에서 서로 만났는데, 이때에 이르러 운행을 다하고 돌아와 다시 현호에서 만나는 것이다.紀, 會也. 去年季冬, 月與日相會於玄枵, 至此窮盡, 還復會於玄枵也."라고 했다.

345) 화림火林 : 南海의 炎洲라는 섬에 있다는 화염처럼 뜨거운 산을 가리킨다. "염주에는 … 화림산이 있다.炎洲 … 有火林山."(『藝文類聚』에 인용된 『十洲記』)

346) 탕천湯泉 : 溫泉을 가리킨다. "따뜻한 물이 나오는 온천에, 검붉은 돌들이 있네.溫液湯泉, 黑丹石緇."(張衡의 「東京賦」)

347) 응호凝沍 : 얼어붙다. "바퀴자국에 들러붙은 얼음은 바퀴자국으로 만들

여덟 신에게 올리는 제사[八蜡]348)는 이미 시작되었고,
세 곳의 농사[三農]349)도 일손을 멈추었네.

迎俎用雍和

조俎를 들일 때는 〈옹화雍和〉를 쓴다.

陽月斯紀, 應鐘在候. 載潔牲牷, 爰登俎豆.
旣高旣遠, 無聲無臭. 靜言格思, 惟神保佑.

양월陽月(음력 10월)350)의 시기,
(12율律의) 응종應鐘에 해당하는 때라네.

어진 궤도를 없애버리고, 물은 나무바퀴를 점점 적셔서 얼어붙어 버리네.
轍含冰以滅軌, 水漸軔以凝洹."(潘岳의「懷舊賦」)

348) 팔사八蜡 : 매년 말에 농사와 관련된 여덟 神에게 지내는 蜡祭를 가리킨
다. "천자가 올리는 大蜡祭의 대상은 여덟 신이다. 이기씨가 蜡祭를 시작
했다고 한다. 天子大蜡八. 伊耆氏始爲蜡."(『禮記』「郊特牲」) 大蜡祭를
올리는 여덟 신은 다음과 같다. 先嗇(神農氏), 司嗇(后稷), 農, 郵表畷,
猫虎, 坊, 水庸, 昆蟲.

349) 삼농三農 : 세 곳에서 짓는 농사, 즉 평지·산·물가에서 짓는 농사를 가리
킨다. "세 곳에서 농사를 지어 아홉 가지 곡식을 생산한다. 三農生九穀."
(『周禮』「天官冢宰·大宰」) 鄭玄의 注에서 "세 곳에서 짓는 농사란 평지
·산·물가에서 짓는 농사다. 三農, 平地·山·澤."라고 했다.

350) 양월陽月 : 음력 10월을 가리킨다. "10월을 '陽'이라고 한다. 十月爲陽."
(『爾雅』「釋天」) "10월은 비록 陰氣가 주도권을 가지고 있지만 음기가
홀로 존재할 수는 없는 법이다. 이 달은 純陰에 속하지만, 아예 양기는
없다고 의심할까봐 양월이라 부른다. 十月, 陰雖用事, 而陰不孤立. 此月
純陰, 疑於無陽, 故謂之陽月."(董仲舒의「雨雹對」)

한 색깔의 희생[牲牷]351)을 정결히 갖추고,

제기[俎豆]를 모두 상에 올리네.

(하늘은) 높고도 멀리 떨어져 있어[旣高旣遠],352)

아무런 소리도 냄새도 없네.353)

가만히 이곳에 이르시어[靜言格思],354)

부디 신께서 보우해주시길 바라네.

皇帝酌獻飮福用壽和[詞同冬至圓丘]

황제의 작헌酌獻과 음복飮福에는 〈수화壽和〉를 쓴다.[곡사는 동지에 원구圓丘에서 제사지낼 때의 것과 같다.]

送文舞出迎武舞入用舒和

문무文舞를 보내고 무무武舞를 들일 때는 〈서화舒和〉를 쓴다.

---

351) 생전牲牷 : '牲'은 犧牲으로 사용되는 동물을 가리키고, '牷'은 털이나 가죽에 雜色이 섞이지 않은 한 가지 색깔의 동물을 가리킨다.

352) 기고기원旣高旣遠 : "하늘은 높고 별들은 멀다.天之高也, 星辰之遠也."(『孟子』「離婁」)

353) 소리도 냄새도 없다는 것은 겉으로 드러나는 바가 아무 것도 없다는 의미로, 하늘을 묘사한 표현이다. "하늘의 일은 소리도 없고 냄새도 없네.上天之載, 無聲無臭."(『詩經』「大雅·文王」)

354) 정언격사靜言格思 : 靜言과 格思 모두 『詩經』에 그 용례가 나오는데, 言과 思는 아무 뜻이 없는 어조사로 쓰였다. "조용히 생각해보다가, 잠에서 깨어나 가슴을 치네.靜言思之, 寤辟有摽."(『詩經』「邶風·柏舟」) "신께서 이르시는 것은 헤아릴 수 없으니 어찌 태만할 수 있으리오神之格思, 不可度思, 矧可射思."(『詩經』「大雅·抑」)

執籥持羽初終曲, 朱干玉鏚始分行.
七德九功咸已暢, 明靈降福具穰穰.

약籥과 깃[羽]을 쥐고 추는 춤[執籥持羽]355)이 갓 연주를 끝내자,
붉은 방패와 옥도끼를 들고 추는 춤[朱干玉鏚]356)이 비로소
대열을 나누네.

〈칠덕七德〉357)과 〈구공九功〉358) 모두 이미 울려 퍼지니,

---

355) 집약지우執籥持羽 : 文舞를 뜻한다. 籥과 羽는 文舞를 출 때 사용하는
   舞具인 籥과 꿩의 깃이다. "오늘날 문무를 출 때는 羽와 籥을 들고 춘다.
   今文舞執羽籥."(『隋書』「音樂志」) "管에 3개의 구멍이 있는 것을 籥이
   라고 하는데, 春分의 소리이며 만물이 떨쳐 일어나 움직이는 것이다.管三
   孔曰籥, 春分之音, 萬物振躍而動也."(『舊唐書』「音樂志」)

356) 주간옥척朱干玉鏚 : 武舞를 뜻한다. 朱干과 玉鏚은 武舞를 출 때 사용하
   는 舞具인 붉은 방패와 옥도끼로, 천자의 악무에 사용되었다. "오늘날
   … 무무를 출 때는 방패와 도끼를 들고 춘다.今 … 武舞執干戚."(『隋書』
   「音樂志」) "朱干과 玉戚으로 〈대하〉를 추고 八佾로 〈대무〉를 추는데,
   이것은 모두 천자의 예이다.朱干·玉戚. 以舞大夏. 八佾以舞大武, 此皆
   天子之禮也."(『春秋公羊傳』「昭公 25年」)

357) 〈칠덕七德〉: 唐나라의 대표적 武舞에 속하는 〈七德舞〉를 가리킨다. 본
   래 명칭은 〈秦王破陣樂〉이며, 후에 〈神功破陣樂〉으로 바뀌었다. "〈칠덕
   무〉는 본래 명칭이 〈秦王破陣樂〉이다. 太宗이 秦王으로 있을 때 劉武周
   를 무찌르자 軍中에서 다들 함께 〈王破陣樂曲〉을 만들어 연주했다. …
   후에 魏徵을 비롯해 員外散騎常侍 褚亮, 원외산기상시 虞世南, 太子
   右庶子 李百藥에게 명하여 가사를 고쳐 짓게 하고 〈칠덕무〉라고 이름했
   다. … 후에 〈神功破陣樂〉으로 명칭을 바꾸었다.七德舞者, 本名秦王破
   陣樂. 太宗爲秦王, 破劉武周, 軍中相與作秦王破陣樂曲. … 後令魏徵
   與員外散騎常侍褚亮·員外散騎常侍虞世南·太子右庶子李百藥更製
   歌辭, 名曰七德舞. … 其後更號神功破陣樂."(『新唐書』「禮樂志」) "顯

영명하신 신령께서 내려주신 복이 모두 풍성하네[穰穰].359)

武舞用凱安【詞同冬至圓丘】

무무武舞에는 〈개안凱安〉을 쓴다.【곡사는 동지에 원구圓丘에서 제사지낼
때의 것과 같다.】

送神用豫和【詞同冬至圓丘】

송신送神에는 〈예화豫和〉를 쓴다.【곡사는 동지에 원구圓丘에서 제사지낼
때의 것과 같다.】

慶 원년(656) 정월, 〈파진악무〉를 〈신공파진악〉으로 바꾸었다.顯慶元年
正月, 改破陣樂舞爲神功破陣樂."(『舊唐書』「音樂志」) 〈칠덕무〉의 七
德은 武功의 7가지 德行으로, 제왕의 武는 七德에 짝한다. "武라는 것은
폭력을 억누르고, 무기를 거두어 싸움을 중지하며, 큰 나라를 유지하고,
공을 세우고, 백성을 편안하게 하며, 만민을 화합시키며, 재물을 풍성하게
하는 것이다.夫武, 禁暴, 戢兵, 保大, 定功, 安民, 和衆, 豐財者也."(『左
傳』「宣公 12年」)

358) 〈구공九功〉: 唐나라의 대표적 文舞에 속하는 〈九功舞〉를 가리킨다. 백
성의 생활의 근간인 六府와 三事를 잘 관장하는 제왕의 9가지 善政이
바로 九功이다. "六府와 三事를 일러 九功이라고 한다. 水·火·金·
木·土·穀을 일러 육부라 하고, 正德·利用·厚生을 일러 삼사라 한다.
六府, 三事, 謂之九功. 水, 火, 金, 木, 土, 穀, 謂之六府. 正德, 利用,
厚生, 謂之三事."(『左傳』「文公 7年」) "제왕의 文은 九功에 짝하고 武는
七德에 짝한다.文治九功, 武苞七德."(『梁書』「武帝紀」)

359) 양양穰穰: 풍성함을 형용하는 말이다. "종과 북이 둥둥 울리고, 경과 피
리 소리 쟁쟁하여라. 내리시는 복이 풍성하고도, 내리시는 복이 크구나.鐘
鼓喤喤, 磬筦將將, 降福穰穰, 降福簡簡."(『詩經』「周頌·執競」)

又五郊樂章十首【太樂舊有此詞, 不詳所起.】

또 오교五郊 악장360) 10수【태악太樂에 예부터 이 곡사가 있었는데, 어디서 비롯했는지 알 수 없다.】

黃郊迎神

황교黃郊361)에서의 영신迎神

朱明季序, 黃郊王辰. 厚以載物, 甘以養人.
毓金爲體, 稟火成身. 宮音式奏, 奏以迎神.

여름[朱明]362)의 마지막 순서,
황교黃郊가 군림할 때라네.363)

---

360) 오교五郊 악장: 黃郊·靑郊·赤郊·白郊·黑郊에서 五方上帝, 즉 黃帝·靑帝·赤帝·白帝·黑帝에게 제사지내는 五時迎氣 악장인〈五郊樂〉으로, 貞觀 연간에 魏徵 등이 지었다

361) 황교黃郊: 五方上帝 중 黃帝에게 제사지내는 中郊를 말한다.

362) 주명朱明: 여름을 가리킨다. "여름은 朱明이라 한다. 夏爲朱明."(『爾雅』「釋天」)

363) 입추 18일 전부터 입추까지는 土氣가 가장 왕성한 시기인 '土王用事'의 기간인데, 입추 전 18일에 中郊에서 黃帝에게 제사지냈다. "입춘에 동교에서 봄을 맞이하며 청제 구망에게 제사한다. … 입하에 남교에서 여름을 맞이하며 적제 축융에게 제사한다. … 입추 전 18일에 중조(중교)에서 황령을 맞이하며 황제 후토에게 제사한다. … 입추에 서교에서 가을을 맞이하며 백제 욕수에게 제사한다. … 입동에 북교에서 겨울을 맞이하여 흑제 현명에게 제사한다. 立春之日, 迎春於東郊, 祭靑帝句芒. … 立夏之日, 迎夏於南郊, 祭赤帝祝融. … 立秋前十八日, 迎黃靈於中兆, 祭黃帝后土. … 立秋之日, 迎秋於西郊, 祭白帝蓐收. … 立冬之日, 迎冬于北郊,

두터움으로 만물을 싣고[厚以載物],364)

맛 좋은 음식으로 사람을 기르네.

금(가을)을 키워[毓金]365) 체體를 이루고,

화(여름)의 단련을 통해[稟火]366) 신身을 이룬다네.

궁음宮音이 연주되기 시작하니,367)

연주로 신을 맞이하네.

送神

송신送神

春末冬暮, 徂夏杪秋. 土王四月, 時季一周.
黍稷已享, 籩豆宜收. 送神有樂, 神其賜休.

겨울 저물고 봄이 끝나,

祭黑帝玄冥.”(『後漢書』「祭祀志」)

364) 후이재물厚以載物 : 후덕하게 세상 만물을 담아낸다는 뜻으로, 土德을 찬송한 것이다. “지극하구나, 坤의 원대함이여! 만물이 이에 의지해 生育하니, 순하게 하늘을 받든다. 坤은 두터워 만물을 실으니 그 덕이 무한함에 부합한다.至哉坤元, 萬物資生, 乃順承天. 坤厚載物, 德合無疆.”(『周易』「坤卦·象傳」)

365) 유금毓金 : 金을 키워낸다는 의미다. 五行相生說에 따르면, 土가 金을 낳기에(土生金) 土에서 金이 생성된다. 金은 가을에 해당하고, 입추 18일 전부터 입추까지인 土는 여름에서 가을로 가는 중간지대에 해당한다.

366) 품화稟火 : 火에 의한 단련을 거친다는 의미다. 五行相生說에 따르면, 火가 土를 낳기에(火生土) 火에서 土가 생성된다. 火는 여름에 해당한다.

367) 中郊에서 黃帝에게 제사지낼 때는 五音 중 宮音을 主調로 연주했다.

여름이 지나가고 가을의 끝자락으로 가네.368)

토왕土王의 시기369)는 넉 달370) 동안이니,

사계절 모두 한 번씩 거쳐 가네.

찰기장과 메기장으로 제사를 마쳤으니,

변籩371)과 두豆를 거둬들여야만 하네.

신을 보내드리며 악樂을 연주하니,

신께서 복[休]372)을 내려주시네.

青郊迎神
청교靑郊에서의 영신迎神

緹幕移候, 靑郊啓蟄. 淑景遲遲, 和風習習.
璧玉宵備, 旌旄曙立. 張樂以迎, 帝神其入.

---

368) 본문에는 春·冬·夏·秋의 순서로 나와 있으나 사계의 순환 순서에 맞춰
서 春·夏·秋·冬의 순서로 번역했다.

369) 토왕土王의 시기 : 土의 기운이 가장 왕성한 시기로, 春夏秋冬 4계절 각
각의 마지막 18일 동안이다. 이를 土旺用事 혹은 土王用事의 기간이라
고 한다. 24절기 중에서 立春·立夏·立秋·立冬의 절기가 시작되기 전
18일 동안에 해당한다.

370) 음력 3월·6월·9월·12월을 가리킨다.

371) 변籩 : 주로 과일이나 말린 고기를 올릴 때 쓰던 제기이다. 木豆와 닮은
형태인데, 대나무로 만들기 때문에 竹豆라고도 한다.

372) 휴休 : 하늘이나 신이 내려 준 복, 상서로움을 의미한다. "그 백성을 잘
어루만지어, 예절로써 하늘이 내려주신 복을 받게 하셨다.鎭撫其民人,
以禮承天之休."(『左傳』「襄公 28年」)

제실緹室[緹幕]373)에서 절기節氣가 옮겨가니,

청교青郊에 경칩驚蟄[啓蟄]이 이르렀네.

봄날의 햇살[淑景]374)은 느릿느릿[遲遲],375)

화창한 봄바람은 산들산들[習習].376)

벽옥璧玉은 전날 밤에 모두 준비해 놓고,

---

373) 제막緹幕 : '候氣法'을 행하는 緹室에 둘러쳐진 幕을 가리킨다. 候氣法에 따르면, 12개의 律管 안에 갈대 재를 채워두면 12달의 절기에 상응하여 각 율관 안의 재가 날아 움직였다. 예를 들면 11월에는 黃鐘 율관의 재가 날아 움직였다. "사계절(12달)은 緹篇(緹室의 12율관)에 맞춰 순환하네.四序周緹篇."(盧照鄰의 「七日登樂遊故墓」) "候氣法은, 방을 3겹으로 만들고 문을 밀폐한 뒤 틈을 세밀하게 메우고 적황색의 비단을 꼼꼼히 펼쳐 둔다. 방 안에는 나무로 案을 만들어 두는데, (12율에 해당하는) 각 율관마다 1개씩이며 안쪽 것이 낮고 바깥쪽 것이 높다. 방위에 따라서 (12개의) 율관을 (각각) 해당하는 案 위에 놓고서, 갈대를 태운 재로 율관의 안을 채운 뒤 曆法을 따져 (해당 절기를) 기다린다. 해당 절기가 되면 (해당 율관에 채워둔) 재가 움직인다.候氣之法, 爲室三重, 戶閉, 塗釁必周, 密布緹縵. 室中以木爲案, 每律各一, 內庫外高, 從其方位, 加律其上, 以葭莩灰抑其內端, 案曆而候之. 氣至者灰動."(『後漢書』「律曆志」)

374) 숙경淑景 : 아름다운 경치나 햇살을 의미한다. 여기서는 봄날의 햇살을 가리킨다.

375) 지지遲遲 : 느긋하고 더딘 모습을 형용한다. "봄날의 햇살은 더디기도 하고, 산흰쑥을 캐려는데 많기도 하네.春日遲遲, 采蘩祁祁."(『詩經』「豳風·七月」)

376) 습습習習 : 바람이 산들산들 부는 모습을 형용한다. "산들산들 부는 골바람에, 날이 흐려지고 비가 내리네.習習谷風, 以陰以雨."(『詩經』「邶風·谷風」)

깃발은 새벽에 세워두었네.
음악을 펼쳐 신령을 맞이하니,
청제青帝께서 들어오시네.

送神
송신送神

文物流彩, 聲明動色. 人竭其恭, 靈昭其飭.
歆薦無已, 垂禎不極. 送禮有章, 惟神還軑.

무늬와 사물[文物]에는 광채가 흐르고,
소리와 밝음[聲明]은 빛을 발하네.[377]
사람이 그 공경함을 다하니,
신령께서 그 가르침을 또렷이 보여주시네.
제수를 흠향하심에 그침이 없으니,

---

[377] 文·物·聲·明은 禮度와 관련되어 있는데, 이것이 광채가 흐르고 빛을
발한다는 것은 제사에 사용된 기물·음악·의장 등이 모두 예법에 들어맞
음을 의미한다. "火·龍·黼·黻은 그 文을 밝히기 위함이고, 五色으로
형상을 그리는 것은 物을 밝히기 위함이고, 錫·鸞·和·鈴은 그 聲을
밝히기 위함이고, 해·달·별이 그려진 깃발은 그 明을 밝히기 위함이다.
德은 검소하면서도 度에 맞아야 하므로 증감에도 정도가 있으니, 文과
物로 그 벼리를 삼고 聲과 明으로 그것을 발양함으로써 百官에게 군림하
면 백관은 두려워하며 감히 기율을 어기지 않는다. 火·龍·黼·黻, 昭其
文也, 五色比象, 昭其物也, 錫·鸞·和·鈴, 昭其聲也, 三辰旂旗, 昭其
明也. 夫德, 儉而有度, 登降有數, 文物以紀之, 聲明以發之, 以臨照百
官, 百官於是乎戒懼, 而不敢易紀律."(『左傳』「桓公 2年」)

내려주시는 복도 다함이 없네.

송신送神의 예禮는 법도를 갖추었고[有章],378)

신께서는 (이제 떠나시려고) 수레[軾]379)를 돌리시네.

赤郊迎神

적교赤郊에서의 영신迎神

青陽節謝, 朱明候改. 靡草彫華, 含桃流彩.

虞列鐘磬, 筵陳脯醢. 樂以迎神, 神其如在.

봄[青陽]380)의 절기가 물러가고,

여름[朱明]으로 계절이 바뀌었네.

냉이에는 광택이 시드는데,381)

앵두[含桃]382)에는 윤기가 흐르네.

---

378) 유장有章 : 法度가 있다, 예법에 들어맞는다는 의미다. "내가 그대를 만나니, 법도를 갖추었네. 법도를 갖추었으니 복이 있다네.我覯之子, 維其有章矣. 維其有章矣, 是以有慶矣."(『詩經』「小雅·裳裳者華」)

379) 식軾 : 수레 앞턱 가로나무를 가리키는데, 여기서는 신이 타고 다니는 수레를 비유한 것으로 해석했다.

380) 청양青陽 : "봄은 청양이라고 한다.春爲青陽."(『爾雅』「釋天」)

381) "孟夏의 달(음력 4월)이 되면 … 냉이는 시들어 죽는다.孟夏之月 … 靡草死."(『禮記』「月令」) 본문의 彫는 凋(시들다)로 해석했다.

382) 함도含桃 : 櫻桃를 말한다. "仲夏의 달(음력 5월)에 … 천자께서 어린 닭을 갖추어 기장의 맛을 본 뒤 앵두를 제사상에 차려서 먼저 종묘의 正殿에 薦新한다. … (이때에 약초인) 半夏가 자라나고, 무궁화는 꽃을 피운다.仲夏之月, … 天子乃以雛嘗黍, 羞以含桃, 先薦寢廟. … 半夏生, 木菫榮."(『禮記』「月令」)

악기 틀[虡]383)에는 종鐘과 경磬이 펼쳐져 있고,
제상[筵]에는 육포와 젓갈이 진설되어 있네.
음악으로 신을 맞이하니,
신이 이곳에 계신 듯하네.384)

送神

송신送神

炎精式降, 蒼生攸仰. 羞列豆籩, 酒陳犧象.
昭祀有應, 宜其不爽. 送樂張音, 惟靈之往.

적제赤帝[炎精]께서 강림하시니,
억조창생이 우러르네.
제수는 두豆와 변籩에 벌여져 있고,
술은 청동 술잔[犧象]385)에 진설되어 있네.

---

383) 거虡 : 악기를 매다는 틀을 말한다. 磬虡는 경을 거는 틀이고, 鍾虡는
종을 거는 틀이다. 이러한 악기 틀을 簨虡 또는 架라고 통칭한다. "樂縣
에서 가로대를 簨이라 하고 세로대를 虡라 한다. 簨은 飛龍으로 장식하
고, 趺는 飛廉으로 장식하고, 鐘虡는 맹수[摯獸]로 장식하고, 磬虡는
맹조[摯鳥]로 장식한다.樂縣, 橫曰簨, 豎曰虡. 飾簨以飛龍, 飾趺以飛
廉, 鐘虡以摯獸, 磬虡以摯鳥."(『舊唐書』「音樂志」)
384) "제사를 지낼 때는 (조상이 이곳에) 계신 듯이 하며, 신에게 제사지낼 때는
신이 이곳에 계신 듯이 한다.祭如在, 祭神如神在."(『論語』「八佾」)
385) 희상犧象 : 제사에 사용하는 청동술잔을 가리킨다. 犧牲(주로 소) 모양의
술잔인 犧尊과 코끼리 모양의 술잔인 象尊을 합쳐서 '犧象'이라고 부른
것이다.

밝은 제사[昭祀]386)에 신의 감응이 있으리니,

마땅히 어그러짐[爽]387) 없으리라.

전송하는 음악의 소리 펼쳐지니,

신령께서 떠나가시는구나.

白郊迎神

백교白郊에서의 영신迎神

序移玉律, 節應金商. 天嚴殺氣, 吹警秋方.

熇燎餼積, 稷奠並芳. 樂以迎奏, 庶降神光.

계절의 순서가 옥률玉律388)에서 옮겨가,

절기가 가을[金商]에 해당하네.

하늘이 살기殺氣389)를 혹독히 하니,

---

386) 소사昭祀 : 明祀라고도 한다. '중대한 제사'의 美稱이다.

387) 상상爽 : 어긋나다는 뜻이다. "그 덕은 어긋남이 없으니, 길이 장수하시리라. 其德不爽, 壽考不忘."(『詩經』 「小雅·蓼蕭」)

388) 옥률玉律 : 候氣法에 사용되는 律管을 가리킨다. 候氣法에 따르면, 12개의 律管 안에 갈대 재를 채워두면 12달의 절기에 상응하여 각 율관 안의 재가 날아 움직였다. 예를 들면 11월에는 黃鐘 율관의 재가 날아 움직였다. 『後漢書』 「律曆志」에서 "후기법은 … 12개의 옥률을 사용한다. 候氣之法 … 用玉律十二."라고 했다. 전설에 의하면, 黃帝 시대에 伶倫이 崑崙山의 嶰谿라는 골짜기에서 나는 대나무를 잘라 길이가 서로 다른 통을 만들어 소리의 淸濁高下를 측정했다고 한다. 후대로 오면서 대나무 대신 옥으로 管을 만들었으므로 '옥률'이라고 칭했다.

389) 살기殺氣 : 쌀쌀한 기운을 뜻하며 陰氣를 가리킨다. 만물을 시들게 만들기 때문에 '殺氣'라고 한다. "仲秋의 달(음력 8월)에 … 쌀쌀한 음기는

바람이 가을[秋方]390)임을 일깨우네.

제사에 태울 땔감[爞燎]391)은 이미 쌓여 있고,

제수로 쓸 곡식[稷奠]도 향기롭네.

악樂으로 신맞이 연주를 하니,

신께서 강림하시길 바라옵니다.

送神

송신送神

祀遵五禮, 時屬三秋. 人懷肅敬, 靈降禎休.
奠歆旨酒, 薦享珍羞. 載張送樂, 神其上遊.

제사는 오례五禮392)를 따르고,

때는 늦가을[三秋]393)에 해당하네.

사람이 삼가고 공경하는 마음을 품으니,

점차 왕성해지고, 따뜻한 양기는 날로 쇠약해진다.仲秋之月 … 殺氣浸
盛, 陽氣日衰.”(『禮記』「月令」)

390) 추방秋方 : 서쪽을 가리킨다. 여기서는 가을로 해석했다. “春路(동쪽)에
는 운룡이 날아다니고, 秋方에는 神虎가 자리하고 있네.飛雲龍於春路,
屯神虎於秋方,.”(張衡의「東京賦」) 이에 대해 薛綜은 “추방이란 서쪽이
다.秋方, 西方也.”라고 했다.

391) 유료爞燎 : 제사지내는 방식의 하나로, 땔감을 쌓고 불을 질러 불길로 하
늘에 제사를 올리는 것이다.

392) 오례五禮 : 吉禮, 凶禮, 軍禮, 賓禮, 嘉禮의 다섯 가지 禮를 가리킨다.

393) 삼추三秋 : 늦가을, 즉 음력 9월을 가리킨다. 初秋·仲秋·季秋 중 세 번
째이므로 三秋라고 한 것이다.

신령께서 복[禎休]을 내려주시네.

제사에 올린 좋은 술[旨酒]394)을 흠향하시고,

제사에 올린 진귀한 제수를 흠향하시네.

이에 전송하는 음악을 펼치니,

신령께서 하늘로 올라가시네.

黑郊迎神

흑교黑郊에서의 영신迎神

> 玄英戒序, 黑郊臨候. 掌禮陳彝, 司筵執豆.
> 寒雰斂色, 沍泉凝漏. 樂以迎神, 八音斯奏.

겨울[玄英]395)이 자신의 순서를 고하니,

(신께서) 흑교黑郊에 강림하실 때로구나.

예를 관장하는 이는 제기[彝]를 늘어놓고,

제상[筵]을 담당하는 이는 두豆를 들고 있네.

한기[寒雰396)]에 만물의 빛깔이 사라지고,

언 샘물에 물시계도 얼어붙네.

음악으로 신령을 맞이하니,

온갖 악기[八音]397)가 연주되네.

---

394) 지주旨酒 : 좋은 술을 뜻한다. "내게 좋은 술이 있으니, 잔치를 열어 귀한 손님의 마음을 즐겁게 하네.我有旨酒, 以燕樂嘉賓之心."(『詩經』「小雅 · 鹿鳴」)

395) 현영玄英 : "겨울은 玄英이다.冬爲玄英."(『爾雅』「釋天」)

396) 한분寒雰 : 공중에 응집된 寒氣를 뜻한다. 몹시 춥다는 의미도 있다.

送神

송신送神

　　北郊時冽, 南陸輝處. 奠本虔誠, 獻彌恭慮.
　　上延祉福, 下承歡豫. 廣樂送神, 神其整馭.

　　북교北郊는 차디찬 바람이 부는 때에,
　　남쪽 땅은 볕이 드는 곳.
　　제사는 정성에 근본을 두니,
　　술잔을 올림에 더욱 공손하다네.
　　위에서 복을 뻗어주시니,
　　아래에서 기쁨[歡豫]398)을 받드네.
　　성대한 악樂으로 신을 보내드리니,
　　신께서 떠날 채비를 하시네.

祀朝日樂章八首【貞觀中作, 今行用.】

아침 해[朝日]에게 제사지낼 때399)의 악장 8수【정관貞觀 연간에

---

397) 팔음八音 : 8가지 재료에 따라 악기를 분류한 것으로, 金·石·土·革·絲
　　·木·匏·竹을 가리킨다. 또한 이러한 재료로 만들어진 모든 악기의 통칭
　　이기도 하다.

398) 환예歡豫 : 즐거움, 기쁨을 의미한다. "다른 사람들은 모두 기쁨을 품고
　　있건만, 나만 홀로 즐겁지 않다고 느끼네.人皆懷兮歡豫, 我獨感兮不
　　怡."(王粲의 「寡婦賦」)

399) "해마다 늘 올리는 제사가 22가지인데 … 春分에는 東郊에서 朝日(아침

지은 것으로, 지금도 사용된다.】

降神用豫和【詞同冬至圓丘】

강신降神에는 〈예화豫和〉를 쓴다.【곡사는 동지에 원구圓丘에서 제사지낼 때의 것과 같다.】

皇帝行用太和【詞同冬至圓丘】

황제의 행차에는 〈태화太和〉를 쓴다.【곡사는 동지에 원구圓丘에서 제사지낼 때의 것과 같다.】

登歌奠玉帛用肅和

등가登歌하고 옥과 비단을 올릴 때는 〈숙화肅和〉를 쓴다.

> 惟聖格天, 惟明饗日. 帝郊肆類, 王宮戒吉.
> 珪奠春舒, 鐘歌曉溢. 禮云克備, 斯文有秩.

성스러워야만 하늘까지 닿을 수 있고[格天],[400]

영명英明해야만 태양에 제사지낼 수 있다네.

경성[帝郊]에서 드디어 유제類祭를 드리니[肆類],[401]

해)에 제사를 올린다. 凡歲之常祀二十有二 … 春分, 朝日于東郊."(『新唐書』 「禮樂志」)

[400] 격천格天 : "우리 위대한 조상들을 도와 (그 공이) 하늘에까지 이르렀다. 佑我烈祖, 格于皇天."(『尙書』 「說命」)

[401] 사류肆類 : 드디어 類祭를 올렸다는 의미다. 肆는 '遂(드디어)'를 뜻하고, 類는 하늘에 제사하는 郊祀의 일종이다. 舜이 堯에게 제위를 물려받고 상제에게 지낸 제사가 類祭였다. "드디어 상제께 類祭를 올렸다. 肆類于上帝."(『尙書』 「舜典」)

왕궁王宮402)에서 재계하고 길례吉禮를 올리시네.
규옥珪玉이 바쳐진 제사에서 봄날은 느긋하게 펼쳐지고,
종鐘과 어우러진 노랫소리가 새벽녘에 울려 퍼지네.
예禮를 이처럼 능히 갖추셨으니,
사문斯文403)이 질서정연하도다.

迎俎用雍和

조俎를 들일 때는 〈옹화雍和〉를 쓴다.

晨儀式薦, 明祀惟光. 神物爰止, 靈暉載揚.
玄端肅事, 紫幄興祥. 福履攸假, 於昭令王.

이른 아침 제의에 제수를 올리니,
밝은 제사[明祀]404)가 찬란히 빛나네.

---

402) 왕궁王宮 : 해에 제사지내는 壇을 의미한다. "王宮에서는 해에게 제사지
 낸다. 夜明에서는 달에게 제사지낸다.王宮, 祭日也. 夜明, 祭月也."(『禮
 記』「祭法」) 孔穎達 疏에서 "王은 君이고 宮은 壇이다. … 日神은 존귀
 하므로 그 단을 君宮이라고 한다.王, 君也, 宮, 亦壇也 … 日神尊, 故其
 壇曰君宮也."라고 했다.

403) 사문斯文 : 유교의 禮樂문화와 典章制度를 의미한다. "하늘이 장차 斯文
 을 없애버리고자 하신다면 후세 사람들은 斯文에 참여할 수 없을 것이다.
 天之將喪斯文也, 後死者不得與於斯文也."(『論語』「子罕」)

404) 명사明祀 : 중대한 제사의 美稱으로, 昭祀라고도 한다. 신에게 올리는
 성대한 제사를 뜻한다. "明祀를 존숭하고, 땅이 작고 인구가 적은 나라를
 보호하는 것이 周나라의 禮입니다.崇明祀, 保小寡, 周禮也."(『左傳』「僖
 公 21年」) 杜預 注에서는 "明祀란 太皥와 濟水에게 올리는 제사이다.明
 祀, 大皥有濟之祀."라고 했다.

신께서 이곳에 머무시니,

신령스러운 빛이 떠오르네.

검은 예복[玄端]405)을 갖춰 입고서 경건히 섬기니,

자줏빛 휘장[紫幄]406)에는 상서로운 기운이 일어나네.

복록[福履]407)을 내려주시어,

아[於]!408) 훌륭하신 왕[令王]409)을 빛내주소서.

皇帝酌獻飲福用壽和[詞同冬至圜丘]

황제의 작헌酌獻과 음복飲福에는 〈수화壽和〉를 쓴다.[곡사는 동지에 원구圜丘에서 제사지낼 때의 것과 같다.]

---

405) 현단玄端 : 元端이라고도 하는 검은색 禮服이다. 제사 때 천자를 비롯해 제후와 大夫와 士 모두 玄端을 입는다. 천자가 한가롭게 지낼 때 입기도 한다. "천자는 … 玄端을 입고 (春分에) 東門 밖에서 해에 제사지낸다.天子 … 玄端而朝日於東門之外."(『禮記』「玉藻」)

406) 자악紫幄 : 신에게 제사 올리는 장막에 둘러진 자줏빛 휘장을 의미한다. "(햇빛이) 자줏빛 휘장을 비춘다.照紫幄."(『漢書』「禮樂志」) 이에 대해 顔師古는 다음과 같이 설명했다. "紫幄은 신에게 제사 올리는 곳의 휘장이다. 장막 위에서부터 사방에 늘어뜨려 덮었으므로 '휘장'이라고 한 것이다.紫幄, 饗神之幄也. 帳上四下而覆曰幄."

407) "즐겁구나, 군자여! 복록을 받아 편안해 하네.樂只君子, 福履綏之."(『詩經』「周南·樛木」)

408) 오於 : 감탄사이다. "문왕께서 하늘에 계시니, 아아! 하늘에서 빛나시네! 文王在上, 於昭于天."(『詩經』「大雅·文王」)

409) 영왕令王 : 훌륭한 왕이라는 의미다. "삼대(夏·商·周)의 훌륭한 왕은 모두 수백 년 동안 하늘의 복록을 보존했다.三代之令王, 皆數百年保天之祿."(『左傳』「成公 8年」)

送文舞出迎武舞入用舒和

문무文舞를 보내고 무무武舞를 들일 때는 〈서화舒和〉를 쓴다.

崇牙樹羽延調露, 旋宮扣律掩承雲.
誕敷懿德昭神武, 載集豐功表睿文.

숭아崇牙[410]와 수우樹羽[411]로 〈조로調露〉[412]의 가락을 펼치고,
선궁旋宮[413]으로 음률을 맞춰 〈승운承雲〉[414]을 연주하네.

---

410) 숭아崇牙 : 樂縣(악기 틀)의 가로대인 簨의 위쪽에 있는 톱날 형태의 것
으로, 여기에 鐘이나 磬 등의 악기를 건다.

411) 수우樹羽 : 종 틀이나 경 틀에 오색 깃을 꽂아서 만든 장식물을 말한다.
"맹인 악사들이 주나라 종묘의 뜰에서, (종과 경을 매다는 틀인) 業과
虡를 세우고, 그 위에 崇牙와 樹羽를 더하네.有瞽有瞽, 在周之庭. 設業
設虡, 崇牙樹羽."(『詩經』「周頌·有瞽」) '樹羽'에 대해 孔穎達 注에서
는 "오색의 깃을 꽂아 장식한다.樹置五采之羽以爲之飾."라고 했다.

412) 〈조로調露〉: 만물이 잘 생육하고 세상이 태평한 것을 상징하는 음악이다.
甘露가 맺히는 것은 세상이 태평하고 풍년이 들 상서로운 조짐으로 간주
되었다. "어찌 (성군 舜이 지으신) 〈南風〉을 (연주할 정도의 태평성대를)
계승하여 〈調露〉와 어울릴만한 세상을 만들 수 있을까?寧足以繼想南風,
克諧調露."(『文選』에 실린 任昉의 「奉答敕示七夕詩啓」) 李善 注에서
는 다음과 같이 宋均의 설명을 인용하고 있다. "調露는 조화를 이루어
甘露가 맺힌다는 뜻이다. 만물이 무럭무럭 자라게 하는 음악이다.調露,
調和致甘露也, 使物茂長之樂." 劉良 注에서는 "사계절의 순환이 어긋
남이 없기에 〈調露樂〉이라고 한 것이다.四節不相違, 謂之調露之樂."라
고 했다.

413) 선궁旋宮 : 돌아가면서 서로 宮音이 된다는 의미로, 調가 이루어지는 원
리인 '旋相爲宮'을 뜻한다. 12律에 宮·商·角·徵·羽의 5聲 또는 宮
·商·角·徵·羽·變徵·變宮의 7聲을 배합하되, 12律이 서로 돌아가면

아름다운 덕[懿德][415]을 널리 펼치고[誕敷][416] 뛰어난 무용武
勇을 밝히니,

풍부한 공적 모두 모아 황제의 문덕[睿文][417]을 드러낸다네.

武舞用凱安【詞同冬至圓丘】

무무武舞에는 〈개안凱安〉을 쓴다.【곡사는 동지에 원구圓丘에서 제사지낼
때의 것과 같다.】

서 宮音이 되면[旋相爲宮] 각각 60調와 84調를 얻게 된다. 예를 들면,
12율 중 黃鐘을 宮音으로 삼으면 太簇가 商音, 姑洗이 角音, 林鐘이
徵音, 南呂가 羽音에 해당된다. 이렇게 구성된 調를 '黃鐘宮'이라고 한
다. 만약 大呂을 宮音으로 삼으면 夾鐘이 商音, 仲呂가 角音, 夷則이
徵音, 無射이 羽音에 해당된다. 이렇게 구성된 調를 '大呂宮'이라고 한
다. 宮·商·角·徵·羽에 變宮·變徵를 더하여 7聲 사용하면 이론상 84
개의 調를 얻을 수 있다.

414) 〈승운承雲〉: 黃帝의 樂舞로, 〈雲門〉〈雲門大卷〉이라고도 한다. 天神에
게 제사할 때 사용했다. "곧 黃鐘을 연주하고 大呂를 노래하고 〈雲門〉을
추며, 천신에게 제사한다.乃奏黃鐘, 歌大呂, 舞雲門, 以祭天神."(『周禮』
「大司樂」)

415) 의덕懿德 : 아름다운 덕을 말한다. "백성들이 常道를 지니고 있기에, 그
아름다운 덕을 좋아하는 것이라네.民之秉彝, 好是懿德."(『詩經』「大雅
·烝民」)

416) 탄부誕敷 : 크게 펼치다, 두루 퍼지다는 뜻이다. "제왕께서 문교와 덕치를
크게 펼치셨다.帝乃誕敷文德."(『尙書』「大禹謨」)

417) 예문睿文 : 황제의 文德을 의미한다. "(德宗 황제의) 문덕은 시로 지어져
악곡으로 퍼지고, 유훈은 역사에 명언으로 자리 잡네.睿文詩播樂, 遺訓
史標言."(白居易의 「德宗皇帝挽歌詞」)

送神用豫和【詞同冬至圜丘】

송신送神에는 〈예화豫和〉를 쓴다.【곡사는 동지에 원구圜丘에서 제사지낼 때의 것과 같다.】

又祀朝日樂章二首【太樂舊有此辭, 不詳所起.】

또 아침 해[朝日]에게 제사지낼 때의 악장 2수【태악太樂에 예부터 이 곡사가 있었는데, 어디서 비롯했는지 알 수 없다.】

迎神

영신迎神

太陽朝序, 王宮有儀. 蟠桃彩駕, 細柳光馳.
軒祥表合, 漢曆彰奇. 禮和樂備, 神其降斯.

태양이 아침에 떠오를 차례가 되니,
왕궁王宮418)에는 의식이 갖추어지네.
(동쪽) 반도蟠桃419)에서 광채를 발하며 수레를 몰아,420)

---

418) 왕궁王宮 : 해에 제사지내는 壇을 의미한다. "王宮은 해에 제사지내는 곳이다. 夜明은 달에 제사지내는 곳이다.王宮, 祭日也. 夜明, 祭月也." (『禮記』「祭法」) 孔穎達 疏에서 "王은 君이고 宮은 壇이다. … 日神은 존귀하므로 그 단을 君宮이라고 한다.王, 君也, 宮, 亦壇也 … 日神尊, 故其壇曰君宮也."라고 했다.

419) 반도蟠桃 : 전설에 나오는 나무로, 동쪽 바다에 있는 산에서 자라는 커다란 복숭아나무다. "동쪽 바다에 산이 있는데, 이름은 度索山이다. 그 산 위에 커다란 桃樹(복숭아나무)가 있는데 얼키설키 3000리나 퍼져 있어 蟠木이

(서쪽) 세류細柳421)로 빛처럼 치달리네.

헌원씨軒轅氏의 상서로움[軒祥]422)은 부합함을 나타내고,

한나라의 역법[漢曆]423)은 기이함을 드러내네.

라고 한다.東海有山, 名度索山, 上有大桃樹, 蟠屈三千里, 曰蟠木."(『十
洲記』) "顓頊은 용을 타고 사해에 이르렀는데 … 동쪽으로는 蟠木에 이르
렀다.顓頊乘龍而至四海 … 東至於蟠木."(『大戴禮記』「五帝德」)

420) 태양이 수레를 타고 달린다는 전설 때문에 이런 표현을 사용한 것이다.
"이에 羲和에게 멈추라 하고 여섯 마리의 용을 쉬게 했다. 이를 일러
'懸車'라고 한다.爰止羲和, 爰息六螭, 是謂懸車."(『初學記』에 인용된
『淮南子』「天文」) 高誘 注에서 "해는 수레를 타는데 용 여섯 마리가 수레
를 끌고 羲和가 수레를 몬다.日乘車, 駕以六龍, 羲和禦之."라고 했다.

421) 세류細柳 : 해가 지는 서쪽을 가리킨다. "(해가) 아침에 扶桑에서 나와서
저녁에 細柳로 들어간다. 부상은 동쪽에 있고, 세류는 서쪽의 들판이다.
旦出扶桑, 暮入細柳. 扶桑, 東方地. 細柳, 西方野也."(王充의 『論衡』
「說日」)

422) 헌상軒祥 : 黃帝 軒轅氏가 받은 상서로움이라는 뜻으로, 제왕이 될 길조
를 의미한다. 『藝文類聚』권11에 인용된 『河圖挺佐輔』에 따르면, 黃帝
가 두 마리의 용으로부터 白圖를 받는 꿈을 꾼 뒤에 일주일 동안 齋戒하
고 翠嬀川으로 갔더니 큰 물고기가 나타나 黃帝에게 白圖를 전해주었다
고 한다. 『帝王世紀』에도 관련 내용이 나온다. "黃帝 때 하늘에서 사흘
동안 큰 안개가 일었다. 黃帝가 洛水에서 노닐다가 큰 물고기를 보고는
5가지 犧牲으로 醮祭를 올렸더니 하늘에서 큰비가 칠일 밤낮으로 내렸
다. 물고기가 헤엄쳐가고 비로소 圖書를 얻었는데, 오늘날의 『河圖視萌
篇』이 바로 이것이다.黃帝時, 天大霧三日. 帝游於洛水之上, 見大魚,
殺五牲以醮之, 天乃甚雨, 七日七夜, 魚流, 始得圖書, 今河圖視萌篇是
也."(『初學記』권6에 인용된 『帝王世紀』)

423) 한력漢曆 : 漢 武帝 때 만들어진 太初曆을 가리킨다. 그 이전에는 음력
10월을 正月로 삼았는데, 太初曆은 음력 1월을 정월로 삼고 일식과 월식

예禮는 조화롭고 악樂도 갖춰졌으니,

신께서 여기에 강림하시네.

送神
송신送神

五齊兼飭, 百羞具陳. 樂終廣奏, 禮畢崇禋.
明鑒萬宇, 昭臨兆人. 永流洪慶, 式動曦輪.

다섯 가지 술[五齊][424]이 아울러 갖추어졌고,

까지 고려하는 등 대대적으로 수정한 曆法이다. 본문에 '漢曆'이 '軒祥'
과 더불어 언급된 것은 武帝가 黃帝 軒轅氏를 역사적 선례(天命을 받은
제왕)로 간주했기 때문이다. 黃帝가 寶鼎을 주조하자 하늘에서 용이 내
려왔고 黃帝가 그 용을 타고서 하늘로 올라갔다는 이야기가 漢 武帝
때 전해졌는데, 『史記』「孝武本紀」에는 武帝가 寶鼎을 얻은 일과 公孫
卿이라는 方士가 자신이 가지고 있는 木簡에 적힌 내용을 武帝에게 아
뢴 일이 기록되어 있다. 公孫卿은 武帝가 寶鼎을 얻은 때가 바로 黃帝가
寶鼎을 제작한 때와 같은 冬至이며, 黃帝가 寶鼎을 얻고서 日月에 근거
해 380년 동안 曆法을 추산한 뒤 신선이 되어 하늘로 올라갔다는 이야기
를 전한다. 또 公孫卿은 자신에게 木簡을 준 申功이 남긴 鼎書에 적힌
내용을 武帝에게 아뢰는데, 장차 漢나라가 흥성할 시기는 黃帝가 鼎을
얻은 때와 같을 것이고 지금 寶鼎이 출현한 것은 신의 뜻이므로 봉선을
거행해야 하며 역대 왕 중에 오직 黃帝만이 泰山에 올라가 하늘에 제사
지냈다는 것이었다. 이후 武帝는 封禪을 거행하고 새로운 역법을 제정하
고 관복의 색을 바꾸는 등 일련의 개혁을 수행했다. 본문에서 軒祥과
漢曆을 언급한 것은 黃帝와 漢 武帝처럼 唐나라 황제 역시 天命을 받은
天子임을 표명하기 위해서다.

424) 오제五齊 : 제사에 쓰이는 다섯 가지 술을 의미한다. "酒正이라는 벼슬은

온갖 제수가 모두 진설되었네.

웅장한 연주와 더불어 악樂이 마쳐지고,

성대한 제사[禋]425)와 더불어 예禮가 끝나네.

밝은 빛은 온 세상[萬宇]을 비추시고,

환한 빛은 온 백성[兆人]426)을 밝히시네.

크나큰 경사로움을 영원히 전하시고,

(이제 떠나시려) 일거日車[曦輪]427)를 움직이시네.

祀夕月樂章八首【貞觀中作, 今行用.】

저녁달[夕月]428)에 제사지낼 때의 악장 8수【정관貞觀 연간에 지은

술에 관한 政令을 관장하며 … 五齊(다섯 가지 술)를 변별한다. 첫째, 술
지게미가 떠 있는 술. 둘째, 술과 술지게미가 섞인 술. 셋째, 아주 연한
푸른빛의 술. 넷째, 주황빛의 술. 다섯째 술지게미가 가라앉은 술.酒正掌
酒之政令 … 辨五齊之名, 一曰泛齊, 二曰醴齊, 三曰盎齊, 四曰緹齊,
五曰沈齊."(『周禮』 「天官冢宰·酒正」) 이상 다섯 가지 술은 모두 濁酒
인데, 뒤로 갈수록 맑은 술이다.

425) 인禋 : 땔나무를 쌓은 뒤 그 위에 犧牲이나 玉帛을 올려놓고 태워서 그
연기가 하늘에 도달하도록 올리는 제사이다. 광범하게 '제사'라는 의미로
도 쓰인다.

426) 조인兆人 : 億兆蒼生, 즉 모든 백성을 의미한다.

427) 희륜曦輪 : 羲和가 몬다는 日車를 의미한다. 태양을 가리키는 말로도 쓰
인다.

428) 석월夕月 : 제왕이 秋分 때 저녁달에 올리는 제사를 말한다. "해마다 늘
올리는 제사가 22가지인데 … 秋分에는 西郊에서 저녁달에 제사를 올린
다.凡歲之常祀二十有二 … 秋分, 夕月于西郊."(『新唐書』 「禮樂志」)

것으로, 지금도 사용된다.】

降神用豫和[詞同冬至圓丘]

강신降神에는 〈예화豫和〉를 쓴다.【곡사는 동지에 원구圓丘에서 제사지낼 때의 것과 같다.】

皇帝行用太和[詞同冬至圓丘]

황제의 행차에는 〈태화太和〉를 쓴다.【곡사는 동지에 원구圓丘에서 제사지 낼 때의 것과 같다.】

登歌奠玉帛用肅和

등가登歌하고 옥과 비단을 올릴 때는 〈숙화肅和〉를 쓴다.

測妙爲神, 通微曰聖. 坎祀貽則, 郊禋展敬.
璧薦登光, 金歌動映. 以載嘉德, 以流曾慶.

예측하기 오묘한 것을 신神이라 하고,[429]

은미한 부분까지 통달한 것을 성聖이라 한다네.[430]

감坎[431]에서의 제사로 후세에 법도를 남기니[貽則],[432]

---

429) "음양의 변화를 예측할 수 없는 것을 '神'이라 한다.陰陽不測之謂神." (『周易』 「繫辭傳」) "신령함이란 만물을 오묘하게 만드는 것을 말하는 것이다.神也者, 妙萬物而爲言者也."(『周易』 「說卦傳」)

430) "생각하는 것을 일러 슬기롭다고 한다. … 슬기로워야 성스러워진다.思曰 睿. … 睿作聖."(『尙書』 「周書·洪範」) 孔穎達 疏에서는 "생각이 은미한 부분까지 통달하면, 모든 일에 통달하지 못하는 부분이 없게 되어 성스러 워질 수 있다.思通微, 則事無不通, 乃成聖也."라고 했다.

431) 감坎 : 내와 골짜기에 제사지낼 때의 장소를 말한다. 제사지내는 장소의

제사[郊禋]433) 올리며 공경함을 펼치네.
옥을 바치니 광채가 나고,
악기에 맞춰 노래하니 빛이 일렁이누나.
아름다운 덕을 실으니,
겹겹의 경사를 흘려 내보낸다네.

泛稱이기도 한다. "사방의 坎과 壇에서 사방을 제사지낸다.四坎壇, 祭四
方也."(『禮記』「祭法」) 鄭玄 注에서 "사방은 산림·川谷·구릉의 신을
말한다. 산림과 구릉은 壇에서 제사지내고 川谷은 坎에서 제사지낸다.
사방에 각각 坎과 壇을 만든다.四方, 卽謂山林·川谷·丘陵之神也. 祭
山林丘陵於壇, 川谷於坎, 每方各爲坎爲壇."라고 했다. 때아닌 추위를
물리치기 위해서 혹은 와야 할 추위가 오지 않을 때, 坎에서 제사를 올렸
다. "坎과 壇에서 제사지내는 것은 추위와 더위에 대하여 제사지내는
것이다.相近於坎壇, 祭寒暑也."(『禮記』「祭法」) 이에 대해 鄭玄 注에서
는 다음과 같이 설명했다. "'相近'은 마땅히 '禳祈'가 되어야 한다. 발음이
비슷해 생긴 오류이다. 禳은 卻(물리치다)이고, 祈는 求(구하다)이다. 추
위와 더위가 때에 맞지 않으면 (제사를 올려) 그것을 물리치거나 求한다.
추위는 坎에서 제사지내고 더위는 壇에서 제사지낸다.相近當爲禳祈, 聲
之誤也. 禳, 猶卻也. 祈, 求也. 寒暑不時, 則或禳之, 或祈之. 寒於坎,
暑於壇."

432) 이칙貽則 : 후세에 남겨준 典章制度와 法則인 典則을 말한다. "규범과
법칙이 있어 그 자손에게 남겨주셨네.有典有則, 貽厥子孫."(『尙書』「五
子之歌」)

433) 교인郊禋 : 제왕이 연기를 피워올려 천지에 제사지내는 大禮를 가리킨다.
'郊'는 제사를 지내는 장소를 가리킨다. '禋'은 땔나무를 쌓고서 그 위에
犧牲이나 玉帛 같은 제물을 올려놓고 태워서 그 연기가 하늘에 도달하도
록 올리는 제사인데, 광범하게 '제사'라는 의미로도 쓰인다.

迎俎用雍和

조俎를 들일 때는 〈옹화雍和〉를 쓴다.

朏晨爭擧, 天宗禮闋. 夜典涼秋, 陰明湛夕.
有齍斯旨, 有牲斯碩. 穆穆其暉, 穰穰是積.

여명[朏晨][434])에 해가 다투듯 떠오르니,
천종天宗[435])을 예로써 맞이하네.
밤 제전祭典 올리는 서늘한 가을,
수성[陰明][436])이 빛나는 깊은 밤.

---

434) 비신朏晨 : 희미하게 동이 틀 무렵, 즉 黎明을 가리킨다. "태양이 暘谷에
서 나와 咸池에서 목욕한 뒤, 扶桑을 스쳐지나가는 것을 晨明이라 한다.
扶桑에 올라 막 운행을 시작하는 것을 朏明이라 한다.日出于暘谷, 浴于
咸池, 拂于扶桑, 是謂晨明. 登于扶桑, 爰始將行, 是謂朏明."(『淮南
子』「天文」)

435) 천종天宗 : 해와 달과 별을 의미한다. 본문은 달에 제사지내는 내용이므
로 '달을 가리킨다'고 볼 수 있다. "六宗에게 연기로 제사를 올린다.禋于
六宗."(『尙書』「舜典」) '六宗'에 대해 賈逵는 이렇게 설명했다. "天宗
3가지는 해·달·별이다. 地宗 3가지는 강·바다·岱이다.天宗三, 日月
星. 地宗三, 河海岱." "孟冬의 달(음력 10월)에 천자는 天宗에게 이듬해
의 풍년을 기원한다.孟冬之月, 天子乃祈來年於天宗."(『禮記』「月令」)
鄭玄 注에서는 "天宗은 해와 달과 별을 말한다.天宗, 謂日月星辰也."라
고 했다. 孔穎達 疏에서 "해는 陽宗이고 달은 陰宗이다.爲陽宗, 月爲陰
宗."라고 했다.

436) 음명陰明 : 五星 중의 辰星, 즉 水星을 뜻한다. 오성은 동방 歲星(목
성), 남방 熒惑(화성), 서방 太白(금성), 북방 辰星(수성), 중앙 鎭星(토
성)이다.

이토록 맛있는[旨]437) 술이 있고,

이토록 큰 희생犧牲이 있다네.

휘영청 밝구나[穆穆] !438) 저 달빛,

풍성하구나[穰穰] !439) 이곳의 제수.

皇帝酌獻飮福用壽和【詞同冬至圜丘】

황제의 작헌酌獻과 음복飮福에는 〈수화壽和〉를 쓴다.【곡사는 동지에 원구圜丘에서 제사지낼 때의 것과 같다.】

送文舞出迎武舞入用舒和

문무文舞를 보내고 무무武舞를 들일 때는 〈서화舒和〉를 쓴다.

合吹八風金奏動, 分容萬舞玉鞘驚.

詞昭茂典光前烈, 夕曜乘功表盛明.

함께 불어오는 팔풍八風440)에 악기 연주[金奏]441) 시작되고,

---

437) 지旨 : 맛있다는 뜻이다. "군자에게 술이 있는데, 맛있고도 많도다.君子有酒, 旨且多."(『詩經』「小雅·魚麗」)

438) 목목穆穆 : 매우 밝다는 뜻이다. 특히 달빛을 표현할 때 자주 사용된다. "달이 매우 밝아 금빛 물결 같고, 해가 찬란하게 빛나 두루 비추네.月穆穆以金波, 日華燿以宣明."(『漢書』「禮樂志」)

439) 양양穰穰 : 풍년이 들어 곡식이 풍성한 것을 형용한다. "풍년이 들어 오곡이 풍성하도다.豊年穰穰."(『詩經』「商頌·烈祖」)

440) 팔풍八風 : 八方에서 불어오는 바람이라는 뜻이다. 고대에는 팔풍과 八音 간에 감응 관계가 있다고 여겼다. "무릇 (天子의) 춤은 八音을 조절하여 八風을 행하는 것이다.夫舞, 所以節八音而行八風."(『左傳』「隱公 5年」)

441) 금주金奏 : 鐘과 鎛처럼 쇠로 만든 악기를 연주한다는 뜻이다. 鐘의 연주

위용을 나누어 펼쳐지는 만무萬舞442)에 옥 칼집 재빨리 움직
이네.
가사는 아름다운 법칙[茂典]443)을 밝히며 조상의 공적[前
烈]444)을 빛내고,
(달 밝은) 저녁은 계승의 공을 비추며 황제의 영명하심[盛明]
을 드러내네.

武舞用凱安[詞同冬至圓丘]

무무武舞에는 〈개안凱安〉을 쓴다.[곡사는 동지에 원구圓丘에서 제사지낼
때의 것과 같다.]

에는 磬의 연주가 수반되므로 金奏는 磬의 연주를 포함하는 의미다. "종
사는 金奏를 관장한다.鐘師掌金奏."(『周禮』「春官·鐘師」) 이에 대해
鄭玄 注에서는 다음과 같이 설명했다. "金奏란, 金을 두드려 음악 연주의
박자로 삼는 것이다. 金이란 鐘과 鎛을 말한다.金奏, 擊金以爲奏樂之節.
金謂鐘及鎛."

442) 만무萬舞 : 文舞와 武舞를 아울러 일컫는 말이다. 萬舞를 干羽라고도
하는데, 干은 武舞를 상징하고 羽는 文舞를 상징한다. 武舞를 출 때는
오른손에 戚(도끼)을 들고 왼손에 干(방패)을 들고 춘다. 文舞를 출 때는
오른손에 翟(꿩 깃)을 들고 왼손에 籥을 들고 춘다. "힘차고 힘차게, 만무
를 추려 하네.簡兮簡兮, 方將萬舞."(『詩經』「邶風·簡兮」) 鄭玄 注에서
"萬으로써 춤의 총명으로 삼았다. 干戚(무무)과 羽籥(문무)가 모두 해당
된다.以萬者舞之總名, 干戚與羽籥皆是."라고 했다.

443) 무전茂典 : 아름다운 典章이나 法則을 의미한다.

444) 전렬前烈 : 조상의 공적을 의미한다. "公劉께서는 조상의 큰 공적을 더
돈독히 하셨다.公劉克篤前烈."(『尙書』「周書·武成」)

送神用豫和【詞同冬至圓丘】

송신送神에는 〈예화豫和〉를 쓴다.【곡사는 동지에 원구圓丘에서 제사지낼 때의 것과 같다.】

蜡百神樂章八首【貞觀中作, 今行用.】

백신百神에게 사제蜡祭를 지낼 때의 악장 8수【정관貞觀 연간에 지은 것으로, 지금도 사용된다.】

降神用豫和【詞同冬至圓丘】

강신降神에는 〈예화豫和〉를 쓴다.【곡사는 동지에 원구圓丘에서 제사지낼 때의 것과 같다.】

皇帝行用太和【詞同冬至圓丘】

황제의 행차에는 〈태화太和〉를 쓴다.【곡사는 동지에 원구圓丘에서 제사지낼 때의 것과 같다.】

登歌奠玉帛用肅和

등가登歌하고 옥과 비단을 올릴 때는 〈숙화肅和〉를 쓴다.

序迫歲陰, 日躔星紀. 爰稽茂典, 聿崇清祀.
綺幣霞舒, 瑞珪虹起. 百禮垂裕, 萬靈薦祉.

계절의 순서가 한 해의 막바지에 다다르니,
해의 궤도가 성기星紀[445]에 이르렀구나.

---

445) 성기星紀 : 黃道(천구상의 태양 궤도)를 12구간으로 나눈 12次 가운데

이에 성대한 제전祭典 앞에 머리 조아리며,

마침내 청사淸祀446)를 떠받드네.

아름다운 비단은 노을이 펼쳐진 듯,

상서로운 규옥珪玉은 무지개가 일어나는 듯.

온갖 예禮가 풍요로움을 드리우니,

모든 신령께서 복을 주시네.

迎俎用雍和

조俎를 들일 때는 〈옹화雍和〉를 쓴다.

緹籥勁序, 玄英晚候. 姬蜡開儀, 齒歌入奏.

蕙馥彫俎, 蘭芬玉酎. 大饗明祇, 永綏多祐.

제실緹室의 율관[緹籥]447)이 매서운 날씨에 반응하는 계절,

하나이다. 12次의 명칭은 다음과 같다. 娵訾·降婁·大梁·實沈·鶉首
·鶉火·鶉尾·壽星·大火·析木·星紀·玄枵. 12次는 땅을 12등분으로
나눈 12支와 상응하는데, 星紀는 丑과 상응한다. 태양이 12次의 어느
구간에 있는지에 따라 시간의 흐름을 확인할 수 있는데, 태양이 星紀에
있으면 丑月이다. 夏曆(음력)은 寅月부터 시작하므로 丑月은 음력 12월
에 해당한다.

446) 청사淸祀 : 蜡祭의 별칭이다. "四代에 걸쳐 '蜡'의 별칭은 다음과 같다.
夏나라 때는 嘉平, 殷나라 때는 淸祀, 周나라 때는 大蜡, 漢나라 때는
蠟이라고 했다.四代蠟之別名, 夏曰嘉平, 殷曰淸祀, 周曰大蜡, 漢曰
蠟."(蔡邕의 『獨斷』)

447) 제약緹籥 : 緹室에 있는 12개의 律官을 뜻한다. '緹'는 候氣法을 행하는
緹室이고, '籥'은 12개의 律管을 의미한다. 候氣法에 따르면, 12개의 律
管 안에 갈대 재를 채워두면 12달의 절기에 상응하여 각 율관 안의 재가

겨울[玄英]448) 느지막한 때로다.

사제[姬蜡]449) 의례가 시작되니,

〈빈가豳歌〉450)가 연주되기 시작하네.

혜초蕙草 향기 나는 조각된 제기[彫俎],451)

난초 향내 나는 귀한 술[玉酎].

날아 움직였다. "사계절(12달)은 緹簫(緹室의 12율관)에 맞춰 순환하네. 四序周緹簫."(盧照鄰의 「七日登樂遊故墓」) "候氣法은, 방을 3겹으로 만들고 문을 밀폐한 뒤 틈을 세밀하게 메우고 적황색의 비단을 꼼꼼히 펼쳐 둔다. 방 안에는 나무로 案을 만들어 두는데, (12율에 해당하는) 각 율관마다 1개씩이며 안쪽 것이 낮고 바깥쪽 것이 높다. 방위에 따라서 (12개의) 율관을 (각각) 해당하는 案 위에 놓고서, 갈대를 태운 재로 율관의 안을 채운 뒤 曆法을 따져 (해당 절기를) 기다린다. 해당 절기가 되면 (해당 율관에 채워둔) 재가 움직인다.候氣之法, 爲室三重, 戶閉, 塗釁必周, 密布緹緩. 室中以木爲案, 每律各一, 內庳外高, 從其方位, 加律其上, 以葭莩灰抑其內端, 案曆而候之. 氣至者灰動."(『後漢書』「律曆志」)

448) 현영玄英 : "겨울은 玄英이다.冬爲玄英."(『爾雅』「釋天」)

449) 희사姬蜡 : '姬'는 周왕조의 國姓으로, 주나라를 의미하기도 한다. 蜡祭는 전부터 있었지만 '蜡'라는 명칭을 처음 사용한 것은 주나라이므로, 본문에서 蜡祭를 '姬蜡'라고 한 것이다.

450) 〈빈가豳歌〉:『詩經』「豳風」을 가리킨다. 蜡祭를 지낼 때면 〈豳歌〉를 부르고 土鼓(흙북)를 쳐서 田夫(농부)와 萬物을 편안히 쉬게 해주었다. "흙북과 豳簫을 관장한다. 중춘에는 낮에 흙북을 두드리며 〈豳詩〉를 불어 여름을 맞이한다. 중추에는 겨울을 맞이하는데 역시 이렇게 한다. … 나라에서 蜡祭를 지내면 〈豳頌〉을 불고 흙북을 쳐서 늙은 물건을 안식하게 한다.掌土鼓豳簫. 中春晝擊土鼓吹豳詩以逆暑. 中秋夜迎寒亦如之. … 國祭蜡則吹豳頌擊土鼓以息老物."(『周禮』「春官·簫章」)

451) 조조彫俎 : 조각하고 채색한 木製 禮器로, 제사 때 犧牲을 담는 용도로 사용되었다.

신명神明[明祇]을 크게 흠향케 해드리니,
많은 복을 길이 누리리라.

皇帝酌獻飮福用壽和[詞同冬至圜丘]

황제의 작헌酌獻과 음복飮福에는 〈수화壽和〉를 쓴다.【곡사는 동지에 원구圜丘에서 제사지낼 때의 것과 같다.】

送文舞出迎武舞入用舒和

문무文舞를 보내고 무무武舞를 들일 때는 〈서화舒和〉를 쓴다.

經緯兩儀文化洽, 削平萬域武功成.
瑤絃自樂乾坤泰, 玉鏚長歡區縣寧.

천지[兩儀]를 경륜經綸하여 문덕의 교화[文化]452)가 두루 펼쳐지고,

온 천하[萬域]를 평정하여 무공武功이 이루어졌네.

아름다운 악기줄[瑤絃]은 천하[乾坤]가 태평함을 저절로 즐기고,

옥도끼[玉鏚]453)는 천하[區縣]가 평안함을 오래도록 기뻐하네.

---

452) 문화文化 : 文德으로 敎化한다는 의미다. "성인이 천하를 다스리는 데는 문덕을 우선으로 하고 무력을 다음으로 한다. 무력을 사용하는 것은 복종하지 않기 때문이다. 문덕으로 교화해도 개선되지 않는 연후에야 (무력으로) 誅殺한다.聖人之治天下也, 先文德而後武力. 凡武之興, 爲不服也, 文化不改, 然後加誅."(『說苑』「指武」)

453) 옥척玉鏚 : 武舞를 출 때 사용하는 舞具로, 천자의 악무에 사용되었다. 玉戚이라고도 한다. "오늘날 … 무무를 출 때는 방패와 도끼를 들고 춘다. 今 … 武舞執干戚."(『隋書』「音樂志」) "朱干과 玉戚으로 〈대하〉를 추고

武舞用凱安【詞同冬至圓丘】

무무武舞에는 〈개안凱安〉을 쓴다.【곡사는 동지에 원구圓丘에서 제사지낼 때의 것과 같다.】

送神用豫和【詞同冬至圓丘】

송신送神에는 〈예화豫和〉를 쓴다.【곡사는 동지에 원구圓丘에서 제사지낼 때의 것과 같다.】

又蜡百神樂章二首【太樂舊有此詞, 不詳所起.】

또 백신百神에게 사제蜡祭를 지낼 때의 악장 2수【태악太樂에 예부터 이 곡사가 있었는데, 어디서 비롯했는지 알 수 없다.】

迎神【今不行用】

영신迎神【지금은 사용하지 않는다.】

　　八蜡開祭, 萬物咸祀. 上極天維, 下窮坤紀.
　　鼎俎流馥, 樽彝薦美. 有靈有祇, 希來止.

　　팔사八蜡454) 제사가 시작되니,

八佾로 〈대무〉를 추는데, 이것은 모두 천자의 예이다.朱干·玉戚. 以舞大夏. 八佾以舞大武, 此皆天子之禮也."(『春秋公羊傳』「昭公 25年」)

454) 팔사八蜡 : 매년 말에 농사와 관련된 여덟 神에게 지내는 蜡祭를 가리킨다. "천자가 올리는 大蜡祭의 대상은 여덟 신이다. 이기씨가 蜡祭를 시작했다고 한다.天子大蜡八. 伊耆氏始爲蜡."(『禮記』「郊特牲」) 大蜡祭를 올리는 여덟 신은 다음과 같다. 先嗇(神農氏), 司嗇(后稷), 農, 郵表畷,

만물이 모두 제사를 받네.455)

위로는 하늘 그물[天維]의 끝까지,

아래로는 땅 벼리[坤紀]의 끝까지.456)

정鼎과 조俎로 향기를 흘려 내보내고,

준樽과 이彝457)로 아름다움을 바치네.

신령과 신기神祇시여,

오셔서 머물기를 바라나이다.

送神【今不行用】

송신送神【지금은 사용하지 않는다.】

十旬歡洽, 一日祠終. 澄彝拂俎, 報德酬功.
慮虔容肅, 禮縟儀豐. 神其降祉, 整馭隨風.

좋은 술[十旬]458)로 즐겁고 화목하니,

하루의 제사가 끝났구나.

猫虎, 坊, 水庸, 昆蟲.

455) "'蜡'는 '索(찾다)'이다. 매년 12월이 되면 만물을 취합해 (공로가 있는)
   신을 찾아 제사지낸다.蜡也者索也, 歲十二月, 合聚萬物而索饗之也."
   (『禮記』「郊特牲」)

456) 하늘은 거대한 그물이 펼쳐진 것으로 보고, 하늘 끝과 맞닿아 있는 땅의
   끝에는 그 그물의 벼리가 있다고 보아서 '天維'와 '坤紀'로 표현한 것이다.

457) 준樽과 이彝 : 모두 청동 酒器인데, 제사용 禮器로 사용되었다.

458) 십순十旬 : 좋은 술을 가리킨다. "술에는 九醞과 甘醴가 있는데 열흘이
   10번 지나면 모두 맑아진다.酒則九醞甘醴, 十旬兼清."(『文選』에 실린
   張衡의 「南都賦」) 李善 注에서 "十旬이라고 한 것은, 清酒가 100일이
   지나야 완성되기 때문이다.十旬, 蓋清酒百日而成也."라고 했다.

술잔을 깨끗이 하고 조俎를 비우며,

덕과 공로에 보답했다네.

생각은 경건하고 몸가짐은 엄숙하며,

예禮가 화려하니 의식[儀]이 풍성하네.

신령께서 복을 내려주시고,

수레를 몰아서 바람을 따라가시네.

夏至祭皇地祇於方丘樂章八首【貞觀中褚亮等作】

하지에 방구方丘459)에서 황지기皇地祇460)에게 제사지낼 때의
악장 8수【정관貞觀 연간에 저량褚亮 등 지음】

迎神用順和

영신迎神에는 〈순화順和〉를 쓴다.

> 萬物資以化, 交泰屬昇平. 易從業惟簡, 得一道斯寧.
> 具儀光玉帛, 送舞變咸英[八].461) 黍稷良非貴, 明德信惟馨.

만물이 (땅에) 의지해 화육化育하고,462)

---

459) 방구方丘 : 地祇에게 제사지내는 方形의 제단을 말한다. 夏至 때 國都
北郊의 水澤 가운데의 方丘에서 地祇를 제사지냈는데, 이는 사해가 대
지를 둘러싼 것을 상징한다.

460) 황지기皇地祇 : 地祇, 즉 땅의 신에 대한 존칭이다.

461) [교감기 8] 『合鈔』 권39 「樂志」에서는 "送舞變咸英"의 '送'자에 대해
"아마도 迭로 고쳐야 한다.疑作迭."라고 했다.

하늘과 땅이 통하여 태평하니[交泰]463) 태평성세[昇平]로다.

(땅의 덕은) 따르기 쉬우니 일이 간단하고,464)

하나를 얻으니[得一] 도道가 평안해지네.465)

의례가 갖추어지니 옥과 비단이 빛나고,

춤이 갈마드니 〈함咸〉466)과 〈영英〉467)으로 바뀌네.

---

462) 『周易』「坤卦 · 文言傳」에 나오는 구절에 근거한 것이다. "만물을 머금어 化育하여 빛내니, 坤의 道는 얼마나 순한 것인가!含萬物而化光, 坤道其 順乎."

463) 교태交泰 : 하늘과 땅이 통하여 편안하다는 의미이다. "하늘과 땅이 교류 하는 것이 泰(태평함)이다.天地交, 泰."(『周易』「泰卦 · 象傳」)

464) 『周易』「繫辭傳」에 나오는 구절에 근거한 것이다. "乾은 평이함으로 알 고 坤은 간단함으로 능하다. 평이하기에 알기 쉽고, 간단하기에 따르기 쉽다.乾以易知 坤以簡能. 易則易知, 簡則易從."

465) 『道德經』39장에 나오는 구절에 근거한 것이다. 여기서 '得一'이란 하나 를 얻다, 즉 완전한 도를 깨달았다는 의미다. "옛날부터 하나를 얻는 것이 란, 하늘은 하나를 얻어 맑아지고, 땅은 하나를 얻어 평안해지고, … 제후 와 왕은 하나를 얻어서 천하를 올곧게 한다.昔之得一者, 天得一以淸, 地得一以寧 … 侯王得一以爲天下貞."

466) 〈함咸〉 : 堯가 지은 〈咸池〉를 가리킨다. 〈大咸〉이라고도 한다. 黃帝가 지 었는데 堯가 增修했다고도 한다. "〈함지〉는 (黃帝에게 덕행이) 갖추어짐 을 기린 것이다.咸池, 備矣)."(『禮記』「樂記」) 이에 대해 鄭玄 注에서는 이렇게 말했다. "黃帝가 지은 樂名으로, 堯가 증수하여 사용했다. '咸'은 '모두'라는 의미이고 '池'는 '베풂'을 말하는데, 덕이 베풀어지지 않음이 없다는 말이다. 『주례』에서는 〈大咸〉이라고 하였다.黃帝所作樂名也, 堯 增脩而用之. 咸, 皆也, 池之言施也, 言德之無不施也. 周禮曰大咸."

467) 〈영英〉 : 帝嚳이 지은 〈五英〉을 가리킨다. "옛날에 황제가 〈咸池〉를 지었 고, 전욱이 〈六莖〉을 지었고, 제곡이 〈五英〉을 지었고, 요가 〈大章〉을 지었 고, 순이 〈招〉를 지었고, 우가 〈夏〉를 지었고, 탕이 〈濩〉를 지었고, 무왕이

기장이 진실로 귀한 것이 아니라,

밝은 덕이야말로 진실로 향기롭다네.[468]

皇帝行用太和[詞同冬至圓丘]

황제의 행차에는 〈태화太和〉를 쓴다.[곡사는 동지에 원구圓丘에서 제사지낼 때의 것과 같다.]

登歌奠玉帛用肅和

등가登歌하고 옥과 비단을 올릴 때는 〈숙화肅和〉를 쓴다.

至矣坤德, 皇哉地祇. 開元統紐, 合大承規.

九宮肅列, 六典相儀. 永言配命, 長保無虧.

지극하구나, 곤坤의 덕이여![469]

위대하구나, 지기地祇여!

새로운 기원紀元을 열어 핵심을 통솔하며,

큰 것을 모아 법규를 이어받았네.

구궁九宮[470]은 엄숙히 나열해 있고,

〈武〉를 지었고, 주공이 〈勺〉을 지었다. … 〈五英〉은 꽃이 무성한 것이다. 昔黃帝作咸池, 顓頊作六莖, 帝嚳作五英, 堯作大章, 舜作招, 禹作夏, 湯作濩, 武王作武, 周公作勺. … 五英, 英華茂也."(『漢書』「禮樂志」)

468) "기장이 향기로운 것이 아니라 밝은 덕이 향기롭다.黍稷非馨, 明德惟馨."(『尙書』「周書‧君陳」)

469) "지극하구나, 坤의 원대함이여! 만물이 이에 의지해 生育하니, 순하게 하늘을 받든다. 坤은 두터워 만물을 실으니 그 덕이 무한함에 부합한다. 至哉坤元, 萬物資生, 乃順承天. 坤厚載物, 德合無疆."(『周易』「坤卦‧象傳」)

육전六典[471]은 의례를 돕네.

오래도록 천명과 짝하면서[永言配命],[472]

장구한 보살핌은 이지러짐이 없으리라.

迎俎用雍和

조俎를 들일 때는 〈옹화雍和〉를 쓴다.

柔而能方, 直而能敬. 厚載以德, 大亨以正. 有滌斯牷, 有馨
斯盛. 介玆景福, 祚我休慶.

(땅의 덕은) 부드러워서 반듯할 수 있고,[473]

470) 구궁九宮 : 하늘의 八方에 중앙을 더한 공간을 가리킨다. 天宮을 '井'
자 형태로 구획해 각각의 구역에 해당하는 乾宮·坎宮·艮宮·震宮·中
宮·巽宮·离宮·坤宮·兌宮을 합해 九宮이라고 한다.

471) 육전六典 : 나라를 다스리는 6가지 법도를 가리킨다. "大宰라는 직분은
나라의 六典을 관장하며, 왕을 도와 나라를 다스린다. 첫째는 治典, …
둘째는 敎典, … 셋째는 禮典, … 넷째는 政典, … 다섯째는 刑典, … 여섯
째는 事典이다. 大宰之職, 掌建邦之六典, 以佐王治邦國. 一曰治典, …
二曰敎典, … 三曰禮典, … 四曰政典, … 五曰刑典, … 六曰事典."(『周
禮』「天官·大宰」)

472) 영언배명永言配命 : 『詩經』「大雅·文王」에 나오는 구절이다. 이에 대해
鄭玄은 이렇게 설명했다. "永은 長(길다)이다. 言은 我(나)이다. 내가
오래도록 天命에 짝하여 행하겠다는 것이다. 永, 長. 言, 我也. 我長配天
命而行."

473) 『周易』「坤卦·文言傳」에 나오는 구절에 근거한 것이다. "坤은 지극히
부드럽되 움직이면 강하고, 지극히 고요하며 덕이 반듯하다. 坤至柔而動
也剛, 至靜而德方."

곧아서 경건할 수 있다네.474)

덕으로써 만물을 두텁게 싣고,475)

바름으로써 크게 형통하도다.476)

깨끗이 씻긴 이 희생犠牲,

향기로운 이 음식.

큰 복을 내려주시어,477)

우리에게 큰 경사를 내리소서.

皇帝酌獻飲福用壽和【詞同冬至圜丘】

황제의 작헌酌獻과 음복飲福에는 〈수화壽和〉를 쓴다.【곡사는 동지에
원구圜丘에서 제사지낼 때의 것과 같다.】

送文舞出迎武舞入用舒和

문무文舞를 보내고 무무武舞를 들일 때는 〈서화舒和〉를 쓴다.

玉幣牲牷分薦享, 羽旄干鏚遞成容.

一德惟寧兩儀泰, 三才保合四時邕.

---

474) 『周易』「坤卦·文言傳」에 나오는 구절에 근거한 것이다. "곧음은 바름이요,
반듯함은 떳떳함이다. 군자는 경건함으로써 안을 곧게 하고, 떳떳함으로써
밖을 반듯하게 한다.直其正也, 方其義也. 君子敬以直內, 義以方外."

475) 『周易』「坤卦·象傳」에 나오는 구절에 근거한 것이다. "坤은 두터워 만물
을 실으니 그 덕이 무한함에 부합한다.坤厚載物, 德合無疆."

476) "크게 형통하고 바른 것이 하늘의 도이다.大亨以正, 天之道也."(『周易』
「臨卦·象傳」)

477) 『詩經』「大雅·旣醉」에 나오는 구절에 근거한 것이다. "군자께서는 萬壽
를 누리시며, (하늘에서) 큰 복을 내려주시네.君子萬年, 介爾景福."

옥과 비단과 희생[478]을 각각 제물로 바치니,
문무[羽旄][479]와 무무[干鏚][480]가 진용陣容을 교체하네.
일덕一德[481]이 오직 평안함에 천지[兩儀]가 태평하고,
삼재三才(천지인)가 화기和氣를 보전함[保合][482]에 사계절이
화락하구나.

武舞用凱安【詞同冬至圓丘】

무무武舞에는 〈개안凱安〉을 쓴다.【곡사는 동지에 원구圓丘에서 제사지낼
때의 것과 같다.】

送神用順和

송신送神에는 〈순화順和〉를 쓴다.

478) "(천지에 올리는) 大祀는 옥·비단·희생을 사용하고, (해와 달과 별에 올
리는) 그다음 제사는 희생과 비단을 사용하며, 小祀는 희생을 사용한다.立
大祀用玉帛牲牷, 立次祀用牲幣, 立小祀用牲."(『周禮』「春官·肆師」)
479) 우모羽旄: 文舞를 출 때 손에 쥐는 꿩의 깃과 旄牛의 꼬리를 가리킨다.
480) 간척干鏚: 武舞를 출 때 손에 쥐는 방패와 도끼. "오늘날 … 무무를
출 때는 방패와 도끼를 들고 춘다.今 … 武舞執干戚."(『隋書』「音樂志」)
"朱干과 玉戚으로 〈대하〉를 추고 八佾로 〈대무〉를 추는데, 이것은 모두
천자의 예이다.朱干玉戚. 以舞大夏. 八佾以舞大武, 此皆天子之禮也."
(『春秋公羊傳』「昭公 25年」)
481) 일덕一德: 始終如一한 한결같은 덕, 純一한 덕을 가리킨다. "모두 一德
을 지니셨으니, 능히 天心이 흠향케 하신다.咸有一德, 克享天心."(『尚
書』「咸有一德」)
482) 보합保合: '保合太和'의 줄임말로 해석했다. "乾道가 변화해 만물이 각각
그 性命을 바르게 하여 太和(천지간의 온화한 기)를 보전함에 이롭고 바르
다.乾道變化, 各正性命, 保合太和, 乃利貞."(『周易』「乾卦·象傳」)

陰祇協贊, 厚載方貞. 牲幣具擧, 簫管備成.
其禮惟肅, 其德惟明. 神之聽矣, 式鑒虔誠.

땅의 신[陰祇]께서 도와주시니,

두터워 만물을 실음에 반듯하고 올곧네.[483]

희생과 비단 모두 올리고,

관악기[簫管] 모두 연주되었네.

예禮는 엄숙하고,

덕은 밝도다.

신께서 들으시고,[484]

정성스러움을 살펴보시리라.

則天皇后永昌元年大享拜洛樂章十五首【御撰】

측천황후則天皇后 영창永昌 원년(689)에 낙수洛水에 제사지낼
때의 악장 15수【어찬御撰】

---

483) 후재厚載 : 만물이 생육하는 바탕이 되어주는 땅의 덕을 의미한다. "지극
하구나, 坤의 원대함이여! 만물이 이에 의지해 生育하니, 순하게 하늘을
받든다. 坤은 두터워 만물을 실으니 그 덕이 무한함에 부합한다.至哉坤
元, 萬物資生, 乃順承天. 坤厚載物, 德合無疆."(『周易』 「坤卦 · 象傳」)
"坤은 지극히 부드럽되 움직이면 강하고, 지극히 고요하며 덕이 반듯하
다.坤至柔而動也剛, 至靜而德方."(『周易』 「坤卦 · 文言傳」)

484) 『詩經』 「小雅 · 小明」에 나오는 구절에 근거한 것이다. "신께서 이를 들으
시고 큰 복을 내려주신다네.神之聽之, 介爾景福."

設禮用昭和

예禮를 펼칠 때는 〈소화昭和〉를 쓴다

九玄眷命, 三聖基隆. 奉成先旨, 明臺畢功.
宗祀展敬, 冀表深衷. 永昌帝業, 式播淳風.

하늘[九玄]485)이 총애하시어 중임을 부여하시니[眷命],486)
세 성군[三聖]487)이 닦으신 나라의 기틀이 드높도다.
선황先皇의 유지를 삼가 받드니,
명당[明臺]이 완공되었네.488)
종사宗祀로 공경함을 펼치니,
깊은 속마음을 드러내길 바라네.
제왕의 사업을 영원히 번창시키어[永昌帝業],489)
순후淳厚한 기풍을 널리 전파하리라.

---

485) 구현九玄 : 九天, 즉 하늘의 가장 높은 곳을 의미한다.

486) 권명眷命 : '眷命'이라고도 하며, 총애하고 중임을 부여한다는 의미다. "천제께서 총애하시고 중임을 부여하시니, 사해를 모두 소유하시어 천하의 군주가 되셨습니다.皇天眷命, 奄有四海, 爲天下君."(『尙書』 「大禹謨」)

487) 삼성三聖 : 唐 高祖 李淵, 太宗 李世民, 高宗 李治를 가리킨다.

488) "12월 己酉日에 神皇(측천무후)이 낙수에 제사지내고 天授聖圖를 받은 뒤 이날 궁으로 돌아왔다. 명당이 완공되었다.十二月己酉, 神皇拜洛水, 受天授聖圖, 是日還宮. 明堂成."(『舊唐書』 「則天武后紀」)

489) 영창제업永昌帝業 : 則天武后가 제왕에 오를 징표로 받은 '天授聖圖'에 새겨진 글귀로, 전체 내용은 다음과 같다. "성모께서 인간 세상에 강림하셨으니 제왕의 사업을 영원히 번창시키시리라.聖母臨人, 永昌帝業."

致和

〈치화致和〉

神功不測兮運陰陽. 包藏萬宇兮孕八荒.
天符旣出兮帝業昌. 願臨明祀兮降禎祥.

신의 공력은 예측할 수 없으니 음양陰陽을 운행하시네.
천하[萬宇]를 아우르시니 팔방[八荒]을 품으시네.
하늘의 징표[天符]가 이미 나왔으니 제왕의 사업이 번창하리라.
밝은 제사[明祀]490)에 왕림하시어 상서로움을 내려주소서.

咸和

〈함화咸和〉

坎澤祠容備擧, 坤壇祭典爰伸.
靈睠遙行祕蹕, 嘉眖荐委殊珍.
肅禮恭禋載展, 翹襟懇志逾殷.
方期交際懸應, □□□□□(末一句逸).

물에 제사지내는 감坎에는 제사의 의용儀容이 갖춰지고,
땅에 제사지내는 단壇에는 제전祭典이 펼쳐지네.491)

---

490) 명사明祀: 중대한 제사의 美稱으로, 昭祀라고도 한다. 신에게 올리는
     성대한 제사를 뜻한다. "明祀를 존숭하고, 땅이 작고 인구가 적은 나라를
     보호하는 것이 周나라의 禮입니다.崇明祀, 保小寡, 周禮也."(『左傳』「僖
     公 21年」) 杜預 注에서는 "明祀란 太皡와 濟水에게 올리는 제사이다.明
     祀, 大皡有濟之祀."라고 했다.

신령의 돌보심에 은밀한 자취가 멀리까지 이르고,

후하게 내려주심[嘉貺]에[492] 진귀한 보배가 거듭 쌓이네.

엄숙한 의례와 공손한 제사가 펼쳐지니,

경건한 마음[翹襟][493]과 간절한 뜻은 갈수록 커져만 가네.

신과 교류하며 멀리서도 서로 통하기를[懸應] 바라나니,

□□□□□(마지막 구절은 일실逸失되었다.)

乘輿初行用九和

수레를 타고 초행初行할 때는 〈구화九和〉를 쓴다.

祗荷坤德, 欽若乾靈. 慚惕罔寘, 興居匪寧.
恭崇禮則, 肅奉儀形. 惟憑展敬, 敢薦非馨.

삼가 땅의 덕을 짊어지고,

---

491) 감坎과 단壇 : 땅을 파낸 곳을 '坎'이라 하고 (흙이나 돌 등을) 쌓은 곳을 '壇'이라고 하는데, 내와 골짜기는 坎에서 제사지내고 산림과 구릉은 壇에서 제사지냈다. "사방의 坎과 壇에서 사방을 제사지낸다.四坎壇, 祭四方也."(『禮記』「祭法」) 鄭玄 注에서 "사방은 산림·川谷·구릉의 신을 말한다. 산림과 구릉은 壇에서 제사지내고 川谷은 坎에서 제사지낸다. 사방에 각각 坎과 壇을 만든다.四方, 卽謂山林·川谷·丘陵之神也. 祭山林丘陵於壇, 川谷於坎, 每方各爲坎爲壇."라고 했다. 또 坎에서는 寒神과 月神에게 제사지내고, 壇에서는 暑神과 日神에게 제사지냈다. "壇에서 해에게 제사지내고 坎에서 달에게 제사지낸다.祭日於壇, 祭月於坎."(『禮記』「祭義」)

492) 가황嘉貺 : 후하게 하사한다는 의미이다. 嘉況이라고도 한다.

493) 교금翹襟 : 옷깃을 여민다는 뜻으로, 어떤 일에 마음을 쓰며 경건한 마음으로 자세를 바로잡는다는 의미이다.

하늘의 신령함[乾靈]을 경건하게 따르네[欽若].

황공하여 어찌할 바 모르겠고,

기거[興居]494)함에 편안하지 않구나.

공손히 예법禮法[禮則]을 숭상하고,

엄숙하게 전범典範[儀形]을 받드네.

오직 공경함을 펼치는 것에 의지하니,

감히 향기롭지 않은 제수[非馨]를 올리네.495)

拜洛用顯和

낙수洛水에 제사지낼 때는 〈현화顯和〉를 쓴다.

菲躬承睿顧, 薄德忝坤儀. 乾乾遵後命, 翼翼奉先規.

撫俗勤雖切, 還淳化尚虧. 未能弘至道, 何以契明祇?

비천한 몸이 성스러운 돌보심을 받아,

보잘것없는 덕임에도 곤의坤儀496)라는 칭호가 더해졌구나.

후세로 이어진 천명을 굳건히[乾乾]497) 따르고,

---

494) 흥거興居 : 起居와 같은 말로, 일정한 곳에서 자고 먹는 등의 일상생활을 가리킨다.

495) 『尚書』「周書·君陳」에 나오는 구절에 근거한 것이다. "기장이 향기로운 것이 아니라 밝은 덕이 향기롭다.黍稷非馨, 明德惟馨."

496) 곤의坤儀 : 대지를 의미하는데, 母儀(어머니의 본보기)를 뜻하기도 하며 황후를 가리키기도 한다. 본문에서는 則天皇后가 '聖母神皇'란 칭호를 가지게 된 것을 가리킨다.

497) 건건乾乾 : 自强不息의 태도를 형용한다. "九三은 군자가 하루 종일 굳세다가 저녁이 되면 위태로운 듯 반성하니, 허물이 없으리라.九三, 君子

선조의 법도를 삼가며 조심스럽게[翼翼]498) 받드네.

민심을 돌보는 데 힘쓰기를 절박하게 했지만,

순박함으로 돌아가게 하기에는 교화가 아직 부족하구나.

아직 지극한 도를 넓히지 못했으니,499)

어찌 신명神明과 부합할 수 있으리오.

受圖用顯和

천수성도天授聖圖500)를 받을 때는 〈현화顯和〉를 쓴다.

終日乾乾, 夕惕若厲, 無咎."(『周易』「乾卦」) 孔穎達 疏에서 "굳건하게 스스로를 굳세게 하면서, 부지런히 노력함에 그침이 없는 것이다.健健自强, 勉力不有止息也."라고 했다.

498) 익익翼翼 : 삼가며 조심하는 모습을 형용한다. "문왕께서는 조심조심 삼가며 명백한 태도로 상제를 섬기시어, 이에 많은 복을 불러오셨도다.維此文王, 小心翼翼. 昭事上帝, 聿懷多福."(『詩經』「大雅·大明」)

499) 『論語』「衛靈公」에 나오는 구절에 근거한 것이다. "공자께서 말씀하셨다. '사람이 도를 넓히는 것이지, 도가 사람을 넓히는 것이 아니다.'(子曰, 人能弘道, 非道弘人."

500) 천수성도天授聖圖 : 則天武后가 제왕에 오를 징표로 얻은 瑞石(상서로운 돌)이다. 그 돌에는 "성모께서 인간 세상에 강림하셨으니 제왕의 사업을 영원히 번창시키시리라.聖母臨人, 永昌帝業."라는 글귀가 있었다. 측천무후가 天授聖圖를 얻은 때로부터 황제의 자리에 오르기까지 다음과 같은 일들이 전개되었다. 垂拱 4년(688) 측천무후는 洛陽에 高祖·太宗·高宗의 三廟를 만들고 明堂을 세웠다. 武承嗣가 瑞石을 만들어 唐同泰로 하여금 측천무후에게 바치면서 洛水에서 나온 것이라고 말하게 했다. 측천무후는 그것을 '寶圖'라고 명명했다. 이후 측천무후에게 '聖母神皇'이라는 칭호가 더해졌다. 측천무후는 '寶圖'를 '天授聖圖'로 개칭했으며, 洛水를 永昌洛水로 명명하고 '寶圖'가 나온 곳을 '聖圖泉'이라

顧德有慚虛菲, 明祇屢降禎符.
氾水初呈祕象, 溫洛薦表昌圖.
玄澤流恩載洽, 丹襟荷渥增愉.

덕을 돌아보니 보잘것없어 부끄럽건만,
신명神明께서는 상서로운 징표를 거듭 내려주셨네.
사수氾水에서 처음으로 상서로운 징조를 드러내시고,[501]
따뜻해진 낙수[溫洛][502]에서 창도昌圖[503]를 보여주셨네.
성은[玄澤][504]으로 은혜를 베푸시니 윤택함이 쌓이고,
진실한 마음[丹襟]으로 그 은혜를 입으니 기쁨이 더해지네.

登歌用昭和
등가登歌에는 〈소화昭和〉를 쓴다.

고 명명한 뒤 그 곁에 永昌縣을 설치했으며 洛水의 신을 '顯聖侯'에
봉했다. 그리고 앞서 또 다른 瑞石을 얻었던 氾水를 廣武로 개칭했다.
載初 元年(690), 측천무후는 睿宗을 폐하고 정식으로 稱帝하여 '聖神皇
帝'라 하고 國號는 周라고 했다.

501) 『舊唐書』「禮儀志」에 따르면, 則天武后가 洛水에서 天授聖圖를 얻기
    에 앞서서 氾水에서도 瑞石(상서로운 돌)을 얻었다고 한다.

502) 온락溫洛 : 전설에 따르면 盛德을 갖춘 왕이 나타나면 洛水가 따뜻해진
    다고 한다. "제왕의 덕이 성대하니 낙수에 감응하여 낙수가 따뜻해졌다가
    9일이 지난 뒤 차가워졌다.帝德之盛應於洛水先溫, 九日乃寒."(『太平
    御覽』에 인용된 『易乾鑿度』)

503) 창도昌圖 : 天授聖圖를 가리킨다. 天授聖圖에 적힌 "성모께서 인간 세상
    에 강림하셨으니 제왕의 사업을 영원히 번창시키시리라.聖母臨人, 永昌
    帝業."라는 글귀에 '昌'이라는 글자가 있었으므로 '昌圖'라고 한 것이다.

504) 현택玄澤 : 제왕이나 신의 聖恩을 뜻한다.

舒陰至養, 合大資生. 德以恆固, 功由永貞.
升歌薦序, 垂幣翹誠. 虹開玉照, 鳳引金聲.

음덕陰德을 펼쳐 기름[養]을 지극히 하고,
큰 덕을 모아 생육을 돕네.
덕은 한결같은 굳건함에 기인하며,505)
공功은 오래도록 바름에서 말미암는다네.506)
승가升歌507)는 차례대로 올려지고,
바쳐진 비단에는 정성을 가득 담았네.
무지개가 옥의 광채를 발하게 하고,
봉황이 악기 소리를 이끄는구나.

迎俎用敬和
조俎를 들일 때는 〈경화敬和〉를 쓴다.

蘭俎旣升, 蘋羞可薦. 金石載設, 咸英已變.
林澤斯總, 山川是遍. 敢用敷誠, 實惟忘倦.

훌륭한 제수[蘭俎]를 이미 올렸거니와,

----

505) 『周易』「繫辭傳」에 나오는 구절에 근거한 것이다. "恒은 덕이 굳건한
　　것이다.恒, 德之固也."
506) 『周易』「坤卦」에 나오는 구절에 근거한 것이다. "用六은 오래도록 바르
　　니 이롭다.用六, 利永貞." 孔穎達 疏에서 "永은 長이고, 貞은 正이다.
　　오래도록 바를 수 있음을 말한다.永, 長也. 貞, 正也. 言長能貞正也."라
　　고 했다.
507) 승가升歌 : '등가登歌'와 같은 말이다. 堂에 올라가 노래하는 것을 가리킨다.

정성스러운 제사[蘋羞]508) 음식도 바칠 만하구나.

종과 경[金石]509) 진설되었고,

〈함咸〉510)과 〈영英〉511)은 이미 (다른 연주로) 바뀌었네.

수풀과 못을 모두 포함하고,

산과 시내를 두루 모셨다네.512)

508) 빈수蘋羞 : 보잘것없으나 진심으로 차린 제수를 의미한다. '蘋'은 개구리
밥 같은 보잘것없는 수초를 가리킨다. "진실로 참된 믿음이 있다면, 산골
도랑이나 늪가의 풀, 개구리밥·쑥·수초 같은 나물이라도 광주리에 담고
솥에 삶아 길가에 고인 물과 함께 귀신에게 올릴 수 있고 왕공에게 바칠
수 있다.苟有明信, 澗谿沼沚之毛, 蘋蘩薀藻之菜, 筐筥錡釜之器, 潢汙
行潦之水, 可薦於鬼神 可羞於王公."(『左傳』「隱公 3年」)

509) 금석金石 : 鐘과 磬을 가리킨다. 토목으로 높이 짓고 단청으로 칠한 것을
아름다움으로 여기거나 金·石·匏·竹의 악기를 크게 벌려놓고 시끄럽
게 하는 것을 즐거움으로 여긴다는 말은 들어보지 못했습니다.不聞其以
土木之崇高, 彤鏤爲美, 而以金石匏竹之昌大, 囂庶爲樂."(『國語』「楚
語」) 韋昭 注에서 "금은 종이고, 석은 경이다.金, 鐘也, 石, 磬也."라고
했다.

510) 〈함咸〉 : 堯가 지은 〈咸池〉를 가리킨다.

511) 〈영英〉 : 帝嚳이 지은 〈五英〉을 가리킨다.

512) 모든 山林川澤에 두루 제사지낸다는 말이다. "武德 初年에 이렇게 확정
지었다. … 夏至가 되면 方丘에서 땅의 신에게 제사지내며, 景帝를 함께
모셨다. … 모든 제사마다, 땅의 신과 景帝의 신위를 단 위에 올려 두었고,
九州와 五嶽, 四鎭, 四瀆, 四海, 五方, 山林, 川澤, 丘陵, 墳衍, 原隰에
대해 모두 제사지냈다.武德初, 定令 … 夏至, 祭皇地祇于方丘, 亦以景
帝配. … 每祀則地祇及配帝設位於壇上, 神州及五嶽·四鎭·四瀆·四
海·五方·山林·川澤·丘陵·墳衍·原隰, 並皆從祀."(『舊唐書』「禮儀
志」) 여기서 景帝는 李虎(505-551)를 가리킨다. 李虎는 南北朝 시기 西
魏의 大臣으로 唐나라 高祖 李淵의 祖父다. 李淵이 唐나라를 세운 뒤

감히 성실한 마음으로 드릴 뿐이니,

실로 게으름을 잊었도다.

酌獻用欽和[九]513)

작헌酌獻에는 〈흠화欽和〉를 쓴다.

送文舞出迎武舞入用齊和

문무文舞를 보내고 무무武舞를 들일 때는 〈제화齊和〉를 쓴다.

> 沉潛演眖分三極, 廣大凝禎總萬方.
>
> 旣薦羽旌文化啓, 還呈干鏚武威揚.

침잠함 가운데 복을 펼치시어 삼극三極514)을 나누고,

광대함 가운데 상서로움을 모아 만방萬方을 거느리네.

우정羽旌515)을 올리니 문덕의 교화[文化]516)가 열렸고,

武德 元年(618)에 할아버지인 李虎를 景皇帝로 추서하고 廟號를 太祖라 했다.

513) [교감기 9] "酌獻用欽和"에 대해 『校勘記』권14에서는 이렇게 말했다. "생각건대 이 악장은 樂名만 있고 樂詞가 없다. 앞에서 총 15章이라고 했는데, 만약 이 章이 없다면 14章뿐이다. 『樂府詩集』의 인용 역시 今本과 동일하니, 宋本에서 이미 탈락된 것이다."

514) 삼극三極 : 三才, 즉 天地人을 가리킨다.

515) 우정羽旌 : 羽는 文舞를 출 때 쥐는 꿩 깃이다. 旌은 춤을 인도하는 사람이 드는 깃발이다.

516) 문화文化 : 文德으로 敎化한다는 의미다. "성인이 천하를 다스리는 데는 문덕을 우선으로 하고 무력을 다음으로 한다. 무력을 사용하는 것은 복종하지 않기 때문이다. 문덕으로 교화해도 개선되지 않는 연후에야 (무력으

이어서 또 간척干鏚517)을 바치니 무위武威가 떨쳐지네.

武舞用德和

무무武舞에는 〈덕화德和〉를 쓴다.

> 夕惕司龍契, 晨兢當鳳宸. 崇儒習舊規, 偃霸循先旨.
> 絶壤飛冠蓋, 遐區麗山水. 幸承三聖餘, 忻屬千年始.

저녁엔 두려운 마음으로 제왕의 언약[龍契]을 다루고,
새벽엔 삼가는 마음으로 봉황 병풍[鳳宸]518)을 대하네.
유교를 받들어 옛 법도를 익히고,
패도를 내려놓고[偃霸]519) 선조의 뜻을 따르네.
머나먼 땅[絶壤]에서도 관리의 수레[冠蓋]가 달려오니,
저 먼 곳이 (우리의) 산수와 짝하네.
다행히 삼성三聖520)께서 남기신 바를 이어받았으니,
천년 (왕조의) 시작을 잇게 됨을 기뻐하네.

로) 誅殺한다.聖人之治天下也, 先文德而後武力. 凡武之興, 爲不服也, 文化不改, 然後加誅."(『說苑』「指武」)

517) 간척干鏚 : 干과 鏚은 武舞를 출 때 사용하는 舞具인 방패와 도끼다. "오늘날 … 무무를 출 때는 방패와 도끼를 들고 춘다.今 … 武舞執干戚." (『隋書』「音樂志」)

518) 봉려鳳宸 : 봉황 병풍이라는 의미인데, 여기서는 帝位를 가리킨다.

519) 언패偃霸 : 霸道를 내려놓다, 즉 무력 사용을 그만둔다는 뜻이다. 偃武와 같은 말이다.

520) 삼성三聖 : 唐나라를 열고 기틀을 다진 세 帝王인 高祖 李淵, 太宗 李世民, 高宗 李治를 가리킨다.

撤俎用禋和

조組를 물릴 때는 〈인화禋和〉를 쓴다.

百禮崇容, 千官肅事. 靈降舞兆, 神凝有粹.
奠享咸周, 威儀畢備. 奏夏登列, 歌雍撤肆.

온갖 의례는 의용을 드높이고,

문무백관은 맡은 일을 엄숙히 행하네.

신령이 강림하시니 길조를 춤추고,

신령함이 응축되니 순일純一하도다.

올리는 제사[奠享]521)는 주도면밀하고,

위의威儀가 모두 갖추어졌네.

〈하夏〉522)를 연주하며 (제수를) 차례차례 올렸고,

〈옹雍〉523)을 노래하며 해체한 희생[肆]524)을 거두네.

---

521) 전형奠享 : 술과 음식을 차려 제사를 올린다는 뜻이다.

522) 〈하夏〉 : 禹의 樂舞로, 〈大夏〉라고도 한다. "〈夏〉는 (禹가 堯와 舜의 덕을) 크게 발전시켰음을 기린 것이다.夏, 大也."(『禮記』「樂記」) 이에 대해 鄭玄 注에서는 이렇게 말했다. "禹의 樂名이다. 우가 요와 순의 덕을 크게 발전시켰음을 말한다. 『주례』에서는 〈大夏〉라고 하였다.禹樂名也. 言禹能大堯舜之德, 周禮曰大夏." 文舞에 속하며, 蕤賓·函鐘의 樂과 짝이 되어 山川에게 제사할 때 사용한다. "곧 蕤賓을 연주하고 函鐘을 노래하고 〈大夏〉를 추며, 山川에게 제사한다.乃奏蕤賓, 歌函鐘, 舞大夏, 以祭山川."(『周禮』「大司樂」)

523) 〈옹雍〉 : 제사를 마치고 祭羞를 거둘 때 연주하는 악곡이다. "(魯나라의 孟孫氏·叔孫氏·季孫氏) 세 가문이 〈雍〉을 연주하며 제수를 거두었다. 三家者以雍徹."(『論語』「八佾」)

524) 사肆 : 해체한 犧牲을 가리킨다. "肆와 獻과 祼로 선왕께 제사를 올린다.

辭神用通和

사신辭神에는 〈통화通和〉를 쓴다.

皇皇靈睠, 穆穆神心. 暫動凝質, 還歸積陰.
功玄樞紐, 理寂高深. 銜恩佩德, 聳志翹襟.

찬란하구나! 신령께서 돌봐주심이여,

장엄하구나! 신령의 마음이여.

잠시 응결되었다가[凝質]525),

또다시 적음積陰526)으로 돌아가시네.

공적은 현묘하여 추뉴樞紐527)와 같고,

이치는 고요하여 높고도 깊네.

은택을 받아 그 덕을 지니고,

뜻을 공경하며 옷깃을 여미네[翹襟].528)

以肆獻祼享先王."(『周禮』「春官 · 大宗伯」) 鄭玄 注에서 "肆라는 것은 해체한 희생이니, 제물을 익혀서 올릴 때를 말한다.肆者, 進所解牲體, 謂薦孰時也."라고 했다.

525) 응질凝質 : '응결되다'라는 뜻이다. "땅에는 五材가 있는데, 물이 그 으뜸이다. 소금으로 만들어서 맛을 바르게 하고, 또한 응결되면 소금이 된다. 地有五材, 水爲之首. 旣作咸以正味, 亦凝质而成鹽."(張濯의 「唐報應靈慶池神廟記」)

526) 적음積陰 : '음기가 쌓이다'라는 뜻이다. 積陰으로 돌아갔다는 것은 '물'이 되었다는 의미다. "陰氣가 쌓인 寒氣가 물이 된다.積陰之寒氣爲水." (『淮南子』「天文訓」)

527) 추뉴樞紐 : 天樞(북두칠성이 포함된 큰곰자리)와 紐星(북극성)을 가리킨다.

528) 교금翹襟 : 옷깃을 여민다는 뜻으로, 어떤 일에 마음을 쓰며 경건한 마음으로 자세를 바로잡는다는 의미이다.

送神用歸和

송신送神에는 〈귀화歸和〉를 쓴다.

言旋雲洞兮躡煙途, 永寧中宇兮安下都.
苞涵動植兮順榮枯, 長貽寶貺兮贊璇圖.

선동仙洞[雲洞]529)으로 돌아가시려[言旋] 구름길[煙途]530) 지
르밟으시고,
하늘에서 영원히 평안히 거하시며 인간 세상[下都]531)을 편안
케 하시네.
모든 생물을 아우르시어 천지자연의 성쇠를 따르고,
복을 길이길이 내려주시어 나라[璇圖]532)를 도우시네.

又歸和

또 〈귀화歸和〉

調雲關兮神座興, 駿雲駕兮儼將昇.

---

529) 운동雲洞 : 구름에 둘러싸인 높은 산속의 동굴을 의미하는데, 주로 신선
의 거처를 상징한다.

530) 연도煙途 : 구름이 지나다니는 길.

531) 하도下都 : 원래는 天帝가 地上에 둔 도읍을 의미하는데, 여기서는 唐나
라 수도인 長安을 가리킨다. "서남쪽으로 400리를 가면 昆侖山이 있는
데, 이곳은 사실 天帝가 下界에 둔 都邑으로, 神 陸吾(즉 肩吾)가 관리하
고 있다.西南四百里, 曰昆侖之丘, 是實惟帝之下都, 神陸吾司之."(『山
海經』「西山經」)

532) 선도璇圖 : 국가의 판도, 국가, 國運을 뜻한다.

騰絳霄兮垂景祐, 翹丹懇兮荷休徵.

〈조로調露〉와 〈승운承雲〉[調雲]533)의 연주가 끝나니 신께서
자리에서 일어나시고,
구름수레 몰고서 근엄하게 하늘로 오르려 하시네.
높은 하늘[絳霄]534)에 올라 큰 복[景祐] 내려주시니,
일편단심[丹懇]을 간절하여 상서로운 징조[休徵]를 받네.

睿宗太極元年祭皇地祇於方丘樂章八首【不詳撰者】

예종睿宗 태극太極 원년(712)에 방구方丘535)에서 황지기皇地
祇에게 제사지낼 때의 악장 8수【작자미상】

迎神用順和【黃鐘宮三變, 太簇角一變, 姑洗徵一變, 南呂羽一變. 】
영신迎神에는 순화〈順和〉를 쓴다【황종궁黃鐘宮 3변變, 태주각太簇角 1변,
고선치姑洗徵 1변, 남려우 1변.】

坤厚載物, 德柔垂祉. 九域咸雍, 四溟爲紀.

---

533) 조운調雲 : 太平聖代를 상징하는 樂인 〈調露〉와 〈承雲〉을 말한다.

534) 강소絳霄 : 하늘 높은 곳을 가리킨다. 하늘을 올려볼 때 북극성 아래, 즉
    남쪽을 바라본다고 여겼기 때문에 남쪽을 상징하는 '붉은 색[絳]'을 사용
    해 絳霄라고 한 것이다.

535) 방구方丘 : 地祇에게 제사지내는 方形의 제단을 말한다. 夏至 때 國都
    北郊의 水澤 가운데의 方丘에서 地祇를 제사지냈는데, 이는 사해가 대
    지를 둘러싼 것을 상징한다.

敬因良節, 虔修陰祀. 廣樂式張, 靈其降止.

땅은 두터워 만물을 싣고[坤厚載物],536)

땅의 덕은 부드러워[德柔]537) 복을 드리우네.

구주九州[九域]538)가 모두 화목하고,

사해四海[四溟]가 잘 다스려지네.

좋은 때를 삼가 받들어,

땅에 대한 제사[陰祀]539)를 경건히 올리네.

성대한 음악[廣樂]540) 펼쳐지니,

신령께서 내려와 머무신다네.

---

536) "지극하구나, 坤의 원대함이여! 만물이 이에 의지해 生育하니, 순하게 하늘을 받든다. 坤은 두터워 만물을 실으니 그 덕이 무한함에 부합한다. 至哉坤元, 萬物資生, 乃順承天. 坤厚載物, 德合無疆."(『周易』「坤卦 ·象傳」)

537) 덕유德柔 : 땅의 덕은 부드럽다는 뜻이다. "坤은 지극히 부드럽되 움직이면 강하고, 지극히 고요하며 덕이 반듯하다.坤至柔而動也剛, 至靜而德方."(『周易』「坤卦 · 文言傳」)

538) 구역九域 : 九州, 즉 중국 전체를 가리킨다.

539) 음사陰祀 : 땅에 지내는 제사를 말한다. "陰祀를 드릴 때는 순수하게 검은 털의 犧牲을 사용한다.陰祀, 用黝牲, 毛之."(『周禮』「地官 · 牧人」) 鄭玄 注에서 "陰祀란 北郊에서 땅과 社稷에 제사지내는 것이다.陰祀, 祭地北郊及社稷也."라고 했다.

540) 광악廣樂 : 성대한 음악을 의미한다. "나는 天帝가 계신 곳에 가보았는데 매우 즐거웠지. 여러 신과 鈞天(하늘의 중심)을 노닐었는데, 성대한 음악이 계속해서 연주되고 모두가 춤을 추었다네.我之帝所, 甚樂, 與百神遊於鈞天, 廣樂九奏萬舞."(『史記』「趙世家」)

金奏【新加太簇宮】

금주金奏541)【태주궁太簇宮을 새로 더한다.】

> 坤元至德, 品物資生. 神凝博厚, 道協高明.
> 列鎮五嶽, 環流四瀛. 于何不載, 萬寶斯成.

곤원坤元542)은 지극한 덕을 지녔으니,
만물이 이에 의지해 생육하네.
신령함은 넓고 두터움으로 응집되며,
도道는 높고 밝음에 어울리네.543)

---

541) 금주金奏 : 鐘과 鎛처럼 쇠로 만든 악기를 연주한다는 뜻이다. 鐘의 연주에는 磬의 연주가 수반되므로 金奏는 磬의 연주를 포함하는 의미. "종사는 金奏를 관장한다.鐘師掌金奏."(『周禮』「春官·鐘師」) 이에 대해鄭玄 注에서는 다음과 같이 설명했다. "金奏란, 金을 두드려 음악 연주의박자로 삼는 것이다. 金이란 鐘과 鎛을 말한다.金奏, 擊金以爲奏樂之節. 金謂鐘及鎛."

542) 곤원坤元 : 坤은 땅을 의미하고, 元은 크다는 뜻이다. 坤元은 만물을 낳는대지의 덕을 가리킨다. "지극하구나, 坤의 원대함이여! 만물이 이에 의지해 生育하니, 순하게 하늘을 받든다. 坤은 두터워 만물을 실으니 그 덕이무한함에 부합한다.至哉坤元, 萬物資生, 乃順承天. 坤厚載物, 德合無疆."(『周易』「坤卦·象傳」)

543) 신령과 天道를 각기 땅과 하늘의 덕에 비유한 것으로, 『中庸』에 나오는다음 구절에 근거한 것이다. "오래가고 멀리 가면 넓고 두터워진다. 넓고두터워지면 높고 밝아진다. 넓고 두터워지기에 (땅처럼) 만물을 싣고, 높고 밝아지기에 (하늘처럼) 만물을 덮으며, 오래가기에 만물을 이루어낸다.悠遠則博厚, 博厚則高明. 博厚所以載物也, 高明所以覆物也, 悠久所以成物也."

오악五嶽544)을 두루 진압하고,

사해[四瀛]를 휘감아 흐르네.

무엇인들 싣지 않으랴,

만물[萬寶]545)이 이에 이루어지네.

皇帝行用太和[詞同貞觀冬至圜丘, 黃鐘宮.]

황제의 행차에는 〈태화太和〉를 쓴다.[곡사는 정관貞觀 연간 동지에 원구
圜丘에서 제사지낼 때의 것과 같다. 황종궁黃鐘宮]

登歌奠玉帛用肅和[詞同貞觀太廟肅和, 應鐘均之夷則.]

등가登歌하고 옥과 비단을 올릴 때는 〈숙화肅和〉를 쓴다.[곡사는 정관
貞觀 연간 태묘太廟에서 제사지낼 때 쓴 〈숙화〉와 같다. 응종균應鐘均의 이칙夷則]

迎俎及酌獻用雍和[詞同貞觀太廟雍和]

조俎를 들이고 작헌酌獻할 때는 〈옹화雍和〉를 쓴다.[곡사는 정관貞觀
연간 태묘太廟에서 제사지낼 때 쓴 〈옹화〉와 같다.]

送文舞出迎武舞入用舒和[詞同皇帝朝群臣舒和]

문무文舞를 보내고 무무武舞를 들일 때는 〈서화舒和〉를 쓴다.[곡사
는 황제가 신하들을 접견할 때 쓰는 〈서화〉와 같다.]

武舞用凱安[詞同貞觀冬至圜丘]

---

544) 오악五嶽 : 東嶽 泰山, 西嶽 華山, 南嶽 衡山, 北嶽 恒山, 中嶽 嵩山을
가리킨다.

545) 만보萬寶 : 萬物을 의미한다. "皇帝의 명운을 내려주시니, 만물은 더더욱
빛나네.皇運來授, 萬寶增煥."(史岑의 「出師頌」)

무무武舞에는 〈개안凱安〉을 쓴다.【곡사는 정관貞觀 연간 동지에 원구圓丘에서 제사지낼 때의 것과 같다.】

送神用順和【林鐘宮】

송신送神에는 〈순화順和〉를 쓴다.【임종궁林鐘宮】

樂備金石, 禮光樽俎. 大享爰終, 洪休是擧.
雨零感節, 雲飛應序. 纓紱載辭, 皇靈具擧.

악樂은 종과 경[金石]546) 갖추고,

예禮는 술잔과 제기로 빛나네.

큰 제사 마치니,

큰 복이 이르겠네.

빗방울 떨어지며 절기에 감응하고,

구름 흩날리며 계절의 흐름에 응하네.

제관[纓紱]547)이 작별을 고하니,

황령皇靈548)께서 모두 올라가시네.

---

546) 금석金石 : 鐘과 磬을 가리킨다. "토목으로 높이 짓고 단청으로 칠한 것을 아름다움으로 여기거나 金·石·匏·竹의 악기를 크게 벌려놓고 시끄럽게 하는 것을 즐거움으로 여긴다는 말은 들어보지 못했습니다.不聞其以土木之崇高, 形鏤爲美, 而以金石匏竹之昌大, 噐庶爲樂."(『國語』「楚語」) 韋昭 注에서 "금은 종이고, 석은 경이다.金, 鐘也, 石, 磬也."라고 했다.
547) 영불纓紱 : 冠帶와 印綬를 두른 관리를 뜻한다. 여기서는 祭官을 가리킨다.
548) 황령皇靈 : 조상, 天帝, 皇帝를 뜻한다.

玄宗開元十一年祭皇地祇於汾陰樂章十一首

현종玄宗 개원開元 11년(723)에 분음汾陰[549]에서 황지기皇地祇에게 제사지낼 때의 악장 11수

迎神用順和【林鐘以下各再變.】

영신迎神에는 〈순화順和〉를 쓴다.【임종林鐘 이하 각각 재변再變한다.】

林鐘宮【黃門侍郎韓思復作】

임종궁林鐘宮【황문시랑黃門侍郎 한사복韓思復 지음】

> 大樂和暢, 殷薦明神. 一降通感, 八變必臻.
> 有求斯應, 無德不親. 降靈醉止, 休徵萬人.

대악大樂이 조화롭게 펼쳐지고,

영명하신 신께 정성껏 제사를 올리네.

한 번 강림하심에 감통感通하니,

팔변八變[550]하면 (신께서) 반드시 이르신다네.

---

549) 분음汾陰 : 汾水 남쪽(현재 山西省 萬榮縣)에 위치한 곳으로, 이곳에 后土祠가 있다. "河東 汾陰 后土宮에서 땅에 제사지냈다. 后土宮 주변은 河水가 흐른다. 옛날 땅에 지내는 제사는 못 안의 方丘에서 진행했다. 예의는 하늘에 제사지내는 것과 같다.祭地河東汾陰后土宮, 宮曲入河, 古之祭地澤中方丘也, 禮儀如祭天."(『太平御覽』 권527에 인용된 『漢舊儀』)

550) 팔변八變 : 地祇에 대한 제사에서 樂이 8번 연주되는 것을 뜻한다. "무릇 음악 函鍾을 宮으로 삼고, 大蔟를 角으로 삼고, 姑洗을 徵로 삼고, 南呂를 羽로 삼는다. 靈鼓와 靈鞀, 孤竹으로 만든 管과 空桑의 나무로 만든

바라는 바 있으면 바로 응답하시되,

덕이 없으면 가까이하지 않으시네[無德不親].551)

강림하신 신령께서 취하시어,

만인에게 상서로운 징조[休徵]를 내려주시리라.

太簇角【中書侍郎盧從愿作】

태주각太簇角【중서시랑中書侍郎 노종원盧從愿 지음】

坤元載物, 陽樂發生. 播殖資始, 品彙咸亨.
列俎棋布, 方壇砥平. 神歆禋祀, 后德惟明.

땅은 원대하여 만물을 실으니[坤元載物],552)

양기가 화락하여[陽樂]553) 생명을 틔우네.

琴瑟을 연주하며, 〈咸池〉의 춤을 춘다. 夏至가 되면 못 속의 方丘에서
연주하는데, 악이 8번 연주되면 地祇가 모두 나와서 올리는 의례를 받게
된다. 凡樂, 函鍾爲宮, 大蔟爲角, 姑洗爲徵, 南呂爲羽, 靈鼓靈鼗, 孫竹
之管, 空桑之琴瑟, 咸池之舞. 夏日至, 於澤中之方丘奏之, 若樂八變,
則地示皆出, 可得而禮矣."(『周禮』「春官·大司樂」) 天神에 대한 제사
에서는 六變이고, 人鬼에 대한 제사에서는 九變이다.

551) 무덕불친無德不親 : 『尙書』「蔡仲之命」에 나오는 구절에 근거한 것이다.
"하늘은 (공평무사하여) 따로 가까이하는 이가 없으니, 오로지 덕을 지닌
자를 도울 뿐이다.皇天無親, 惟德是輔."

552) 땅의 덕을 칭송한 표현으로, 『周易』「坤卦·象傳」에 나오는 구절에 근거
한 것이다. "지극하구나, 坤의 원대함이여! 만물이 이에 의지해 生育하
니, 순하게 하늘을 받든다. 坤은 두터워 만물을 실으니 그 덕이 무한함에
부합한다.至哉坤元, 萬物資生, 乃順承天. 坤厚載物, 德合無疆."

553) 양락陽樂 : 陽氣가 피어오르는 시기의 和樂함을 가리킨다. 玄宗이 이 제

씨 뿌리고 번식하는 것이 여기서 비롯되니,
온갖 만물이 모두 형통하네[品彙咸亨].554)
제기는 바둑돌처럼 촘촘히 펼쳐져 있고,
제단[方壇]555)은 평평하게 다져져 있네.
신령께서 제사[禋祀]556)를 흠향하시니,
우리 황제의 덕은 밝기만 하셔라.

姑洗徵【司勳郞中劉晃作】
고선치姑洗徵【사훈낭중司勳郞中 유황劉晃 지음】

大君出震, 有事郊禋. 齋戒旣肅, 馨香畢陳.
樂和禮備, 候暖風春. 恭惟降福, 實賴明神.

조물주가 동쪽에서 나오시니[大君出震],557)

사를 올린 것은 開元 11년(723) 음력 2월로, 봄을 맞아 따뜻한 기운이
감도는 때였다.

554) 품휘함형品彙咸亨 : 品彙는 온갖 만물을 가리킨다. 咸亨은 모두 형통한
    다는 뜻인데, 여기서는 모두 잘 자라난다는 의미다. "(만물을) 품고 키워
    서 크고 빛나게 하니, 온갖 만물이 모두 형통하네.含弘光大, 品物咸亨."
    (『周易』「坤卦·象傳」)

555) 방단方壇 : 땅에 제사지내기 위하여 方丘 위에 세운 네모난 祭壇을 가리
    킨다.

556) 인사禋祀 : 불타는 땔감 위에 제물을 올려 타는 연기를 신령께 바치는
    제사를 가리킨다.

557) 대군출진大君出震 : 大君은 天帝, 즉 萬物을 主宰하는 造物主를 의미한
    다. 震은 震方 즉 東方으로, 사계절 중 봄을 상징한다. "帝는 震方에서
    나온다. … 만물이 震方에서 나온다. 震方은 동방이다.帝出乎震. … 萬物

받들어 모시며 제사지낸다네[郊禋].558)

재계는 이미 엄숙하고,

향기 나는 제수도 모두 진설되었네.

음악이 조화롭고 의례가 갖춰졌으니,

날씨는 따뜻하고 바람엔 봄기운이 실려 있네,

삼가 생각건대 복을 내려주심은,

실로 영명하신 신께 힘입은 것이라네.

南呂羽【禮部侍郎韓休作】

남려우南呂羽【예부시랑禮部侍郎 한림韓休 지음】

於穆濬哲, 維淸緝熙. 肅事昭配, 永言孝思.
滌濯靜嘉, 馨香在玆. 神之聽之, 用受福釐.

아, 장엄하구나[於穆]!559) (우리 제왕의) 심오하고 명철함[濬
哲],560)

出乎震. 震, 東方也.”(『周易』「說卦傳」) 孔穎達 疏에서는 “여기서 帝란
天帝를 말한다.以此帝爲天帝也.”라고 했다.

558) 교인郊禋 : 제왕이 연기를 피워올려 천지에 제사지내는 大禮를 가리킨다.
‘郊’는 제사를 지내는 장소를 가리킨다. ‘禋’은 땔나무를 쌓고서 그 위에
犧牲이나 玉帛 같은 제물을 올려놓고 태워서 그 연기가 하늘에 도달하도
록 올리는 제사인데, 광범하게 ‘제사’라는 의미로도 쓰인다.

559) 오목於穆 : 장엄하거나 아름다운 것을 보고 내뱉는 감탄사이다. “天命이
여, 아! 장엄하기가 끝이 없구나!維天之命, 於穆不已.”(『詩經』「周頌
·維天之命」)

560) 준철濬哲 : 심오하고 명철하다는 뜻이다. “심오하고 명철한 상나라여, 상

맑고 밝게 이어지네[維淸緝熙].561)

엄숙히 선대 황제들의 신위神位를 모시니[肅事昭配],562)

효를 다하려는 생각을 길이 간직하시네[永言孝思].563)

깨끗이 닦인 제기[滌濯]564)와 정갈하고 훌륭한 제수[靜嘉],565)

서로운 징조가 오래도록 이어지네.濬哲維商, 長發其祥."(『詩經』「商頌
·長發」)

561) 유청집희維淸緝熙 : "맑고 밝게 이어짐은 文王의 법도라네.維淸緝熙,
文王之典."(『詩經』「周頌·維淸」)

562) 숙사소배肅事昭配 : 엄숙히 先代 황제들의 神位를 모신다는 뜻이다. 唐
나라는 하늘과 땅에 제사지낼 때 나라의 기틀을 세운 高祖 李淵, 太宗
李世民, 高宗 李治를 함께 配享했다. 이 세 명의 先代 황제를 三聖
또는 三祖라고 부른다. "玄宗이 즉위하고 開元 11년 음력 11월에 친히
圓丘에서 제사지냈다. … 張說이 건의하여 高祖를 堯 임금과 配享할 것
을 청했고, 이때부터 三祖를 함께 배향하는 예법을 그만두었다.玄宗卽
位, 開元十一年十一月, 親享圓丘. … 說建議請以高祖神堯皇帝配祭,
始罷三祖同配之禮."(『舊唐書』「禮儀志」)

563) 영언효사永言孝思 : "효를 다하려는 생각을 길이 보존하니, 효를 다하려
는 생각에는 본받은 바가 있네.永言孝思, 孝思維則."(『詩經』「大雅
·下武」) 이에 대해 鄭玄 箋에서는 다음과 같이 설명했다. "내 孝心이
생각하는 바를 길이 보존한다는 말이다. 생각한 바란 바로 三后의 행하심
을 본받는 것이다. 자손은 조상을 따르는 것을 孝라고 여긴다.長我孝心
之所思. 所思者, 其維則三后之所行. 子孫以順祖考爲孝."

564) 척탁滌濯 : 제사를 대비해 깨끗이 닦아놓은 祭器를 의미한다. "담당 관리
와 滌濯을 살핀다.及執事眡滌濯."(『周禮』「天官·太宰」) 鄭玄 注에서
"滌濯이란 제기와 시루 종류를 말한다.滌濯, 謂漑祭器及甌甔之屬."라
고 했다.

565) 정가靜嘉 : 祭需 음식이 정갈하고 훌륭한 것을 말한다. "籩과 豆에 올린
음식 정갈하고 훌륭하네.籩豆靜嘉."(『詩經』「大雅·旣醉」) 鄭玄 箋에서

그 향기 이곳에 가득하네.

신령께서 들으시니[神之聽之],566)

이로써 복[福釐]567)을 받네.

皇帝行用太和, 黃鐘宮【吏部尚書王晙作】

황제의 행차에는 〈태화太和〉를 쓴다. 황종궁黃鐘宮【이부상서吏部尚書 왕준王晙 지음】

於穆聖皇, 六葉重光. 太原刻頌, 后土疏場.

寶鼎呈符, 歆雲降祥. 禮樂備矣, 降福穰穰.

아, 장엄하구나[於穆]!568) 성스러운 황제시여!

여섯 황제[六葉]569)께서 거듭 성덕을 펼치셨네[重光].570)

"籩과 豆에 올린 음식이 정갈하고 훌륭한 것은 정치가 평안하고 세상 분위기가 화기애애하기 때문이다.乃用籩豆之物, 絜淸而美, 政平氣和 所致故也."라고 했다.

566) "신께서 이를 들으시고 큰 복을 내려주신다네.神之聽之, 介爾景福."(『詩 經』「小雅·小明」)

567) "그 덕은 어긋남이 없으니, 복을 받으시네.其德不爽受福釐."(沈約의 「梁 三朝雅樂歌·需雅」)

568) 오목於穆: 감탄사. 장엄하거나 아름다운 것을 보고 내뱉는 감탄사이다. "天命이여, 아아, 장엄하기가 끝이 없구나!維天之命, 於穆不已."(『詩經』 「周頌·維天之命」)

569) 육엽六葉: 唐나라 초기의 여섯 황제, 즉 高祖·太宗·高宗·中宗·睿宗 ·玄宗을 가리킨다.

570) 중광重光: 거듭 빛나다. 왕위가 계속 이어지면서 聖德을 펼친 것을 칭송 하는 표현이다. "옛 임금이신 文王과 武王은 거듭 빛나는 聖德을 펼치셨

(현종玄宗께서는) 태원太原에서 돌에 송頌을 새기시고,571)

후토后土 (사당의) 제장祭場을 만드셨네.

보정寶鼎은 상서로움을 드러내고,572)

구름이 일어나[歊雲]573) 상서로움을 내려주네.

예禮와 악樂을 갖추니,

네.昔君文王·武王, 宣重光."(『尙書』「顧命」)

571) 玄宗이 開元 11年(723)에 太原에서 高祖의 공적을 칭송하는 글을 돌에 새긴 일을 말한다. "開元 11년 음력 1월 … 辛卯日에 并州를 太原府로 바꾸셨다. … 主上(玄宗)께서 친히 「起義堂頌」을 지어 쓰시고, 太原府의 南街에 (高祖의) 공적을 돌에 새겨 기록했다.十一年春正月 … 辛卯, 改 并州爲太原府. … 上親制起義堂頌及書, 刻石紀功于太原府之南街." (『舊唐書』「玄宗李隆基本紀」)

572) 玄宗 開元 11年(723)에 汾陰의 后土 사당을 손보면서 찾아낸 寶鼎 3개를 나라가 흥성할 상서로운 징조로 본 것이다. 『舊唐書』「禮儀志」에 따르면, 汾陰에서 올리는 后土에 대한 제사는 漢 武帝 이후 폐지되어 시행되지 않았는데 玄宗이 開元 10年에 太原에 행차했다가 長安으로 돌아가면서 이듬해에 后土에게 제사를 올리겠다는 조서를 내렸고 이와 관련된 공사를 하다가 寶鼎 3개가 나왔다. 또 開元 11년 음력 2월에 현종이 后土 祭壇에서 제사를 올린 다음 조서를 내려 汾陰의 명칭을 寶鼎으로 바꿨으며, 음력 11월에 寶鼎에 가서 감사의 의례를 올린 뒤 대대적으로 赦免令을 내렸고 담당 관리에게 사당이 있는 곳의 돌에 글을 새기게 했는데 현종이 직접 그 글을 지었다.

573) 효운歊雲 : 寶鼎이 나타나자 길한 징조인 구름이 피어오르는 모습을 가리킨다. "(班固는)「寶鼎詩」에서 이렇게 노래했다. '山嶽과 河川조차 珍貴한 貢物로 (寶鼎을) 올리니, (寶鼎이) 금빛을 내뱉으며 상서로운 구름을 일으키네.'寶鼎詩 : 嶽脩貢兮川效珍, 吐金景兮歊浮雲."(『後漢書』「班彪列傳」)『說文解字』에서 "歊란 기운이 일어나는 모습이다.歊, 氣上出貌."라고 했다.

내려주시는 복이 풍성하도다.

登歌奠玉帛用肅和, 蕤賓均之夾鐘羽【刑部侍郎崔玄暐作】〔一〇〕574)
등가登歌하고 옥과 비단을 올릴 때는〈숙화肅和〉를 쓴다. 유빈균
蕤賓均의 협종우夾鐘羽【형부시랑刑部侍郎 최현동崔玄童(혹은 최현동崔玄同)
지음】

　聿修嚴配, 展事禋宗. 祥符寶鼎, 禮備黃琮.
　祝詞以信, 明德惟聰. 介茲景福, 永永無窮.

　선대 황제를 배향하며[嚴配] 덕을 닦으니[聿修],575)
　육종六宗576)에게 제사를 올리네.

---

574) [교감기 10] "刑部侍郎崔玄暐"에서 '暐'자는『唐文粹』권10에는 '同'으
　　로 되어 있고,『樂府詩集』권7에는 '童'으로 되어 있다.『校勘記』권14에
　　서는 이렇게 말했다. "생각건대 崔玄暐는 中宗 때 사람으로 神龍 2년
　　(706)에 사망했으니, 어찌 開元 연간(713~741)에 악장을 지었겠으며, 게
　　다가 그는 刑部侍郎을 지낸 적이 없으므로 '暐'가 誤字임이 확실하다.
　　다만 '童'과 '同' 중에 어떤 것이 맞는지는 알 수 없다."
575) 율수聿修 : (조상의 덕을 생각해서) 덕을 닦는다는 말로, 先人의 德業을
　　계승·발양하는 것을 의미한다. "너의 조상을 생각하지 않느냐, 그 덕을
　　잘 닦을지어다. 길이 천명에 짝하는 것이, 스스로 많은 복을 구하는 길이
　　니라.無念爾祖, 聿修厥德. 永言配命, 自求多福."(『詩經』「大雅·文王」)
576) 육종六宗 : 六宗에 대해서는 여러 설이 있는데, 대표적인 것은 다음과
　　같다. 伏勝과 馬融은 天·地·春·夏·秋·冬을 가리킨다고 했으며, 賈逵
　　는 天宗으로 日·月·星, 地宗으로 河·海·岱를 꼽았다. 鄭玄은 星·辰
　　·司中·司命·風師·雨師를 가리킨다고 했으며, 張髦는 돌아가신 조상
　　중 三昭와 三穆이라고 했다. 여기서는 문맥상 張髦의 설이 가장 유력하
　　다. 사당에 모신 조상의 神位 中 왼쪽에 놓인 神位를 昭라 하고 오른쪽에

상서로움은 보정寶鼎과 부합하고,

의례는 황종黃琮577)을 갖추었네.

축문祝文은 진실함이 있으니,

밝으신 덕은 (신께서) 귀 밝게 들으신다네.

내려주시는 큰 복[介玆景福],578)

영원하여 다함이 없으리.

迎俎用雍和, 黃鐘均之南呂羽【徐州刺史賈曾作】

조俎를 들일 때는 〈옹화雍和〉를 쓴다. 황종균黃鐘均의 남려우南呂羽【서주자사徐州刺史 가증賈曾 지음】

蠲我餗饎, 潔我甏簠. 有豆孔碩, 爲羞旣臧.

至誠無昧, 精意惟芳. 神其醉止, 欣欣樂康.

우리 익힌 음식[餗饎]579)을 정결히 하고[蠲],580)

놓인 神位를 穆이라 한다. 天子의 경우, 중앙에 開國祖의 不遷位를 두고 좌우에 三昭(2世・4世・6世)와 三穆(3世・5世・7世)의 神位를 둔다. 不遷位는 그대로 두고 세대가 바뀜에 따라 昭穆은 계속 바뀐다.

577) 황종黃琮 : 누런 빛깔의 팔각 모양 옥돌로, 땅에 제사지낼 때 사용했다. "파란 璧玉으로 하늘에 예를 올리고, 누런 琮玉으로 땅에 예를 올린다.以 蒼璧禮天, 以黃琮禮地."(『周禮』「春官・大宗伯」)

578) 『詩經』「大雅・旣醉」에 나오는 구절에 근거한 것이다. "군자께서는 萬壽를 누리시며, (하늘에서) 큰 복을 내려주시네.君子萬年, 介爾景福."

579) "멀리 저 길가에 괸 물을 뜨니, 저기서 퍼서 여기에 갖다 부어도, 밥을 찔 수 있지.泂酌彼行潦, 挹彼注玆, 可以饋饎."(『詩經』「大雅・泂酌」)

580) 견蠲 : '潔'과 결합해 蠲潔로 사용하는 경우가 많다. 蠲潔은 제물과 제기를 깨끗이 씻고 준비하다는 뜻으로, 제사와 관련해 정결함을 강조하는

우리 제수[脅薌]581)를 깔끔히 하네.

두豆에 담긴 음식은 커다랗고[孔碩],582)

제수도 훌륭하네.

지극정성에 거짓이 없으니,

정성스러운 마음[精意]583)이 향기롭다네.

신께서 취하시어,

흔흔하게 즐거워하시며 편안하시네.

酌獻飮福用壽和, 黃鐘宮【禮部尙書蘇頲作】

작헌酌獻과 음복飮福에는 〈수화壽和〉를 쓴다. 황종궁黃鐘宮【예부상
서禮部尙書 소정蘇頲 지음】

禮物斯備, 樂章乃陳. 誰其作主, 皇考聖眞.
對越在天, 聖明佐神. 宭然汾上, 厚澤如春.

예물이 갖추어지고,

말이다. "귀신을 모시는 데에, 각종 술과 제기에 담은 곡식은 정결히 하지
않을 수 없다.其事鬼神也, 酒醴粢盛, 不敢不蠲潔."(『墨子』「尙同」)

581) 요향脅薌 : 脅는 동물의 지방, 薌은 제사에 쓰이는 향기로운 곡식을 의미
한다. 불을 피워 그 향으로 제사를 올릴 때 사용하는 것이다. 여기서는
제수를 가리킨다.

582) 공석孔碩 : 정성을 다한 제수가 매우 크다는 뜻이다. "제수를 맡은 이가
공경스러우니, 俎에 담긴 (제수가) 매우 크도다.執爨踖踖, 爲俎孔碩."
(『詩經』「小雅·楚茨」)

583) 정의精意 : 제사를 올릴 때 지극정성을 다하는 마음을 가리킨다. "지극정
성의 마음으로 올리는 것이 제사이다.精意以享, 禋也."(『國語』「周語」)

악장樂章이 펼쳐지네.

누가 이 제사의 주인이신가?

돌아가신 조상[皇考聖眞]이시네.

하늘에 계신 분을 대하니[對越在天],584)

성스러움과 밝음으로 신을 보좌하시네.

아득하고 먼[窅然] 분수汾水 위에,

두터운 은택은 봄과 같구나.

送文舞出迎武舞入用舒和, 太簇宮【太常少卿何鸞作】

문무文舞를 보내고 무무武舞를 들일 때는 〈서화舒和〉를 쓴다. 태
주궁太簇宮【태상소경太常少卿 하난何鸞 지음】

　　樂奏云闋, 禮章載虔. 禋宗于地, 昭假于天.
　　惟馨薦矣, 旣醉歆焉. 神之降福, 永永萬年.

악樂은 끝맺음을 알리고,

예禮는 경건함을 실었네.

땅에서 육종六宗에게 제사를 올리니[禋宗],585)

---

584) 대월재천對越在天 : 『詩經』 「周頌·淸廟」에 나오는 구절에 근거한 것이
다. "文王의 德을 마음에 지니고, 하늘에 계신 분(문왕)을 대하네.秉文之
德, 對越在天."

585) 인종禋宗 : 六宗에게 제사지낸다는 뜻이다. 六宗에 대해서는 여러 설이
있는데, 대표적인 것은 다음과 같다. 伏勝과 馬融은 天·地·春·夏·秋
·冬을 가리킨다고 했으며, 賈逵는 天宗으로 日·月·星, 地宗으로 河
·海·岱를 꼽았다. 鄭玄은 星·辰·司中·司命·風師·雨師를 가리킨다
고 했으며, 張髦는 돌아가신 조상 중 三昭와 三穆이라고 했다. 여기서는

하늘에 밝게 이르네[昭假].586)

(덕의) 향기로움[惟馨]587) 올리니,

취하도록[旣醉]588) 흠향하시네.

신께서 복을 내려주시니,

길이 만년토록 이어지리.

武舞用凱安, 黃鐘均之林鐘徵【主爵郞中蔣挺作】

무무武舞에는 〈개안凱安〉을 쓴다. 황종균黃鐘均의 임종치林鐘徵【주작낭중主爵郞中 장정蔣挺 지음】

維歲之吉, 維辰之良. 聖君絨冕, 肅事壇場.

大禮已備, 大樂斯張. 神其醉止, 降福無疆.

문맥상 張髦의 설이 가장 유력하다. 사당에 모신 조상의 神位 중 왼쪽에 놓인 神位를 昭라 하고 오른쪽에 놓인 神位를 穆이라 한다. 天子의 경우, 중앙에 開國祖의 不遷位를 두고 좌우에 三昭(2世·4世·6世)와 三穆(3世·5世·7世)의 神位를 둔다. 不遷位는 그대로 두고 세대가 바뀜에 따라 昭穆은 계속 바뀐다.

586) 소격昭假 : 정성스러운 마음을 환히 나타내 신에게 닿는다는 의미이다. '假'은 格(이르다)과 같다. "진실로 문무를 겸비하셨으니, 열조께 밝게 이르시네. 효도하지 않음이 없으시니, 스스로 복을 구하셨네.允文允武, 昭假烈祖, 靡有不孝, 自求伊祜."(『詩經』「魯頌·泮水」)

587) 유형惟馨 : 향기로운 밝은 덕을 가리킨다. "기장이 향기로운 것이 아니라 밝은 덕이 향기롭다.黍稷非馨, 明德惟馨."(『尙書』「周書·君陳」)

588) 기취旣醉 : "이미 술에 취하고, 이미 德에 배부르니, 군자께서는 萬壽를 누리시며, (하늘에서) 큰 복을 내려주시네.旣醉以酒, 旣飽以德, 君子萬年, 介爾景福."(『詩經』「大雅·旣醉」)

길한 해,

좋은 날이로다.

성군聖君께서 면류관 쓰시고,

제단에서 엄숙하게 제사를 올리시네.

대례大禮는 이미 갖추어졌고,

대악大樂이 이에 펼쳐지네.

신께서 취하시어,

복을 내려주심이 끝도 없어라.

送神用順和【尚書右丞源光裕作】

송신送神에는 〈순화順和〉를 쓴다.【상서우승尚書右丞 원광유源光裕 지음】

方丘旣膳, 嘉饗載諡. 齊敬畢誠, 陶匏貴質.
秀簋豐薦, 芳俎盈實. 永永福流, 其昇如日.

방구方丘589)에 제수를 갖췄으니,

흠향하심[嘉饗]590)이 평안하구나.

---

589) 방구方丘 : 地祇에게 제사지내는 方形의 제단을 말한다. 夏至 때 國都 北郊의 水澤 가운데의 方丘에서 地祇를 제사지냈는데, 이는 사해가 대지를 둘러싼 것을 상징한다.

590) 가향嘉饗 : 嘉饗은 嘉享, 즉 신이 기꺼워하며 흠향한다는 뜻이다. "그날 아침 동쪽으로 아침 해를 향해 거듭 절을 올리고 그날 저녁 서쪽으로 저녁달을 향해 거듭 절을 올린 연후에야 孝悌의 道가 갖추어지니, 神祇가 기꺼워하여 흠향하시고 온갖 복이 내려오네.其旦, 東鄕再拜朝日. 其夕, 西鄕再拜夕月, 然後孝弟之道備, 而神祇嘉享, 萬福降輯."(『漢書』「郊祀志」)

공경함에는 정성을 다하고,

흙으로 만든 제기[陶匏]591)는 질박함을 귀히 여기네.

아름다운 보궤簠592)는 제품祭品 풍성하고,

향기로운 조組도 가득 찼도다.

길이길이 복이 흐르나니,

그 솟아오르는 기세는 (떠오르는) 해와 같아라.

玄宗開元十三年禪社首山祭地祇樂章八首

현종玄宗 개원開元 13년(725)에 사수산社首山에 선례禪禮를
올리며 지기地祇에게 제사지낼 때의 악장 8수

迎神用順和【太常少卿賀知章作】

영신迎神에는 〈순화順和〉를 쓴다.【태상소경太常少卿 하지장賀知章 지음】

至哉含柔德, 萬物資以生.
常順稱厚載, 流謙通變盈.
聖心事能察, 層廟陳厥誠〔一一〕.593)

---

591) 도포陶匏 : 흙을 빚어 만든 禮器를 가리키는데, 천자가 郊祭를 지낼 때
陶匏를 제기로 사용했다. "제기로 陶匏를 사용하는 것은 천지의 질박한
본성을 본뜬 것이다.器用陶匏 以象天地之性也."(『禮記』「郊特牲」) "제
기는 陶匏를 쓰는데, 예로부터의 禮가 그러하다.器用陶匏, 尚禮然也."
(『禮記』「郊特牲」)

592) 보궤簠 : 바깥은 네모지고 담는 안쪽은 둥근 祭器를 말한다.

黃祇儼如在, 泰折俟咸亨.

지극하구나! 부드러움을 머금은 (땅의) 덕[含柔德],594)

만물이 이에 의지해 생육하네.

늘 순응하니 만물을 두텁게 싣는다고 일컬어지며,595)

겸허함을 퍼트리니 가득 찬 것을 변화시키는 것과 통하네.596)

성인聖人의 마음은 능히 살핌에 전념하시니,

그 정성을 더욱 널리[增廣] 펼치시네.

땅의 신령께서 이곳에 계신 듯,

태절泰折597)에서 모든 것이 형통하길[咸亨]598) 기다리네.

---

593) [교감기 11] "層廟陳厥誠"에서 '層廟'는 『唐文粹』 권10, 『樂府詩集』 권7
에 '增廣'으로 되어 있다. 『校勘記』 권14에서는 이렇게 말했다. "생각건
대 이것은 社首에 禪禮를 올릴 때의 樂章이다. 禪禮라는 것은 평지에
壇을 마련하므로 層廟라고 할 것이 없다. 마땅히 '增廣'이 되어야 맞다.

594) 함유덕含柔德 : 부드러움을 머금은 덕, 즉 땅의 덕을 가리킨다. "坤은 지
극히 부드럽되 움직이면 강하고, 지극히 고요하며 덕이 반듯하다.坤至柔
而動也剛, 至靜而德方."(『周易』 「坤卦」·文言傳」)

595) 땅의 덕을 칭송한 표현으로, 『周易』 「坤卦·象傳」에 나오는 구절에 근거
한 것이다. "지극하구나, 坤의 원대함이여! 만물이 이에 의지해 生育하
니, 순하게 하늘을 받든다. 坤은 두터워 만물을 실으니 그 덕이 무한함에
부합한다.至哉坤元, 萬物資生, 乃順承天. 坤厚載物, 德合無疆."

596) 땅의 道를 설명한 것으로, 『周易』 「謙卦」에 나오는 구절에 근거한 것이다.
"땅의 道는 가득 찬 것을 바꾸어 겸허함을 퍼트린다.地道變盈而流謙."

597) 태절泰折 : 地祇에게 제사지내는 장소인 方丘를 뜻한다. "(犧牲이나 玉
帛을) 泰折에 묻는 것은 땅에 제사지내는 것이다.瘞埋於泰折, 祭地也."
(『禮記』 「祭法」)

598) 함형咸亨 : 『周易』 「坤卦·象傳」에 나오는 구절에 근거한 것이다. "(만물

皇帝行用太和

황제의 행차에는 〈태화太和〉를 쓴다.

　　肅我成命, 於昭黃祇. 裘冕而祀, 陟降在斯.
　　五音克備, 八變聿施. 緝熙肆靖, 厥心匪離.

　　내가 받은 천명[成命]599)을 엄숙히 받들어,

　　아[於]!600) 땅의 신[黃祇]을 환히 밝히네.

　　검은 갖옷과 면류관 갖추고[裘冕]601) 제사지내니,

　　신이 오르내리시며 이곳에 거하시네.

　　오음五音602)이 갖추어지니,

　　팔변八變603)이 펼쳐지네.

　　을) 품고 키워서 크고 빛나게 하니, 만물이 모두 형통하네.含弘光大, 品
　　物咸亨."

599) 성명成命 : 이미 정해진 天命을 뜻한다. "하늘이 정하신 명, 두 왕(文王과
　　武王)께서 받으셨네.昊天有成命, 二后受之."(『詩經』 「周頌·昊天有成命」)

600) 오於 : 감탄사이다. "문왕께서 하늘에 계시니, 아아! 하늘에서 빛나시네!
　　文王在上, 於昭于天."(『詩經』 「大雅·文王」)

601) 구면裘冕 : 황제가 하늘에 제사지낼 때 입는 祭服으로, 大裘와 면류관
　　[冕]을 가리킨다. 大裘는 검은 양의 가죽으로 만들었다. "왕의 吉服 중
　　昊天上帝에게 제사지낼 때는 大裘를 입고 冕을 쓴다. 五帝에게 제사지
　　낼 때도 이와 같다.王之吉服, 祀昊天上帝, 則服大裘而冕, 祀五帝, 亦如
　　之."(『周禮』 「春官·司服」)

602) 오음五音 : 宮·商·角·徵·羽를 말하며, 이는 각각 君·臣·民·事·物을
　　상징한다.

603) 팔변八變 : 地祇에 대한 제사에서 樂이 8번 연주되는 것을 뜻한다. "무릇
　　음악 函鍾을 宮으로 삼고, 大蔟를 角으로 삼고, 姑洗을 徵로 삼고, 南呂

밝은 덕으로 천하를 평화롭게 하고[緝熙肆靖],[604]
그 마음 변치 않으리라.

登歌奠玉帛用肅和

등가登歌하고 옥과 비단을 올릴 때는 〈숙화肅和〉를 쓴다.

黃祇是祗, 我其夙夜. 衆畏誠潔, 匪遑寧舍.
禮以琮玉, 薦厥茅藉. 念茲降康, 胡寧克暇.

땅의 신[黃祇]에게 공경함을 다하며[是祗],[605]
나는 아침부터 밤까지 힘쓴다네[我其夙夜].[606]

를 羽로 삼는다. 靈鼓와 靈鼗, 孤竹으로 만든 管과 空桑의 나무로 만든
琴瑟을 연주하며, 〈咸池〉의 춤을 춘다. 夏至가 되면 못 속의 方丘에서
연주하는데, 악이 8번 연주되면 地祇가 모두 나와서 올리는 의례를 받게
된다.凡樂, 函鍾爲宮, 大蔟爲角, 姑洗爲徵, 南呂爲羽, 靈鼓靈鼗, 孫竹
之管, 空桑之琴瑟, 咸池之舞. 夏日至, 於澤中之方丘奏之, 若樂八變,
則地示皆出, 可得而禮矣."(『周禮』「春官·大司樂」) 天神에 대한 제사
에서는 六變이고, 人鬼에 대한 제사에서는 九變이다.

604) 집희사정緝熙肆靖: 황제의 덕이 밝게 빛나기에 천하가 평화로워졌다는
뜻이다. "아아, 밝게 빛나는구나! 그 마음을 다하시어, (천하를) 평화롭게
하셨네.於緝熙, 單厥心, 肆其靖之."(『詩經』「周頌·昊天有成命」) 鄭玄
의 풀이에 따르면 '緝'과 '熙'는 明(밝다), 光(빛나다)이고, '肆'는 故(그래
서)이고, 靖은 和(평화롭다)이다.

605) 시지是祗: 공경함을 다한다는 의미다. "상제에게 공경함을 다하니, 상제
께서 명하시어 九州의 典範으로 삼으셨네.上帝是祗, 帝命式于九圍."
(『詩經』「商頌·長發」)

606) 아기숙야我其夙夜: "나는 아침부터 밤까지 힘쓰고, 하늘의 위엄을 경외

경외하는 마음은 진실하고 정결하니,

편안히 쉴 겨를이 없다네[匪遑寧舍].607)

종옥琼玉608)으로 예를 행하고,

흰 띠로 만든 자리[茅藉]609)에서 제물을 올리네.

강녕함 내려주시길[降康]610) 염원하니,

어찌 편안히 쉴 수 있겠는가!

迎俎入用雍和

하니, 이에 (하늘이) 지켜주시리라.我其夙夜, 畏天之威, 于時保之."(『詩
經』「周頌·我將」)

607) 비황녕사匪遑寧舍 : 편히 쉴 겨를조차 없는 아주 바쁜 상황을 가리킨다.
"그대가 천천히 갈 때도, 쉴 틈이 없었거늘.爾之安行, 亦不遑舍."(『詩經』
「小雅·何人斯」)

608) 종옥琼玉 : 땅에 제사지낼 때 사용하는 누런 빛깔에 8각 모양의 黃琼을
가리킨다. "파란 璧玉으로 하늘에 예를 올리고, 누런 琼玉으로 땅에 예를
올린다.以蒼璧禮天, 以黃琼禮地."(『周禮』「春官·大宗伯」)

609) 모자茅藉 : 흰 띠[白茅]로 만든 자리를 뜻한다. 제물 밑에 깔아서 제물의
정결함을 유지하는 데에 쓰이는데, 제사에 정성을 다함을 나타내는 표현
이다. 『周易』「大過卦」의 初六의 「象傳」을 보면 "흰 띠로 자리를 깐다는
것은 (땅의 덕인) 부드러움이 아래에 있다는 것이다.藉用白茅, 柔在下
也."라고 했다. 이에 대해 孔穎達은 다음과 같이 설명했다. "부드러움으
로 아래에 처하니 마음이 삼가 신중할 수 있는 것이다. 제물에 자리를
까는 데 정결한 흰 띠를 사용하니, 정결한 방법으로 하늘을 받들어 섬긴다
는 것을 말하는 것이다.以柔處下, 心能謹愼, 薦藉於物用絜白之茅, 言
以絜素之道, 奉事於上也."

610) 강강降康 : "하늘에서 강녕함을 내려주시니, 풍년이 들어 곡식이 그득하
네.自天降康, 豐年穰穰."(『詩經』「商頌·烈祖」)

조組를 들일 때는 〈옹화雍和〉를 쓴다.

夙夜宥密, 不敢寧宴. 五齊旣陳, 八音在縣.
粢盛以潔, 房俎斯薦. 惟德惟馨, 尙茲克遍.

아침저녁으로 너그럽고 편안한 정치를 펼치며[夙夜宥密],611)
감히 편안함과 안락함을 누리지 않네.
다섯 가지 술[五齊]612)은 이미 진설되었고,
온갖 악기[八音]613)가 악기 틀[縣]614)에서 울리네.
제기에 담은 곡식은 정결하고,615)

---

611) 숙야유밀夙夜宥密 : 아침저녁으로 너그럽고 편안한 정치를 펼친다는 의미이다. "아침저녁으로 天命의 기틀을 다지시니, (정치를) 너그럽고 편안하게 펼치시네.夙夜基命宥密."(『詩經』 「周頌 · 昊天有成命」) 『毛傳』의 풀이에 따르면, '宥'는 寬(너그럽다), '密'은 寧(편안하다)의 뜻이다.

612) 오제五齊 : 제사에 쓰이는 다섯 가지 술을 의미한다. "酒正이라는 벼슬은 술에 관한 政令을 관장하며 … 五齊(다섯 가지 술)를 변별한다. 첫째, 술지게미가 떠 있는 술. 둘째, 술과 술지게미가 섞인 술. 셋째, 아주 연한 푸른빛의 술. 넷째, 주황빛의 술. 다섯째 술지게미가 가라앉은 술.酒正掌酒之政令 … 辨五齊之名, 一曰泛齊, 二曰醴齊, 三曰盎齊, 四曰緹齊, 五曰沈齊."(『周禮』 「天官冢宰 · 酒正」) 이상 다섯 가지 술은 모두 濁酒인데, 뒤로 갈수록 맑은 술이다.

613) 팔음八音 : 8가지 재료에 따라 악기를 분류한 것으로, 金 · 石 · 土 · 革 · 絲 · 木 · 匏 · 竹을 가리킨다. 또한 이러한 재료로 만들어진 모든 악기의 통칭이기도 하다.

614) 현縣 : '懸'의 通假字로, 鐘이나 磬과 같은 악기를 매다는 데 쓰인 틀인 樂懸을 가리킨다.

615) "귀신을 모시는 데에 각종 술들과 제기에 담은 곡식은 정결히 하지 않을 수 없다.其事鬼神也, 酒醴粢盛, 不敢不蠲潔."(『墨子』 「尙同」)

(희생犧牲 담은) 방조房俎[616]를 올리네.

덕이야말로 향기로우니[惟德惟馨],[617]

널리 퍼질 수 있기를 바라네.

皇帝酌獻用壽和

황제의 작헌酌獻에는 〈수화壽和〉를 쓴다.

惟以明發, 有懷載殷. 樂盈而反, 禮順其禮.

立清以獻, 薦欲是親. 於穆不已, 衷對斯臻.

날이 밝아오기만을[明發][618] 바라며,

---

616) 방조房俎 : 祭器의 일종으로, 周나라 때 사용했던 俎를 가리킨다. "俎에
대해 보자면, 有虞氏 때엔 梡을 썼고, 夏后氏 때엔 嶡을 썼으며, 殷나라
때엔 椇를 썼고, 周나라 때는 房俎를 썼다.俎, 有虞氏以梡, 夏后氏以嶡,
殷以椇, 周以房俎."(『禮記』「明堂位」) 梡·嶡·椇·房俎는 俎의 다리 모
양에 따라 붙여진 이름이다. 房俎는 두 쌍의 다리 밑에 각각 가로대가
더해진 형태이다.

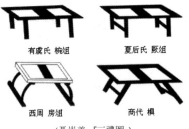

有虞氏 梡俎　　　　夏后氏 厥俎

西周 房俎　　　　商代 椇

(聶崇義, 『三禮圖』)

617) 유덕유형惟德惟馨 : 향기로운 밝은 덕을 가리킨다. "기장이 향기로운 것이
아니라 밝은 덕이 향기롭다.黍稷非馨, 明德惟馨."(『尙書』「周書·君陳」)

그리움 한가득 품었네.

악樂은 가득 차 넘치면 수렴하고[樂盈而反],619)

예禮는 그 제사 의례를 따르네.

맑은 마음으로 작헌酌獻하니,

제사를 올림은 신과 가까워지려 함일세.

아, 장엄하기가 끝이 없구나[於穆不已]!620)

많은 신을 배향하니[裒對]621) 모두 오셨구나.

皇帝飮福用福和

황제의 음복飮福에는 〈복화福和〉를 쓴다.

穆穆天子, 告成岱宗. 大裘如濡, 執珽有顒.

樂以平志, 禮以和容. 上帝臨我, 云胡肅邕.

장엄하구나[穆穆]! 천자天子시여,

태산泰山[岱宗]에 올라 하늘에 성과를 고하셨네[告成].622)

---

618) "날이 밝아올 때까지 잠 못 이루며, 부모님을 그리워하네.明發不寐, 有懷二人."(『詩經』「小雅·小宛」)

619) 악영이반樂盈而反 : "樂은 가득 차 넘치면 수렴하니, 수렴함으로써 법도를 이룬다.樂盈而反, 以反爲文."(『禮記』「祭義」)

620) "天命이여, 아! 장엄하기가 끝이 없구나!維天之命, 於穆不已."(『詩經』「周頌·維天之命」)

621) 부대裒對 : 많은 신을 配享한다는 뜻이다. "저 넓은 하늘 아래 여러 신을 배향했으니, 이에 周나라가 명을 얻었네.敷天之下, 裒時之對, 時周之命."(『詩經』「周頌·般」) 鄭玄의 설명에 따르면 '裒'는 衆(많다)이고, '對'는 配(배향하다)이다.

(천자께서 입고 계신) 대구大裘[623]는 젖은 듯 윤기 나고[如濡],[624]

옥규玉圭[斑]를 들고 있는 모습은 공경스럽구나.

음악으로 마음을 평온하게 하고,

의례로 얼굴을 온화하게 하네.

상제께서 우리에게 임하시니,

이 얼마나 엄숙하고 화목한가[肅邕]![625]

皇帝還宮用太和

황제의 환궁還宮에는 〈태화太和〉를 쓴다.

昭昭有唐, 天俾萬國. 列祖應命, 四宗順則.
申錫無疆, 宗我同德. 曾孫繼緒, 享神配極.

찬란하구나! 당나라여,

---

622) 고성告成 : 성과를 고하다. 즉 封祭에서 하늘에 성과를 고하는 것을 가리킨다.

623) 대구大裘 : 天子가 하늘에 제사지낼 때 입는 예복으로, 검은 양가죽으로 만들었다. "司裘는 大裘 만드는 것을 관장하니, 왕이 하늘에 제사지낼 때의 의복으로 바친다.司裘掌爲大裘, 以供王祀天之服."(『周禮』「天官·司裘」)

624) 여유如濡 : 젖은 듯 윤기가 흐르는 모습을 형용한다. "양가죽 갖옷이 젖은 듯 윤기가 나니, 정말 가지런하고 아름답네.羔裘如濡, 洵直且侯."(『詩經』「鄭風·羔裘」)

625) 숙옹肅邕 : 肅雝, 肅雍이라고도 한다. 경건하고 온화하다는 뜻이다. "아! 장엄한 太廟, 경건하고 온화하며 높은 덕 지닌 이들이 제사를 돕네.於穆淸廟, 肅雝顯相."(『詩經』「周頌·淸廟」)

하늘이 만국萬國을 부리게 하셨네.

열조列祖께서는 천명天命에 호응하시고,

사종四宗626)께서는 하늘의 법도를 따르셨네[順則].627)

끝없이 복을 내려주시고[申錫無疆],628)

우리의 조상이 되시어 덕을 함께하시네.

후손[曾孫]629)이 계승하여[繼緒],630)

신께 제사지내며 종묘에 배향하네[配極].

迎神631)用靈具醉【代順和, 侍中源乾曜作】

송신送神에는 〈영구취靈具醉〉를 쓴다.【〈순화順和〉를 대신한다. 시중侍中
원건요源乾曜 지음】

---

626) 사종四宗 : 唐나라를 建國한 高祖의 大統을 계승한 4명의 皇帝, 즉 太宗
· 高宗 · 中宗 · 睿宗을 가리킨다.

627) 순칙順則 : 하늘의 법도를 따른다는 뜻이다. "알든 모르든, 上帝의 법도를
따르라.不識不知, 順帝之則."(『詩經』「大雅·皇矣」)

628) "끝없이 복을 내려주시어, 지금까지 이른다네.申錫無疆, 及爾斯所."(『詩
經』「商頌·烈祖」)

629) 증손曾孫 : 曾孫은 손자의 아들을 가리키는 말이지만, 모든 자손을 통칭
하기도 했다. "우리 文王을 크게 따르니, 曾孫이 돈독히 따라 행하리.駿
惠我文王, 曾孫篤之."(『詩經』「周頌·維天之命」) 鄭玄은 '曾孫'에 대해
"曾이란 거듭된다는 뜻이다. 손자의 아들 이하로 선조를 모시는 이들을
모두 曾孫이라고 부른다.曾, 猶重也. 自孫之子而下, 事先祖皆稱曾孫."
라고 했다.

630) 계서繼緒 : 先代의 功業을 계승한다는 뜻이다.

631) 맥락상 迎神이 아니라 送神이 되어야 하므로 '送神'으로 바로잡아 번역
하였다.

靈具醉, 杳熙熙. 靈將往, 眇禩禩.
顧明德, 吐正詞. 爛遺光, 流禎祺.

신령께서 모두 취하시니[靈具醉],[632]

아득하니[杳][633] 어우렁더우렁[熙熙].[634]

신령께서 떠나시려 하니,

아련하니[眇] 들썩들썩[禩禩].[635]

밝은 덕[明德][636]을 돌아보시며,

엄정한 말씀 뱉으시네.

선대先代가 남겨놓으신 은택을 찬란히 빛내주시고,

상서로운 징조를 널리 내려주시네.

祭神州于北郊樂章八首【貞觀中褚亮作】

---

632) "신령께서 모두 취하시니, 尸童이 자리에서 일어나네.神具醉止, 皇尸載
起."(『詩經』「小雅·楚茨」)

633) 묘杳 : 아득하다. 신령이 눈에 보이지 않기 때문에 이렇게 표현한 것이다.

634) 희희熙熙 : 즐거이 잘 어우러지는 모습을 가리킨다. "만물이 즐거이 어우
러지니, 태아에게도 베풀어지네.眾庶熙熙, 施及夭胎."(『漢書』「禮樂
志」) 顏師古는 '熙熙'에 대해 "즐거이 어우러지는 모습이다.和樂貌也"
라고 했다.

635) 사사禩禩 : 불안하여 떠나려는 모습을 형용한다. "신령께서 떠나려 하시
니, 象輿 대령하네.靈禩禩, 象輿犠."(『漢書』「禮樂志」) 顏師古는 "불안
하여 떠나고자 하는 것이다.不安欲去也."라고 설명했다.

636) 명덕明德 : 밝은 덕을 뜻한다. 밝은 덕을 갖춘 사람을 뜻하기도 한다. 여기
서는 밝은 덕을 갖춘 황제를 가리킨다.

북교北郊에서 신주神州에 제사지낼 때의 악장 8수【정관貞觀 연간에 저량褚亮 지음】

送神637) 用順和.【詞同冬至圓丘】
영신迎神에는 〈순화順和〉를 쓴다.【곡사는 동지에 원구圓丘에서 제사지낼 때의 것과 같다.】

皇帝行用太和【詞同冬至圓丘】
황제의 행차에는 〈태화太和〉를 쓴다.【곡사는 동지에 원구圓丘에서 제사지낼 때의 것과 같다.】

登歌奠玉帛用肅和
등가登歌하고 옥과 비단을 올릴 때는 〈숙화肅和〉를 쓴다.

大矣坤儀, 至哉神縣. 包含日域, 牢籠月窟.
露潔三清, 風調六變. 皇祇居止, 式歆恭薦.

위대하도다! 대지[坤儀]638)여,
지극하구나! 중원[神縣]이여.639)

---

637) 맥락상 送神이 아니라 迎神이 되어야 하므로 '迎神'으로 바로잡아 번역하였다.

638) 곤의坤儀 : 대지를 의미하는데, 母儀(어머니의 본보기)를 뜻하기도 하며 황후를 가리키기도 한다.

639) 신현神縣 : 神州와 赤縣을 말한다. 神州는 원래 黃帝가 다스리던 지역을 가리키는데, 주로 九州, 즉 中原의 별칭으로 쓰였으며 이후 중국 전체에 대한 비유로 쓰게 되었다. 赤縣은 원래 炎帝가 다스리던 지역을 가리키

해 뜨는 동쪽 끝[日域)[640)]을 포괄하기 시작해,

달 지는 서쪽 끝[月窟)[641)]까지 뒤덮네.

이슬은 선경仙境[三淸)[642)]을 정결히 하고,

바람은 육변六變[643)]을 조율하네.

지기地祗가 이르시어,

는데, 이후에 神州와 같은 뜻으로 쓰이게 되었다. 양자를 아울러 '赤縣神州'라고 쓰기도 한다. "(騶衍은) 儒者들이 말하는 中原이란 천하를 81조각으로 나누었을 때 한 조각에 불과할 뿐이라고 생각했다. … 中國의 이름은 赤縣神州라고 한다. 以爲儒者所謂中國者, 於天下乃八十一分居其一分耳. … 中國名曰赤縣神州."(『史記』「孟子荀卿列傳」)

640) 일역日域 : 해가 뜨는 곳을 가리킨다. 여기서는 해가 뜨는 동쪽 끝에 대한 비유로 쓰였다. "둥근 달엔 향기로운 계수나무 우뚝 서 있고, 해가 뜨는 곳엔 扶桑이 가로질러 있네. 挺芳掛於月輪, 橫扶桑於日域."(盧照鄰의 「病梨樹賦」)

641) 월취月窟 : 달이 들어가는 굴을 가리킨다. 여기서는 달이 지는 서쪽 끝에 대한 비유로 쓰였다. "달이 들어가는 굴에 손님 오시네. 月窟來賓."(『文選』에 실린 顔延之의 「宋郊祀歌」) 呂延濟는 이 구절에 대해 "窟는 굴이다. 달의 굴은 서쪽 끝에 있다. 窟, 窟也. 月窟, 西極."라고 했다.

642) 삼청三淸 : 여기서는 至高의 仙境을 의미한다. 원래 三淸은 道敎의 최고 신에 해당하는 玉淸聖境의 無上開化首登 盤古 元始天尊, 上淸眞境의 玉宸道君 靈寶天尊, 萬敎混元敎主인 太上老君 道德天尊을 가리킨다. 또는 그들이 통치하는 세 곳의 仙境인 玉淸·上淸·太淸을 가리킨다.

643) 육변六變 : 天神에 대한 제사에서 樂이 6번 연주되는 것을 뜻한다. "冬至가 되면 땅 위의 圓丘에서 연주하는데, 악이 6번 연주되면 天神이 모두 내려와 올리는 의례를 받게 된다. 冬日至, 於地上之圓丘奏之, 若樂六變, 則天神皆降, 可得而禮矣."(『周禮』「春官·大司樂」) 地祗에 대한 제사에서는 八變이고, 人鬼에 대한 제사에서는 九變이다.

공손히 올린 음식 흠향하시네.

迎俎用雍和
조조(俎)를 들일 때는 〈옹화雍和〉를 쓴다.

> 秦折嚴享, 陰郊展敬. 禮以導神, 樂以和性.
> 黝牲在列, 黃琮俯映. 九土旣平, 萬邦貽慶.

태절泰折[644]에서의 엄숙한 제사,

북교[陰郊][645]에서 경건하게 펼치네.

예禮로 신령을 인도하고,

악樂으로 성정性情을 온화하게 하네.

검은 희생[黝牲][646]은 자리에 놓였고,

황종黃琮[647]은 아래로 비추네.

---

644) 태절泰折 : 地祇에게 제사지내는 장소인 方丘를 뜻한다. "(犧牲이나 玉帛을) 泰折에 묻는 것은 땅에 제사지내는 것이다.瘞埋於泰折, 祭地也." (『禮記』 「祭法」)

645) 음교陰郊 : 北郊를 가리킨다.

646) 유생黝牲 : 순수한 검은 털의 犧牲을 가리킨다. "昊天上帝 · 五方帝 · 皇地祇 · 神州 · 宗廟에 올리는 제사는 큰 제사다. … 孟冬, 즉 음력 10월에는 北郊에서 神州에 제사지내며, 景帝를 배향했다. 희생으로는 순수한 검은 털의 송아지 두 마리를 사용했다.昊天上帝 · 五方帝 · 皇地祇 · 神州及宗廟爲大祀. … 孟冬, 祭神州於北郊, 景帝配, 牲用黝犢二."(『舊唐書』 「禮儀志」)

647) 황종黃琮 : 누런 빛깔의 팔각 모양 옥돌로, 땅에 제사지낼 때 사용한다. "파란 璧玉으로 하늘에 예를 올리고, 누런 琮玉으로 땅에 예를 올린다.以蒼璧禮天, 以黃琮禮地."(『周禮』 「春官 · 大宗伯」)

구토九土 [648])가 평정되니,

만방萬邦이 경축을 보내오네.

皇帝酌獻飮福用壽和.【詞同冬至圓丘】

황제의 작헌酌獻과 음복飮福에는 〈수화壽和〉를 쓴다.【곡사는 동지에 원구圓丘에서 제사지낼 때의 것과 같다.】

送文舞出迎武舞入用舒和

문무文舞를 보내고 무무武舞를 들일 때는 〈서화舒和〉를 쓴다.

坤道降祥和庶品, 靈心載德厚群生.

水土旣調三極泰, 文武畢備九區平.

땅의 도로 상서로움을 내리어 만물을 화락하게 하시고,

신령한 마음으로 덕을 실으시어 뭇 생명을 도탑게 하시네.[649]

물과 땅이 조화로움에 삼극三極[650]이 태평하고,

문과 무가 모두 갖추어짐[文武畢備][651]에

---

648) 구토九土 : 九州, 즉 온 나라를 가리킨다.

649) "지극하구나, 坤의 원대함이여! 만물이 이에 의지해 生育하니, 순하게 하늘을 받든다. 坤은 두터워 만물을 실으니 그 덕이 무한함에 부합한다. (만물을) 품고 키워서 크고 빛나게 하니, 온갖 만물이 모두 형통하네.至哉 坤元, 萬物資生, 乃順承天. 坤厚載物, 德合無疆. 含弘光大, 品物咸亨."(『周易』「坤卦 · 象傳」)

650) 삼극三極 : 三才, 즉 天地人을 가리킨다.

651) 문무필비文武畢備 : 文과 武를 모두 갖추었다는 뜻으로, 중의적인 표현이다. 즉 제사에서 文舞와 武舞를 모두 갖추었다는 뜻이자 나라를 다스

온 나라[九區]652)가 평안하네.

武舞用凱安.【詞同冬至圓丘】
무무武舞에는 〈개안凱安〉을 쓴다.【곡사는 동지에 원구圓丘에서 제사지낼 때의 것과 같다.】

送神用順和.【詞同冬至圓丘】
송신送神에는 〈순화順和〉를 쓴다.【곡사는 동지에 원구圓丘에서 제사지낼 때의 것과 같다.】

又祭神州樂章二首【太樂舊有此詞, 不詳所起.】
또 신주神州에 제사지낼 때의 악장 2수【태악太樂에 예부터 이 곡사가 있었는데, 어디서 비롯했는지 알 수 없다.】

迎神
영신迎神

黃輿厚載, 赤寰歸德. 含育九區, 保安萬國.
誠敬無怠, 禋祀有則. 樂以迎神, 其儀不忒.

대지[黃輿]653)는 두터워 만물을 실으니[厚載],654)

림에 善政과 武功을 모두 갖추었다는 뜻이다.

652) 구구九區 : 九州, 즉 온 나라를 가리킨다.

653) 황여黃輿 : 大地를 가리킨다. "坤은 땅이고 … 수레다.坤爲地 … 爲大輿."(『周易』「說卦傳」)

온 세상[赤寰]655)이 덕으로 귀의하네.

구주[九區]656)를 품어 기르고,

만국을 지켜 편안케 하네.

정성을 다해 공경하며 나태함이 없고,

제사에는 법도가 있다네.

악樂으로 신령을 맞이하니,

그 의례가 어긋남이 없도다[不忒].657)

送神

송신送神

神州陰祀, 洪恩廣濟. 草樹霑和, 飛沉沐惠.

禮修鼎俎, 奠歆瑤幣. 送樂有章, 靈軒其逝.

신주神州에 제사지내니[陰祀],658)

---

655) 후재厚載 : "坤은 두터워 만물을 실으니 그 덕이 무한함에 부합한다.坤厚
載物, 德合無疆."(『周易』「坤卦·象傳」)

655) 적환赤寰 : 온 세상을 의미한다. 赤은 赤縣神州, 즉 九州를 가리킨다.
寰은 寰宇, 즉 天下를 가리킨다.

656) 구구九區 : 九州, 즉 온 나라를 가리킨다.

657) 불특不忒 : 잘못된 바가 없다, 혹은 변하는 것이 없다는 뜻이다. "봄 가을
해이하지 않으니, 제사를 올리는 데에 틀림이 없네.春秋匪解, 享祀不
忒."(『詩經』「魯頌·閟宮」)

658) 음사陰祀 : 땅에 지내는 제사를 말한다. "陰祀를 드릴 때는 순수하게 검
은 털의 犧牲을 사용한다.陰祀, 用黝牲, 毛之."(『周禮』「地官·牧人」)
鄭玄 注에서 "陰祀란 北郊에서 땅과 社稷에 제사지내는 것이다.陰祀,

크나큰 은택이 널리 펼쳐지네.

풀과 나무들, 그 화기和氣에 두루 젖고,

새와 물고기가 그 은혜에 푹 젖네.

예는 정鼎과 조俎를 갖추고,

제사 올림에 옥과 비단[瑤幣]을 흠향하시네.

신령을 전송하는 악樂은 법도를 갖추었고[有章],659)

신령이 타신 수레 멀리 떠나가네.

祭太社樂章八首【貞觀中褚亮等作】

태사太社에 제사지낼 때의 악장 8수【정관貞觀 연간에 저량褚亮 등
지음】

迎神用順和【詞同夏至方丘】

영신迎神에는 〈순화順和〉를 쓴다.【곡사는 하지에 방구方丘에서 제사지낼
때의 것과 같다.】

皇帝行用太和【詞同冬至圜丘】

황제의 행차에는 〈태화太和〉를 쓴다.【곡사는 동지에 원구圜丘에서 제사지
낼 때의 것과 같다.】

祭地北郊及社稷也."라고 했다.

659) 유장有章 : 法度가 있다, 예법에 들어맞는다는 의미다. "내가 그대를 만나
니, 법도를 갖추었네. 법도를 갖추었으니, 복이 있다네.我觀之子, 維其有
章矣. 維其有章矣, 是以有慶矣."(『詩經』「小雅·裳裳者華」)

登歌奠玉帛用肅和

등가登歌하고 옥과 비단을 올릴 때는 〈숙화肅和〉를 쓴다.

后土凝德, 神功協契. 九域底平, 兩儀交際.
戊期應序, 陰墉展幣. 靈車少留, 俯歆樽桂.

후토后土[660]께서 덕을 모으시니,

신공神功이 부합하네[協契].[661]

온 나라[九域][662]가 평정되니,

천지[兩儀]가 소통하고 교감하네.

무일戊日[戊期][663]이 순서에 호응하니,

북쪽 담벼락[陰墉][664]에 비단을 펼쳐놓네.

신령이 타신 수레 잠시 머물러,

---

660) 후토后土 : 土地神을 가리킨다. "社稷에는 五祀를 두니, 이를 존중하고
받들었다. … 土正은 后土라 한다.社稷五祀, 是尊是奉. … 土正曰后
土."(『左傳』「昭公 29年」)

661) 협계協契 : 마음을 합치다, 또는 일치하다는 뜻이다.

662) 구역九域 : 九州, 즉 온 나라를 가리킨다.

663) 무기戊期 : 토지신과 곡식신에게 제사지내는 戊日, 즉 仲春(음력 2월)과
仲秋(음력 8월) 중 '戊'가 들어가는 날을 가리킨다. "仲春과 仲秋 때면
戊日에 천자가 토지신과 곡식신에게 제사지내는데, 토지신 제사에는 勾
龍을 배향하고 곡식신 제사에는 后稷을 배향한다.仲春仲秋二時戊日,
祭太社太稷, 社以勾龍配, 稷以后稷配."(『舊唐書』「禮儀志」)

664) 음용陰墉 : 토지신에게 제사지내는 北墉, 즉 북쪽 담장을 가리킨다. "社
제사는 토지신에게 제사지내 陰氣를 주관한다. 군주는 북쪽 담장 아래에
서 남쪽을 향해 제사지내는 것은 陰을 대한다는 의미이다.社, 祭土而主
陰氣也, 君南鄕於北墉下, 答陰之義也."(『禮記』「郊特牲」)

내려다보며 술잔에 담긴 계화주를 흠향하시네.

迎俎用雍和

조俎를 들일 때는 〈옹화雍和〉를 쓴다.

> 美報崇本, 嚴恭展事. 受露疏壇, 承風啓地.
> 潔粢登俎, 醇犧入饋. 介福遠流, 群生畢遂.

(신에게) 보답하는 것을 아름답게 여기며[美報]665) 근본을 높
이니,

엄숙하고 공손하게 제사를 진행하네.

이슬을 받아들이며 제단을 청소하고,

바람을 받아들이며 땅을 다듬네.

정결한 기장을 조俎에 올려놓으며,

순결한 희생을 올리네.

큰 복[介福]666)이 멀리멀리 퍼지니,

---

665) 미보美報 : 신에 대한 보답의 예를 아름답고 좋게 여긴다는 의미다. "社는
땅의 道를 신성하게 받드는 것이다. 땅은 만물을 싣고 하늘은 象을 드리
운다. 땅에서 재화를 취하고 하늘에서 법을 취하기 때문에 하늘을 높이고
땅을 가까이하는 것이다. 그러므로 백성에게 보답의 예를 아름답고 좋게
여기도록 가르친다. (卿과 大夫의) 집안은 中霤에 제사지내는 것을 주관
하고 나라는 社에 제사지내는 것을 주관하니, 이는 땅이 근본임을 보이는
것이다.社所以神地之道也. 地載萬物, 天垂象, 取財於地, 取法於天, 是
以尊天而親地也. 故敎民美報焉. 家主中霤而國主社, 示本也."(『禮記』
「郊特牲」)

666) 개복介福 : 신이 내려주시는 큰 복을 의미한다. "제사를 크게 갖추니 선조

모든 생물이 다 뜻한 바를 이루리라.

皇帝酌獻飲福用壽和[詞同冬至圓丘]

황제의 작헌酌獻과 음복飲福에는 〈수화壽和〉를 쓴다.【곡사는 동지에 원구圓丘에서 제사지낼 때의 것과 같다.】

送文舞出迎武舞入用舒和

문무文舞를 보내고 무무武舞를 들일 때는 〈서화舒和〉를 쓴다.

神道發生敷九稼, 陰陽乘仁暢八埏.
緯武經文陶景化, 登祥薦祉啓豐年.

신도神道가 생겨나 온갖 작물[九稼]에 퍼지고,
음양陰陽이 인仁에 실려 팔방 땅끝[八埏]667)까지 다다르네.
무와 문을 겸비해[緯武經文]668) 앙모의 마음을 도야하니,
상서로움과 복을 내리시어 풍년을 열어주시네.

께서 강림하시어, 큰 복으로 보답해 주시니 만수무강하리로다.祀事孔明, 先祖是皇, 報以介福, 萬壽無疆.”(『詩經』「小雅·信南山」)
667) 팔연八埏 : 八方의 머나먼 땅끝을 가리킨다. “위로는 九重天까지 미치고, 아래로는 팔방의 머나먼 땅끝까지 퍼지네.上暢九垓, 下泝八埏.”(『漢書』「司馬相如傳」에 실린 「大人賦」) 顔師古 注를 보면, 服虔은 “暢은 도달하다, 垓는 겹치다를 뜻한다. 하늘은 아홉 겹이다.暢, 達也. 垓, 重也. 天有九重.”라고 했고, 孟康은 “埏은 땅의 여덟 방향의 끝이다. 덕이 위로는 구중천까지 도달하고 아래로는 땅의 팔방 끝까지 흐르는 것을 말한다. 埏, 地之八際也. 言德上達於九重之天, 下流於地之八際.”라고 했다.
668) 위무경문緯武經文 : 文과 武를 겸비해 국가를 다스릴 재능이 있다는 의미다.

武舞用凱安【詞同冬至圜丘】

무무武舞에는 〈개안凱安〉을 쓴다.【곡사는 동지에 원구圜丘에서 제사지낼 때의 것과 같다.】

送神用順和【詞同冬至圜丘】

송신送神에는 〈순화順和〉를 쓴다.【곡사는 동지에 원구圜丘에서 제사지낼 때의 것과 같다.】

又太社樂章二首【太樂舊有此詞, 不詳所起.】

또 태사太社 악장 2수【태악太樂에 예부터 이 곡사가 있었는데, 어디서 비롯했는지 알 수 없다.】

迎神
영신迎神

烈山有子, 后土有臣. 播種百穀, 濟育兆人.
春官緝禮, 宗伯司禋. 戊爲吉日, 迎享玆辰.

열산烈山에게는 (곡식신이 된) 아들이 있고,[669]

---

669) 烈山은 神農氏를 가리킨다. 신농씨의 아들이란 后稷, 즉 곡식의 신을 가리킨다. "烈山氏의 아들은 柱라고 하는데, 稷(곡식신)이 되었다. 夏나라 이전에는 그에게 제사를 올렸다. 周나라의 弃도 稷이 되니 商나라 이래로는 周弃에게 제사지냈다.有烈山氏之子曰柱爲稷, 自夏以上祀之. 周弃亦爲稷, 自商以來祀之."(『左傳』「昭公 29年」) "神農氏는 … 본래 烈山에서 일어났기에 혹자는 때때로 烈山이라고 불렀다.神農氏 …

후토后土에게는 (그를 모시는) 신하가 있네.[670]

온갖 곡식을 파종하시어,

억조창생億兆蒼生을 구제하고 생육하시네.

춘관春官은 의례를 주도하는데,

(그중에서도) 대종백大宗伯이 제사를 관장하네.

(음력 2월과 8월에서는) 무일戊日이 길일이니,[671]

本起烈山, 或時稱之."(『太平御覽』 권78에 인용된 『帝王世紀』) 『左傳』과 『帝王世紀』의 말을 종합해보면, 烈山이 곧 神農氏이고 烈山의 아들이 后稷, 즉 곡식신이다. 『禮記』에서는 '烈山'을 '厲山'이라고 했다. "厲山氏가 천하를 가졌는데, 그 아들 農은 온갖 곡식을 잘 자라게 만들 수 있었다. 夏나라가 쇠락하자 (商나라가 들어섰는데, 이때) 周나라의 弃가 (곡식을 자라게 하는 임무를) 계승하니, 弃를 稷(곡식신)으로 모시고 제사지내게 되었다.厲山氏之有天下也, 其子曰農, 能殖百穀. 夏之衰也, 周弃繼之, 故祀以爲稷."(『禮記』 「祭法」)

670) 后土는 共工氏의 아들 句龍을 가리킨다. "臣僚가 있었네.有臣."라는 것은 后土의 후손들이 대대로 后土를 모시는 관직을 지냈음을 가리킨다. "共工氏에겐 句龍이란 아들이 있었는데, 后土가 되었고 … 后土는 社(토지신)가 되었다.共工氏有子曰句龍, 爲后土 … 后土爲社."(『左傳』 「昭公 29年」) "共工氏가 九州를 제패했는데, 그 아들 后土는 九州를 능히 평정했으므로 그를 社로 모시고 제사지내게 되었다.共工氏之霸九州也, 其子曰后土, 能平九州, 故祀以爲社."(『禮記』 「祭法」) 이에 대해 孔穎達 疏에서는 다음과 같이 설명했다. "그(共工氏)의 아들 后土는 九州를 평정할 수 있었다. 그래서 社로 모시고 의례를 올렸던 것이다. 共工의 후세 자손들은 后土를 담당하는 관리가 되었다. 后란 君主를 가리킨다. 군주를 위해 땅을 관장하고 九州를 다스릴 수 있으니, 五方의 땅이 되었고, 그래서 땅의 신으로 배향된 것이다.其子曰后土, 能平九州, 故禮以爲社者, 是共工後世之子孫, 爲后土之官. 后, 君也, 爲君而掌土, 能治九州, 五土之神, 故祀以爲配社之神."

이날에 신을 맞이하여 제사를 올리네.

送神

송신送神

告祥式就, 酬功載畢. 親地尊天, 禮文經術.
眖徵令序, 福流初日. 神馭爰歸, 祠官其出.

(우리가 받은) 상서로운 길조 고하길[告祥]672) 다하고,
(베풀어 주신) 공덕에 대한 보답을 마쳤네.
땅을 가까이하고 하늘을 높이며[親地尊天],673)
예악제도[禮文]와 경학[經術]을 펼치네.
상서로운 징조와 좋은 때[令序]를 내려주시니,
내려주신 복은 갓 떠오르는 해[初日]처럼 퍼져나가네.
신께서 수레 몰고 돌아가시니,

---

671) 무위길일戊爲吉日 : 토지신과 곡식신에게 제사지내는 仲春(음력 2월)과 仲秋(음력 8월) 중 '戊'가 들어가는 날을 가리킨다. "仲春과 仲秋 때면 戊日에 천자가 토지신과 곡식신에게 제사지내는데, 토지신 제사에는 勾龍을 배향하고 곡식신 제사에는 后稷을 배향한다.仲春仲秋二時戊日, 祭太社太稷, 社以勾龍配, 稷以后稷配."(『舊唐書』「禮儀志」)

672) 고상告祥 : 신령께 받은 상서로운 吉兆를 신령께 다시 고하다. 즉 신령께 받은 은혜에 감사를 표했다는 뜻이다.

673) 친지존천親地尊天 : 땅을 가까이하고 하늘을 높인다는 뜻이다. "社는 땅의 道를 신성하게 받드는 것이다. 땅은 만물을 싣고 하늘은 象을 드리운다. 땅에서 재화를 취하고 하늘에서 법을 취하기 때문에 하늘을 높이고 땅을 가까이하는 것이다.社, 所以神地之道也. 地載萬物, 天垂象, 取財於地, 取法於天, 是以尊天而親地也."(『禮記』「郊特牲」)

제관祭官도 (제단에서) 나오네.

享先農樂章【貞觀中褚亮等作】

선농先農에 제사지낼 때의 악장 1수【정관貞觀 연간에 저량褚亮 등
지음】

迎神用咸和

송신迎神에는 〈함화咸和〉를 쓴다.

> 粒食伊始, 農之所先. 古今攸賴, 是曰人天.
> 耕斯帝藉, 播厥公田. 式崇明祀, 神其福焉.

> 곡식을 먹기 시작한 것은,
> 농사가 먼저 있었기 때문일세.
> 예부터 지금까지 (농사에) 의지해왔으니,
> 이를 일러 '인천人天'674)이라고 하네.
> (천자께서는) 제적帝藉675)을 경작하시고,

---

674) 인천人天 : 사람은 농사로 먹고사는 것을 하늘처럼 귀하게 여긴다는 말이
다. "왕 노릇하는 자는 百姓을 하늘로 여기고, 百姓은 먹는 것을 하늘로
여긴다.王者以民人爲天, 而民以食爲天."(『史記』 「酈生陸賈列傳」)
675) 제적帝藉 : 天子가 하늘에 제사지내고 백성에게 모범을 보이기 위해 직
접 경작하던 땅을 가리킨다. '帝藉'의 '藉'은 '빌리다[借]'는 뜻인데, 농사
란 백성의 힘을 빌려서 짓는 것이라는 의미가 담겨 있다. "孟春(음력
1월)의 달 … 천자는 元日(첫 번째 申日)에 상제에게 풍년을 기원한다.

(백성은) 공전公田676)에 파종하네.

밝은 제사[明祀]677)를 높이니,

신께서 복을 내려주시리.

皇帝行用太和[詞同冬至圓丘]

황제의 행차에는 〈태화太和〉를 쓴다.[곡사는 동지에 원구圓丘에서 제사지 낼 때의 것과 같다.]

登歌奠玉帛用肅和

등가登歌하고 옥과 비단을 올릴 때는 〈숙화肅和〉를 쓴다.

길일을 택해 천자가 친히 쟁기와 보습을 수레에 실어 驂乘한 保介(마부 오른쪽에 타는 武士인 車右)와 馬夫 사이에 놓아두고, 三公·九卿·諸侯 ·大夫를 이끌고서 몸소 帝藉을 경작한다. 孟春之月 … 天子乃以元日, 祈穀于上帝, 乃擇元辰, 天子親載耒耜, 措之于參保介之御間, 帥三公 九卿諸侯大夫, 躬耕帝藉."(『禮記』「月令」)

676) 공전公田 : 백성들이 함께 경작하는 토지로, 井田制에 토대를 둔 개념이다. 井田制에 따르면, 토지를 '井' 자 형태로 9등분 하여 가운데 토지는 함께 경작하고 그 수확을 나라에 바치도록 했다. 가운데 토지인 公田 외의 8곳은 경작자에게 나눠주어 생계를 꾸리게 했다. 公田을 경작하는 대신 私田에 따로 賦稅하지 않았다. "옛날에는 公田을 경작하게 했을 뿐 賦稅하지 않았다.古者公田藉而不稅."(『禮記』「王制」)

677) 명사明祀 : 중대한 제사의 美稱으로, 昭祀라고도 한다. 신에게 올리는 성대한 제사를 뜻한다. "明祀를 존숭하고, 땅이 작고 인구가 적은 나라를 보호하는 것이 周나라의 禮입니다.崇明祀, 保小寡, 周禮也."(『左傳』「僖公 21年」) 杜預 注에서는 "明祀란 太皞와 濟水에게 올리는 제사이다.明祀, 大皞有濟之祀."라고 했다.

尊彝既列, 瑚簋有薦. 歌工載登, 幣禮斯奠.
肅肅享祀, 顯顯纓弁. 神之聽之, 福流寰縣.

청동 술잔[尊彝] 이미 펼쳐지고,

곡식 담는 제기[瑚簋]도 바쳐졌네.

가공歌工이 이에 (노래하러) 올라가고,

예물 올리는 예禮가 바쳐지네.

경건한 제사,

공경스러운[顯顯] 관리[纓弁].678)

신께서 들으시니[神之聽之],679)

복이 온 나라[寰縣]680)에 흐르리라.

迎俎用雍和

조俎를 들일 때는 〈옹화雍和〉를 쓴다.

前夕親牲, 質明奉俎. 沐芳整弁, 其儀式序.
盛禮畢陳, 嘉樂備擧. 歆我懿德, 非馨稷黍.

전날 저녁에 희생의 상태를 살피고[親牲],681)

---

678) 영변纓弁 : 관리를 가리킨다. 纓은 冠의 끈이고, 弁은 冠의 일종이다.

679) 『詩經』「小雅·小明」에 나오는 구절에 근거한 것이다. "신께서 이를 들으
시고 큰 복을 내려주신다네.神之聽之, 介爾景福."

680) 환현寰縣 : 온 나라를 뜻한다. 寰은 寰宇, 즉 天下를 가리킨다. 縣은 赤縣
神州, 즉 九州를 가리킨다.

681) 친생親牲 : 『樂府詩集』과 『全唐詩』에는 '視牲'으로 나와 있다. 視牲이란
省牲, 즉 제사에 쓰일 犧牲이 법도에 맞는지 세밀히 살피는 것을 가리킨

바야흐로 날이 밝아오자[質明]682) 조组에 담아 올리네.

향초 넣은 물로 목욕재계하고 의관을 정돈하며[整弁],

그 의례는 순서를 따르네.

성대한 예禮가 모두 펼쳐지고,

아름다운 악樂이 두루 연주되네.

우리의 훌륭한 덕을 흠향하려 하심이니,

기장이 향기로워서가 아니라네.683)

皇帝酌獻飮福用壽和[詞同冬至圓丘]

황제의 작헌酌獻과 음복飮福에는 〈수화壽和〉를 쓴다.【곡사는 동지에 원구圓丘에서 제사지낼 때의 것과 같다.】

送文舞出迎武舞入用舒和

문무文舞를 보내고 무무武舞를 들일 때는 〈서화舒和〉를 쓴다.

羽籥低昂文綴已, 干鍼蹈厲武行初.

다. "큰 제사가 있으면 (그 전날 저녁에) 犧牲을 살피고, 祭器가 잘 닦였
는지 확인한다.大祭祀, 省牲, 眡滌濯."(『周禮』「春官·小宗伯」) 孔穎達
疏에서는 '省牲'에 대해 "희생이 법도에 맞는지 살피는 것察其不如法"
이라고 했다.

682) 질명質明 : 날이 막 밝아오는 때를 가리킨다. 質은 '바야흐로', '마침'의
뜻이다. "바야흐로 날이 밝아오면 제사를 시작하여, 늦은 아침이면 (제사
를 마치고) 물러났다.質明而始行事, 晏朝而退."(『禮記』「禮器」)

683) 『尙書』「周書·君陳」에 나오는 구절에 근거한 것이다. "기장이 향기로운
것이 아니라 밝은 덕이 향기롭다.黍稷非馨, 明德惟馨."라는 표현에 근거
한 것이다.

望歲祈農神所聽, 延祥介福豈云虛.

깃과 피리[羽籥][684] 오르내리는 문무의 대열[文綴]이 끝나자,
방패와 도끼[干鏚][685] 맹렬하게 움직이는 무무의 행렬[武行]
이 시작되네.
풍년을 바라며[望歲][686] 농신農神께서 들어주시길 기도하나니,
상서로움과 큰 복이 어찌 허황된 것이리.

武舞用凱安【詞同冬至圓丘】

무무武舞에는 〈개안凱安〉을 쓴다.【곡사는 동지에 원구圓丘에서 제사지낼
때의 것과 같다.】

送神用承和

송신送神에는 〈승화承和〉를 쓴다.

又享先農樂章一首【太樂舊有此詞, 不詳所起.】

또 선농先農에 제사지낼 때의 악장 1수【태악太樂에 예부터 이 곡사
가 있었는데, 어디서 비롯했는지 알 수 없다.】

---

684) 우약羽籥 : 文舞를 출 때 사용하는 舞具인 꿩의 깃과 籥이다.
685) 간척干鏚 : 武舞를 출 때 사용하는 舞具인 방패와 도끼다.
686) 망세望歲 : 풍년을 바란다는 뜻이다. "가슴 졸이는 것이 농부가 풍년을
바라는 것과 같아서 저어하며 때를 기다리고 있습니다.閔閔焉如農夫之
望歲. 懼以待時."(『左傳』「昭公 30年」)

送神用承和

송신送神에는 〈승화承和〉를 쓴다.

三推禮就, 萬庾祈凝. 寅賓志遠, 蔗蓘惟興.
降歆肅薦, 垂祐祗膺. 送神有樂, 神其上昇.

천자께서 3번 쟁기질하심[三推][687)에 예禮가 이루어지니,
모든 곳집이 가득하길 기원함이라.
(떠오르는 해를) 공경스럽게 맞이하는[寅賓][688) 뜻 원대하니,
김매고 뿌리 북돋는 농사[蔗蓘][689)가 흥성하리라.

---

687) 삼퇴三推 : 天子가 帝藉에서 솔선하여 3번 쟁기질하는 것을 가리킨다.
    "孟春(음력 1월)의 달 … 천자는 元日(첫 번째 申日)에 상제에게 풍년을
    기원한다. 길일을 택해 천자가 친히 쟁기와 보습을 수레에 실어 驂乘한
    保介(마부 오른쪽에 타는 武士인 車右)와 馬夫 사이에 놓아두고, 三公
    ·九卿·諸侯·大夫를 이끌고서 몸소 帝藉을 경작한다. 天子는 3번 쟁기
    질하고 三公은 5번 쟁기질하고 諸侯와 大夫는 9번 쟁기질한다.孟春之月
    … 天子乃以元日, 祈穀于上帝, 乃擇元辰, 天子親載耒耜, 措之于參保
    介之御間, 帥三公九卿諸侯大夫, 躬耕帝藉. 天子三推, 三公五推, 諸侯
    大夫九推."(『禮記』「月令」)
688) 인빈寅賓 : 공손히 맞이한다는 의미로, '寅賓'이라고도 한다. "(帝堯는)
    희중에게 따로 명하시어 … 떠오르는 해를 공경스럽게 맞이하고 봄갈이
    를 순서대로 고르게 하도록 하셨다.分命羲仲 … 寅賓出日, 平秩東作."
    (『尙書』「堯典」)라는 구절에 근거한 것이다. 봄을 상징하는 동쪽에서 떠
    오르는 해를 맞이하는 것은 한 해 농사의 시작과 관련이 있다.
689) 표곤蔗蓘 : 농사할 때 김매고 곡식의 뿌리를 북돋는다는 뜻이다. 蔗는
    '穮'으로 '김매다'는 의미이고, 蓘은 '흙을 더해 곡식의 뿌리를 북돋다'는
    의미다. "농부에 비유하자면, 김을 매고 뿌리를 북돋으면 비록 기근이
    닥친다 해도 반드시 풍년이 든다는 것이다.譬如農夫, 是穮是蓘, 雖有饑

신께서 강림하시어 공경스럽게 바친 제수를 흠향하시니,

내려주시는 복을 공경스럽게 받는다네.

신을 보내드림에 악樂을 갖추니,

신께서 하늘로 오르시네.

享先蠶樂章五首【顯慶中, 皇后親蠶, 奉敕內出此詞.】

선잠先蠶에 제사지낼 때의 악장 5수【현경顯慶 연간에, 황후가 친잠親蠶하고 황제의 명을 받들어 궁내宮內에서 이 곡사를 내놓았다.】

迎神用永和【亦曰順德】

영신迎神에는 〈영화永和〉를 쓴다.【〈순덕順德〉이라고도 한다.】

芳春開令序, 韶苑暢和風. 惟靈申廣祐, 利物表神功.

綺會周天宇, 黼黻藻寰中. 庶幾承慶節, 歆奠下帷宮.

향기로운 봄에 좋은 계절 열리니,

아름다운 원림[韶苑]에는 따스한 바람이 불어오네.

신령께서 큰 복을 펼치시니,

만물을 이롭게 하시어[利物]690) 신공神功을 드러내시네.

아름다운 비단[綺會]691)이 온 세상에 두루 펼쳐지니,

饉, 必有豊年."(『左傳』「昭公 元年」)

690) 이물利物 : 萬物을 이롭게 하다. "리는 의로움이 조화를 이룬 것이다. …
만물을 이롭게 하여 의로움과 조화를 이루게 할 수 있다.利者, 義之和也.
… 利物足以和義."(『周易』「乾卦 · 文言傳」)

화려한 문양[黼黻]692)이 온 나라를 장식하네.

바라건대 이 경사스러운 때를 맞이해,

제사를 흠향하시러 유궁帷宮693)에 강림하소서.

皇后昇壇用肅和

황후가 단壇에 오를 때는 〈숙화肅和〉를 쓴다.

明靈光至德, 深功掩百神. 祥源應節啓, 福緒逐年新.
萬宇承恩覆, 七廟佇恭禋. 于兹申至懇, 方期遠慶臻.

영명하신 신령께서 지극한 덕을 빛내시니,

깊은 공덕이 온갖 신을 압도하네.

상서로움의 근원이 절기에 맞게 열리니,

복의 실마리가 해마다 새로워지네.

온 세상이 그 은혜로운 가호加護를 받고,

칠묘七廟694)에서는 공손히 제사 드리길 기다리네.

여기서 지극한 정성을 펼치니,

---

691) 기회綺會 : 아름다운 비단을 뜻한다. 會는 繪(무늬 있는 비단)를 의미한다.

692) 보불黼黻 : 禮服에 수놓은 화려한 문양을 가리킨다. 黼는 흑색과 백색으로 '도끼' 문양을 수놓은 것이고, 黻은 흑색과 파란색으로 '亞' 자 문양을 수놓은 것이다.

693) 유궁帷宮 : 帝王이 출행할 때 帷幕(장막)을 쳐서 만든 行宮을 가리킨다.

694) 칠묘七廟 : 天子의 宗廟를 의미한다. "天子는 七廟이다. 3昭와 3穆 그리고 太祖의 廟를 합하여 일곱이다. 天子七廟, 三昭三穆, 與大祖之廟而七."(『禮記』「王制」) 제후는 五廟(2昭와 2穆과 太祖의 廟), 대부는 三廟(1昭와 2穆과 太祖의 廟), 士는 一廟이다.

경사스러움이 멀리까지 이르기를 바라네.

登歌奠幣用展敬
등가登歌하고 폐백을 올릴 때는 〈전경展敬〉을 쓴다.

霞莊列寶衛, 雲集動和聲. 金卮薦綺席, 玉幣委芳庭.
因心罄丹款, 先己勵蒼生. 所冀延明福, 於茲享至誠.

노을 지는 길[霞莊]695)에는 보배로운 시위 늘어서고,
구름처럼 모여든 사람들 속에서는 조화로운 소리 진동하네.
황금술잔은 비단자리에 올려지고,
옥과 비단은 향기로운 뜰에 놓이네.
(황후께서는) 마음으로 지극한 정성을 다하시고,
솔선수범하시며 백성들을 권면하시네.
바라는 바는 밝은 복을 끌어오는 것이니,
여기서 지극한 정성을 바치네.

迎俎用潔誠
조俎를 들일 때는 〈결성潔誠〉을 쓴다.

桂筵開玉俎, 蘭圃薦瓊芳. 八音調鳳律, 三獻奉鸞觴.

---

695) 하장霞莊 : 노을이 지는 길이라는 뜻이다. 銀河水, 또는 신선이 다니는
길을 가리키는데 여기서는 후자의 의미다. 莊은 사통팔달의 길을 뜻한다.
"(상·하·동·서·남·북의) 여섯 방향으로 뚫린 길을 '莊'이라고 한다.六
達謂之莊."(『爾雅』 「釋宮」)

潔粢申大享, 庭宇冀降祥. 神其覃有慶, 錫福永無疆.

계수桂樹 자리에 옥조玉俎를 올리고,

난초 정원에서 옥 같은 향초를 바치네.

온갖 악기는 음률[鳳律]696)을 맞추고,

난조鸞鳥가 새겨진 술잔을 세 번 올리네.

정결한 기장을 큰 제사에 펼쳐놓고,

제사 올리는 뜰에서 상서로움을 내려주시길 기원하네.

신의 큰 은혜는 경사스러우니,

복을 내려주심이 영원토록 끝이 없으리.

---

696) 봉률鳳律 : 音律을 가리킨다. 전설에 따르면, 伶倫이 黃帝의 명을 받고 12律管을 만들었는데, 봉황의 울음소리에 맞춰 12律呂를 완성했다고 한다. "옛날 黃帝가 伶倫에게 音律을 만들게 했다. 伶倫은 大夏의 서쪽에서 阮隃山의 북쪽으로 가 嶰谿의 골짜기에서 대나무를 취했는데, 대나무속 구멍이 두껍고 균일한 것을 골라 두 마디씩 잘랐다. 그 길이가 3寸9分인 것을 불면서 그것을 黃鐘의 律管으로 삼았고 이를 부는 것을 '舍少'라고 했다. 차례대로 12개의 律管을 만들었는데, 阮隃山 아래서 鳳凰이 우는 소릴 듣고는 12律呂를 구별하게 되었다. 수컷이 우는 소리를 6가지로 구별하고, 암컷이 우는 소리도 6가지로 구별했다. 이렇게 구분한 소리를 黃鐘을 宮調로 삼은 것과 빗대어보니 딱 들어맞았다. 黃鐘을 宮調로 삼은 것은 모두가 이로부터 생겨났기에, 黃鐘을 宮調로 삼은 것을 12律呂의 근본이라 말하는 것이다.昔黃帝令伶倫作爲律, 伶倫自大夏之西, 乃之阮隃之陰, 取竹於嶰谿之谷, 以生空竅厚鈞者, 斷兩節間, 其長三寸九分而吹之以爲黃鐘之管, 吹曰舍少, 次制十二筒, 以之阮隃之下, 聽鳳皇之鳴, 以別十二律, 其雄鳴爲六, 雌鳴亦六, 以比黃鐘之宮, 適合. 黃鐘之宮, 皆可以生之, 故曰黃鐘之宮, 律呂之本."(『呂氏春秋』 「仲夏紀·古樂」)

飮福送神用昭慶

음복飮福과 송신送神에는 〈소경昭慶〉을 쓴다.

仙壇禮旣畢, 神駕儼將昇. 佇屬深祥啓, 方期庶績凝.
虔誠資宇內, 務本勗黎蒸. 靈心昭備享, 率土洽休徵.

제단[仙壇]에서의 의례가 모두 끝나니,

신의 수레가 의젓하게 하늘로 오르려 하네.

큰 상서로움이 열리길 오래도록 기다리며,

많은 공적이 쌓이길 바라네.

경건함과 정성을 나라 다스리는 바탕으로 삼고,

근본에 힘쓰시며 백성들을 권면하시네.

신령의 마음이 모든 제사를 밝혀주시니,

나라 안[率土]697)에 상서로운 징조가 넘쳐나리.

皇太子親釋奠樂章五首

황태자가 친히 석전釋奠할 때의 악장 5수

迎神用承和【亦曰宣和】

영신迎神에는 〈승화承和〉를 쓴다.【〈선화宣和〉라고도 한다.】

聖道日用, 神機不測. 金石以陳, 絃歌載陟.

---

697) 율토率土 : 나라 境內의 모든 지역을 가리킨다. "모든 땅의 끝까지 왕의
臣民이 아닌 이가 없다네.率土之濱, 莫非王臣."(『詩經』「小雅·北山」)

爰釋其菜, 匪馨于稷. 來顧來享, 是宗是極.

성스러운 도道는 날마다 쓰이며,

그 신묘한 기미[神機]는 예측할 수 없도다.

종과 경[金石][698] 진설되고,

현악에 맞춘 노래 올려지네.

성근 채소를 올리니,[699]

기장이 향기로운 것이 아니라네[匪馨于稷].[700]

강림하시어 살펴보시고 흠향하시니,

더할 수 없이 높고 높으시구나.

皇太子行用承和

황태자皇太子의 행차에는 승화承和를 쓴다.

萬國以貞光上嗣, 三善茂德表重輪.

---

698) 금석金石 : 鐘과 磬을 가리킨다. 토목으로 높이 짓고 단청으로 칠한 것을
아름다움으로 여기거나 金·石·匏·竹의 악기를 크게 벌려놓고 시끄럽
게 하는 것을 즐거움으로 여긴다는 말은 들어보지 못했습니다.不聞其以
土木之崇高, 彤鏤爲美, 而以金石匏竹之昌大, 囂庶爲樂."(『國語』「楚
語』) 韋昭 注에서 "금은 종이고, 석은 경이다.金, 鐘也, 石, 磬也."라고
했다.

699) 석기채釋其菜 : 釋菜, 즉 채소를 올리는 예식을 가리킨다. 孔子를 모시는
釋奠祭가 犧牲을 쓰지 않고 채소를 올리면서[釋菜] '釋菜'를 '釋奠'의
별칭으로 사용하게 되었다.

700) 비형우직匪馨于稷 :『尙書』「周書·君陳」에 나오는 구절에 근거한 것이다.
"기장이 향기로운 것이 아니라 밝은 덕이 향기롭다.黍稷非馨, 明德惟馨."

視膳寢門遵要道, 高闈崇賢引正人.

온 나라가 바로잡혀[萬國以貞]701) 황태자[上嗣]702)를 빛내니,
세 가지 선善703)을 갖춘 성덕은 천자의 덕[重輪]704)을 드러내네.

---

701) 만국이정萬國以貞 : 『禮記』 「文王世子」에 나오는 구절에 근거한 것이다.
"'한 사람이 큰 善을 지니면 온 나라가 바로잡힌다'라고 했으니, 세자를
두고 한 말이다.一有元良, 萬國以貞, 世子之謂也."

702) 상사上嗣 : 王嗣, 즉 왕위 계승자를 뜻한다.

703) 삼선三善 : 세 가지의 善이라는 의미로, 君臣·父子·長幼의 도리를 뜻한
다. "그러므로 자식이 될 줄 안 뒤에야 아버지가 될 수 있고, 신하가 될
줄 안 뒤에야 군주가 될 수 있고, 남을 섬길 줄 안 뒤에야 남을 잘 부릴
수 있다. … 그러므로 伯禽에게 세자의 법도를 시행하고, 伯禽을 成王과
함께 거처하게 하였으니, 成王으로 하여금 父子·君臣·長幼의 도리를
알게 하기 위함이었다. … 한 가지 일을 행하면서 세 가지의 훌륭함을 다
얻을 수 있는 이는 오로지 세자뿐이다.是故知爲人子, 然後可以爲人父,
知爲人臣, 然後可以爲人君, 知事人, 然後能使人. … 是故抗世子法於
伯禽, 使之與成王居, 欲令成王之知父子君臣長幼之義也. … 行一物
而三善皆得者, 唯世子而已."(『禮記』 「文王世子」)

704) 중륜重輪 : 天子의 덕을 둥근 달에 빗댄 표현이다. 漢 明帝가 太子일
때 樂人이 그 덕을 찬미하며 지은 歌詩 4章 중 하나가 「月重輪」이다.
「日重光」과 「月重輪」은 여러 신하가 漢 明帝를 위해 지은 것이다. 明帝
가 太子일 때 樂人이 歌詩 4章을 지어 太子의 德을 찬미했다. 제1장이
「日重光」, 제2장이 「月重輪」, 제3장이 「星重輝」, 제4장이 「海重潤」이다.
漢末의 전란 이후 제2장은 망실되었다. 옛말에 이르기를, 天子의 덕은
해처럼 밝고 달처럼 둥글고 별처럼 빛나고 바다처럼 넘실댄다고 했다.
太子의 덕이 모두 이에 견줄 만하기에 '重'이라고 말했던 것이다.日重光,
月重輪, 群臣爲漢明帝所作也. 明帝爲太子, 樂人作歌詩四章, 以贊太
子之德. 其一曰日重光, 其二曰月重輪, 其三曰星重輝, 其四曰海重潤.
漢末喪亂後, 其二章亡. 舊說云, 天子之德, 光明如日, 規輪如月, 衆輝

음식을 살피고 침소 찾아가 안부를 여쭈며705) 요도要道를 따르시고,

숭현관[崇賢]706)의 문을 활짝 열어 올바른 사람들[正人]707)을 끌어들이시네.

登歌奠幣用肅和

등가登歌하고 폐백을 올릴 때는 〈숙화肅和〉를 쓴다.

粤惟上聖, 有縱自天. 旁周萬物, 俯應千年.
舊章允著, 嘉贄孔虔. 王化兹首, 儒風是宣.

如星, 沾潤如海. 太子皆比德焉, 故云重爾."(『古今注』「音樂」)

705) 周 文王의 이야기에 근거한 표현이다. 『禮記』「文王世子」에 따르면, 周 文王이 世子였을 때 아버지 王季(季歷)의 침소를 하루에 3번 찾아가 아버지의 안부를 살폈다고 한다. 또한 아버지가 편찮으시면 근심에 싸여 지내다가 아버지가 다시 식사를 하실 수 있게 되어서야 일상으로 돌아갔으며, 아버지가 드실 음식의 차고 더운 정도를 살폈고 요리사에게 명해 아버지가 남긴 음식은 다시 올리지 않게 했다.

706) 숭현崇賢 : 唐代 太子가 관장하던 崇賢館을 가리킨다. 崇賢館은 皇族과 貴族高官의 자제들의 학교이자 皇宮의 도서관이었다. 이후 崇文館으로 改名한다. "태종은 태자가 공부할 學館을 설립하고 崇賢館이라 이름 지었는데, (태자의) 東宮에 예속되어 있었다. 崇賢館은 東宮의 經籍圖書를 관장하며 諸生들을 가르쳤는데, 시험을 보거나 발탁하는 것은 弘文館과 같았다. 太宗設太子學館, 名崇賢館, 隸屬東宮. 該館掌東宮經籍圖書, 教授諸生, 課試擧送如弘文館."(『新唐書』「百官志」)

707) 정인正人 : 올바른 사람. "大小臣僚들은 모두 충성스럽고 선량했으며, 周 文王과 武王의 시종 중 올바른 사람이 아닌 이가 없었다. 小大之臣, 咸懷忠良, 其侍御僕從罔匪正人."(『尙書』「囧命」)

주상의 성덕聖德을 곰곰이 생각하니,

하늘이 내려주신 것이라네.

만물을 두루 살피시고,

천년의 일을 굽어보시며 응대應對하시네.

예부터 전해온 예법이 밝게 드러나고,

훌륭한 예물에는 경건함이 가득하도다.

제왕의 교화[王化]가 여기서 비롯되니,

유가의 기풍[儒風]이 이에 널리 퍼지네.

迎俎用雍和

조俎를 들일 때는 〈옹화雍和〉를 쓴다.

堂獻瑤籩, 庭敷璆縣. 禮備其容, 樂和其變.

肅肅親享, 雍雍執奠. 明禮惟馨, 蘋繁可薦.

제당祭堂에는 옥 제기[瑤籩]를 바치고,

뜰에는 옥 편경[璆縣]708) 소리를 퍼트리네.

예禮는 그 진용陣容을 갖추었고,

악樂은 그 변주變奏 속에서 조화를 이루네.

경건하게 제사를 친히 올리시며,

화목하게 제사를 이끄시네.

밝은 예가 향기로우니[明禮惟馨],709)

---

708) 구현璆縣 : 악기 틀에 매달린 옥 편경을 의미한다. 璆는 '璆磬', 즉 玉으로
만든 磬을 가리킨다. 縣은 '懸'으로, 編鐘이나 編磬 같은 악기를 매다는
악기 틀을 가리킨다.

보잘것없는 음식[蘋蘩][710]일지라도 올릴 만하네.

送文舞出迎武舞入用舒和

문무文舞를 보내고 무무武舞를 들일 때는 〈서화舒和〉를 쓴다.

> 隼集龜開昭聖列, 龍蹲鳳跱肅神儀.
> 尊儒敬業宏圖闡, 緯武經文盛德施.

매가 모이는 듯 거북이 움직이는 듯 선왕들의 대단한 공적[聖
列][711] 빛나고,
용이 웅크린 듯 봉황이 서 있는 듯 신의 위용 엄숙하네.
유교를 존숭하고 왕업을 공경함에 원대한 계획이 펼쳐지고,
무와 문을 겸비해 나라를 다스림[緯武經文]에 성대한 덕이 펼
쳐지네.

---

709) 명례유형明禮惟馨 : 『尙書』 「周書·君陳」의 '明德惟馨'이라는 구절을
원용한 것이다. "기장이 향기로운 것이 아니라 밝은 덕이 향기롭다.黍稷
非馨, 明德惟馨."

710) 빈번蘋蘩 : 蘋은 개구리밥, 蘩은 쑥이다. 비록 보잘것없으나 진심으로 차
린 제수를 가리킨다. "진실로 참된 믿음이 있다면, 산골 도랑이나 늪가의
풀, 개구리밥·쑥·수초 같은 나물이라도 광주리에 담고 솥에 삶아 길가에
고인 물과 함께 귀신에게 올릴 수 있고 왕공에게 바칠 수 있다.苟有明信,
澗谿沼沚之毛, 蘋蘩薀藻之菜, 筐筥錡釜之器, 潢汙行潦之水, 可薦於
鬼神 可羞於王公."(『左傳』 「隱公 3年」)

711) 성렬聖列 : 『全唐詩』에는 '列'이 '烈'로 되어 있다. 聖烈이란 先王들이
세운 대단한 업적과 공적을 의미한다.

武舞用凱安【詞同冬至圜丘】

무무武舞에는 〈개안凱安〉을 쓴다.【곡사는 동지에 원구圜丘에서 제사지낼 때의 것과 같다.】

送神用承和【詞同迎神】

송신送神에는 〈승화承和〉를 쓴다.【곡사는 영신迎神에 쓰는 것과 같다.】

又享孔廟樂章二首【太樂舊有此詞, 不詳所起.】

또 공묘孔廟에 제사지낼 때의 악장 2수【태악太樂에 예부터 이 곡사가 있었는데, 어디서 비롯했는지 알 수 없다.】

迎神

영신迎神

> 通吳表聖, 問老探貞. 三千弟子, 五百賢人.
> 億齡規法, 萬載祠禋. 潔誠以祭, 奏樂迎神.
>
> 오나라 사신을 통해 성인임을 드러내시고[通吳表聖]712),
> 노자에게 여쭈어[問老]713) 나라를 바로잡을 방법을 탐색하셨

---

712) 통오표성通吳表聖 : 『史記』 「孔子世家」에 따르면, 吳나라가 越나라를 정벌해 會稽를 함락한 뒤 수레에 꽉 차는 큰 뼈를 얻었는데, 吳나라 사신이 孔子에게 그것이 무엇인지 묻자 孔子가 防風氏의 뼈라고 대답했더니 吳나라 사신이 孔子를 聖人이라 찬탄했다고 한다. 본문에서 "오나라 사신을 통해 성인임을 드러냈다[通吳表聖]"라고 한 건 바로 이 일을 말한다.

네[探貞].714)

삼천 제자715)에,

오백 현인.

억년토록[億齡]716) 규범이 되시니,

만세토록 제사를 받으시리.

정결하고 정성스럽게 제사를 올리고,

악樂을 연주하며 신을 맞이하네.

送神

송신送神

醴溢犧象, 羞陳俎豆. 魯壁類聞, 泗川如覯.
里校覃福, 胄筵承祐. 雅樂淸音, 送神其奏.

---

713) 문로문로問老 : 孔子가 老子에게 가르침을 청했던 일을 가리킨다. "魯나라
　　의 南宮敬叔이 노나라 군주에게 '孔子와 함께 周나라로 가길 청합니다'
　　라고 말했다. 노나라 군주는 그에게 수레 한 대와 말 두 필을 주고 시종
　　한 명을 동행하게 했다. 주나라에 가서 禮를 물었는데, 아마도 老子를
　　만났을 거라고 한다.魯南宮敬叔言魯君曰, 請與孔子適周. 魯君與之一
　　乘車, 兩馬, 一竪子俱, 適周問禮, 蓋見老子云."(『史記』「孔子世家」)

714) 탐정探貞 : 나라를 바르게 할 방법을 찾는다는 뜻이다. "만물은 하나를
　　얻어 생겨나고, 侯王은 하나를 얻어 天下를 바르게 한다.萬物得一以生,
　　侯王得一以爲天下貞."(『道德經』第39章)

715) 삼천 제자 : "孔子가 詩·書·禮·樂을 가르치니, 弟子가 대략 3000명이
　　었고, 六藝에 능통한 자가 72명이었다.孔子以詩書禮樂教, 弟子蓋三千
　　焉, 身通六藝者七十有二人."(『史記』「孔子世家」)

716) 억령億齡 : 1억 년이라는 뜻으로, 매우 긴 세월을 이르는 말이다.

단술은 술잔[犧象]717)에 넘실대고,

제수는 제기[俎豆]에 진설되었네.

노벽魯壁의 소리가 들리는 듯하고,718)

사수泗水의 가르침을 만난 듯하네.719)

마을의 학교에 복이 펼쳐지고,

학생들[胄筵]720)이 복을 받네.

아악雅樂의 맑은 소리,

신을 보내드리며 연주되네.

享龍池樂章十首

용지龍池에 제사지낼 때의 악장 10수

---

717) 희상犧象 : 祭器로, 소나 코끼리 모양의 술잔을 가리킨다.

718) 魯壁은 孔子 옛 저택의 벽을 가리키는데, 이 벽에서 鐘·磬·琴·瑟 소리
가 났다고 전해진다. "(魯나라) 恭王(劉餘)은 당초 宮室을 좋아해 孔子
의 옛 저택을 허물어 자신의 궁궐을 확장하려 했는데, 鐘·磬·琴·瑟의
소리가 들려오자 결국 더 허물지 못했다. 그 벽에서 고문 경전을 얻었다.
恭王初好宮室, 壞孔子舊宅以廣其宮, 聞鐘磬琴瑟之聲, 遂不敢復壞.
於其壁中得古文經傳."(『漢書』「魯恭王餘傳」)

719) 泗川은 泗水를 가리키는데, 孔子가 泗水에서 제자들을 가르쳤다고 한
다. "나(曾子)와 그대(子夏)는 洙水와 泗水 지역에서 공자를 섬겼다.吾
與女事夫子於洙泗之間."(『禮記』「檀弓」) 洙泗와 泗洙는 孔子의 가르
침을 의미하기도 한다.

720) 주연胄筵 : 胄子는 貴族子弟를 가리키고, 筵은 앉을 때 까는 깔개인 筵
席을 가리킨다.

第一章【紫微令姚崇作也】
제1장【자미령紫微令 요숭姚崇 지음】

恭聞帝里生靈沼, 應報明君鼎業新.
旣協翠泉光寶命, 還符白水出眞人.
此時舜海潛龍躍, 北地堯河帶馬巡[一二].721)
獨有前池一小雁, 叨承舊惠入天津.

삼가 듣건대, 제왕께서 사시던 마을에 영험한 못이 생겨났다
는데,722)
명철한 군주께서 제업[鼎業]을 새로이 하실 것에 대한 응험應
驗이었네.
취천翠泉이 천명[寶命]을 빛낸 것에 부합하고,723)

---

721) [교감기 12] "北地堯河帶馬巡"은 聞本·殿本·懼盈齋本·廣本에 모두
동일하게 나와 있다. 局本과 『樂府詩集』 권7에는 '北地'가 '此地'로 되어
있다.

722) 여기서 제왕은 玄宗이고, 그가 살던 곳은 隆慶坊이다. 玄宗이 龍潛하던
때 隆慶坊에 있던 그의 저택 남쪽 지역이 연못으로 변했는데, 즉위한
뒤에 연못의 물이 더욱 불어났다고 한다. 〈龍池樂〉은 玄宗이 만든 것이
다. 현종이 (즉위하기 이전) 용잠하던 때에 저택이 隆慶坊에 있었는데,
저택 남쪽 坊에 사람이 거주하던 곳이 연못으로 변하자 雲氣를 살펴
점치는 자 역시 이를 기이하게 여겼다. 中宗 말년에는 연못에서 배를
띄웠다. 현종이 즉위하여 방(융경방)을 궁으로 만들자 연못의 물이 더욱
불어나 몇 리를 가득 채우니, 이 음악을 만들어 그 상서로움을 노래했다.
龍池樂, 玄宗所作也. 玄宗龍潛之時, 宅在隆慶坊, 宅南坊人所居, 變爲
池, 望氣者亦異焉. 故中宗季年, 汎舟池中. 玄宗正位, 以坊爲宮, 池水
逾大, 瀰漫數里, 爲此樂以歌其祥也."(『舊唐書』「音樂志」)

백수白水에서 진인眞人이 나셨던 일과도 부합하네.[724]

이때 순해舜海에서는 잠룡潛龍이 뛰어오르고,

이곳 요하堯河에서는 띠를 두른 말[帶馬]이 순행하네.[725]

연못 앞의 작은 기러기 한 마리,

옛 은혜를 받들어 하늘 나루[天津]로 들어가네.

---

723) 翠泉은 翠嬀를 가리키는데, 제왕이 천명을 받은 장소를 상징한다. 전설에 의하면 黃帝가 翠嬀에서 圖錄을 받았다고 한다. 唐 太宗의 『帝範』序에 의하면 翠嬀는 堯가 덕으로 인해 추천된 곳이기도 하다. "翠嬀薦唐堯之德, 元圭锡夏禹之功." 또 『龍魚河圖』에 따르면, 堯 임금이 群臣과 賢者가 翠嬀에 왔을 때 큰 거북이 圖를 堯에게 바쳤으며 堯가 그 瑞應을 기록한 뒤 거북을 물속으로 돌려보냈다고 한다.

724) 白水의 眞人은 後漢을 세운 光武帝 劉秀를 가리킨다. 劉秀는 南陽郡 春陵縣 사람인데, 그의 집 남쪽에 白水라는 못이 있었다. 일찍이 王莽이 화폐의 글자를 '貨泉'이라고 고쳤는데, '貨'를 破字하면 '眞人'이고 '泉'을 破字하면 '白水'가 된다. 이는 白水 사람인 劉秀가 眞命天子가 될 것임을 예언하는 讖緯로 활용되었다. "王莽이 帝位를 찬탈한 뒤 劉氏를 매우 꺼려하여 화폐에 써진 '金刀'라는 글자('劉'를 破字하면 卯金刀임)를 '貨泉'으로 고쳤다. 혹자는 '貨泉'이라는 글자를 (破字하여) '白水眞人'이라고 여겼다. 及王莽簒位, 忌惡劉氏, 以錢文有金刀, 故改爲貨泉. 或以貨泉字文爲白水眞人."(『後漢書』「光武帝紀」)

725) "此時舜海潛龍躍, 北地堯河帶馬巡"이라는 구절은 玄宗이 龍潛하던 때 隆慶坊에 있던 그의 저택 남쪽 지역이 연못으로 변했는데, 즉위한 뒤에 연못의 물이 더욱 불어났던 일을 가리킨다. 본문의 舜海와 堯河는 바로 이 연못을 빗댄 표현으로, 현종을 舜와 堯에 비유하려는 의도가 담겨 있다. '北地'는 『樂府詩集』 권7에 따라 '此地'로 해석했다. 舜海의 용은 현종 때의 연못을 龍池라고 했던 것과 관계가 있으며, 堯河의 말은 현종이 타고 다니던 준마와 관계가 있다. 현종은 푸른 털과 흰 털이 섞인 玉花驄이라는 준마를 타고 다녔다고 한다.

第二章【左拾遺蔡孚作】
제2장【좌습유左拾遺 채부蔡孚 지음】

> 帝宅王家大道邊, 神馬龍龜涌聖泉.
> 昔日昔時經此地, 看來看去漸成川.
> 歌臺舞榭宜正月, 柳岸梅洲勝往年.
> 莫言波上春雲少, 祇爲從龍直上天.

제왕의 저택이 큰길가에 있나니,
신령한 말과 용과 거북[神馬龍龜]726)의 상서가 성스러운 샘물
로 솟아났다네.727)
지난날 그때 이곳을 지나다가,
이리저리 둘러보니 점차 냇물을 이루었다네.
가대歌臺와 무사舞榭728)는 정월에 어울리고,
버드나무 기슭 매화나무 모래톱 풍경은 왕년보다 빼어나네.
물결 위의 봄 구름 적다고 말하지 말지니,

---

726) 신마용귀神馬龍龜 : 天命을 받을 것임을 말해주는 상서로운 징조를 의미
한다. "옛 사람이 天命을 받는다는 것은, 용과 거북이 나타나 河圖와
洛書를 전해주고 땅에서는 (神馬인) 乘黃이 나오는 것이었습니다. 오늘
날에는 이 3가지 상서로운 징조가 있는 것을 보지 못했습니다.昔人之受
命者, 龍龜假, 河出圖, 洛出書, 地出乘黃, 今三祥未見有者."(『管子』
「小匡」)
727) 玄宗이 龍潛하던 때 隆慶坊에 있던 그의 저택 남쪽 지역이 연못으로
변했는데, 즉위한 뒤에 연못의 물이 더욱 불어났다고 한다. 본문의 聖泉
은 바로 이 연못을 빗댄 표현이다.
728) 가대歌臺와 무사舞榭 : 歌舞를 펼치는 樓臺를 가리킨다.

단지 용龍을 따라 곧장 하늘로 올라간 것이라네.729)

第三章【太府少卿沈佺期作】
제3장【태부소경太府少卿 심전기沈佺期 지음】

> 龍池躍龍龍已飛, 龍德先天天不違.
> 池開天漢分黃道, 龍向天門入紫微.
> 邸第樓臺多氣色, 君王鳧雁有光輝.
> 爲報寰中百川水, 來朝上地莫東歸.

> 용지龍池에서 뛰어오른 용 이미 하늘로 날아올랐으니,
> 용덕龍德이 하늘보다 앞서도 하늘은 어기지 않으신다네.730)
> 용지가 은하수를 열고 황도黃道를 가르니,
> 용은 천문天門을 향해 날아올라 자미紫微731)로 들어가네.

----

729) 구름이 적은 이유는 天子를 상징하는 龍을 따라 구름이 하늘로 올라
   가버렸기 때문이라는 의미다. 『周易』「乾卦·文言傳」의 "구름은 용을
   따른다.雲從龍."라는 표현에 근거한 것이다.

730) "대인은 천지와 더불어 그 덕을 합하며, 일월과 더불어 그 밝음을 합하며,
   사시와 더불어 그 차례를 합하며, 귀신과 더불어 그 길흉을 합한다. 하늘
   보다 앞서도 하늘이 어기지 아니하며 하늘을 뒤따라도 하늘의 때를 받든
   다. 하늘 또한 어기지 아니할지니, 하물며 사람에 있어서랴, 하물며 귀신
   에 있어서랴!夫大人者, 與天地合其德, 與日月合其明, 與四時合其序,
   與鬼神合其吉凶. 先天而天弗違, 後天而奉天時, 天且弗違, 而況於人
   乎, 況於鬼神乎."(『周易』「乾卦·文言傳」)

731) 자미紫微 : 天帝가 거처하는 곳으로, 天宮·紫宮·紫微宮이라고도 한다.
   "紫宮垣의 15개 별은 서쪽 7개, 동쪽 8개로 北斗의 북쪽에 있다. 紫微라
   고 하는 것은 大帝의 자리이며 天子가 늘 거하는 곳으로, 命運과 度數를

(잠룡潛龍하시던 때의) 저택 누대樓臺에는 좋은 기색 더해지고,

군왕의 오리와 기러기[鳬雁]732)는 광채를 발하네.

세상의 온갖 물길에게 알리나니,

높은 땅[上地]으로 조근朝覲하러 와서733) 고향으로 돌아가지

[東歸]734) 말라.

第四章【黃門侍郎盧懷愼作】

제4장【황문시랑黃門侍郎 노회신盧懷愼 지음】

代邸東南龍躍泉, 清漪碧浪遠浮天.

樓臺影就波中出, 日月光疑鏡裏懸.

주관한다.紫宮垣十五星, 其西蕃七, 東蕃八, 在北斗北. 一曰紫微, 大帝
之坐也, 天子之常居也, 主命主度也.”(『晉書』「天文志」)

732) 부예鳬鷖 : 물오리와 갈매기를 말한다. 『詩經』에 나오는 詩歌인 〈鳬鷖〉
는 태평시대의 왕이 능히 王業을 잘 지킴으로써 조상의 영혼이 그것을
안락하게 여기는 뜻을 노래한 것이다. “태평시대의 군자가 능히 지켜서
守成하니, 神祇와 祖考가 그것을 편안히 여기고 즐거워한다.大平之君
子能持盈守成, 神祇祖考安樂之也.”(「毛詩序」)

733) 『尙書』「禹貢」의 “江水와 漢水는 바다를 宗主로 삼아 朝覲하러 간다.江
漢朝宗於海.”라는 구절에 근거한 것이다. 孔安國은 이 구절에 대해 “온
갖 물길은 바다를 宗主로 삼는다.百川以海爲宗.”라고 했다.

734) 동귀東歸 : ‘동쪽으로 돌아가다’라는 뜻으로, 고향으로 돌아간다는 의미
다. 수도가 서쪽 長安에 있었기 때문에 中原과 江南 지역 출신들은 수도
를 떠나 고향으로 돌아가는 것을 ‘東歸’라고 표현했다. 또한 본문에서
온갖 물길에게 동쪽으로 돌아가지 말라고 한 것은, 중국의 지형이 西高東
低인 것과도 자연스럽게 연결된다.

雁沼迴流成舜海, 龜書薦祉應堯年.
大川旣濟慚爲楫, 報德空思奉細涓.

대저代邸735) 동남쪽에서는 용이 샘에서 뛰어오르고,

맑고 푸른 물결은 멀리 하늘에 떠 있네.

누대의 그림자는 물결 가운데서 드러나고,

해와 달의 빛은 거울 속에 걸려있는 듯하네.

안소雁沼736)가 회류回流하여 순해舜海를 이루고,

귀서龜書737)로 복을 내리시니 요 임금 때[堯年]738)와 같으리라.

큰 내[大川]는 이미 건너 노[楫]가 되기 부끄러우나,739)

---

735) 대저代邸: 漢나라 文帝 劉恒이 일찍이 代王으로 있었을 때 지내던 潛邸
를 代邸라고 하는데, 이후에 황제가 즉위 전에 살던 潛邸를 가리키는
용어로 사용되었다. 陳平, 周勃 등은 당시 전횡을 일삼던 外戚 呂氏를
誅殺하고 그들이 세웠던 꼭두각시 少帝를 폐한 뒤 代王 劉恒을 데려와
文帝로 옹립했다.

736) 안소雁沼: 궁궐 안에 있는 연못으로, 雁池라고도 한다. "梁孝王은 宮室
을 짓고 苑囿를 만드는 것을 즐겼는데, 曜華宮을 짓고 兔園을 만들었다.
… 또 鴈池가 있었는데 그 연못 안에는 학과 오리가 깃든 작은 섬이
있었다. 梁孝王好營宮苑囿之樂, 作曜華宮, 築兔園. … 又有鴈池, 池閒
有鶴洲鳧渚."(『三輔黃圖』「甘泉宮」)

737) 귀서龜書: 하늘이 보여주는 길한 징조의 상징으로, 洛水에서 나온 거북
등에 새겨져 있었다는 洛書를 가리킨다. "왕의 덕이 淵泉에 이르면 洛水
에서 龜書가 나온다. 王者德至淵泉, 則雒出龜書."(『宋書』「符瑞志」)

738) 요년堯年: 堯 임금이 다스렸던 시대와 같은 太平盛世를 가리킨다.

739) 大川(큰 내)은 國政에 대한 비유이고, 楫(노)는 신하로서 임금을 모시고
國政을 보필하는 것을 상징한다. 『尙書』「說命」에 나오는 구절에 근거한
것이다. "만약 큰 내를 건넌다면 그대를 배와 노로 삼겠소. 若濟巨川, 用

은덕에 보답하겠다는 헛된 생각으로 보잘것없는 힘[細涓]⁷⁴⁰⁾ 이나마 바치리라.

第五章【殿中監姜皎作】
제5장【전중감殿中監 강교姜皎 지음】

龍池初出此龍山, 常經此地謁龍顔.
日日芙蓉生夏水, 年年楊柳變春灣.
堯壇寶匣餘煙霧, 舜海漁舟尙往還.
願以飄飆五雲影, 從來從去九天間.

용지龍池가 애초에 솟아난 곳은 여기 용산龍山,⁷⁴¹⁾
늘 이곳 지나며 용안龍顔을 배알했다네.
날마다 부용芙蓉은 한여름 물가에서 피어나고,
해마다 버드나무는 봄날 물굽이[灣]에서 변모한다네.
요堯 임금 제단의 보갑寶匣⁷⁴²⁾에는 안개가 남아 있고,

汝作舟楫.”

740) 세연細涓 : 가는 물줄기를 의미하는데, 여기서는 보잘 것 없는 능력이나 힘을 뜻하는 微力의 비유로 사용되었다.

741) 용산龍山 : 당나라 수도 長安의 龍首山을 가리킨다.

742) 보갑寶匣 : 龍馬가 堯 임금에게 전한 寶匣을 가리킨다. 전설에 따르면, 堯 임금 末年에 舜에게 禪讓할 것이라는 징조가 많았는데 그중 하나가 堯 임금이 祭禮를 마치자 黃河에서 나온 龍馬가 전한 寶匣이다. 今本 『竹書紀年』의 沈約 注에 다음과 같은 내용이 나온다. “(堯 임금이) 재위한 지 70년이 되었을 때 … 洪水가 평정되자 舜에게 공을 돌리고 天下를 그에게 禪讓하고자 했다. … (堯 임금은) 2월 辛丑日 날이 밝기 전 (天地

순해舜海에는 낚싯배가 여전히 오가네.

원컨대 바람에 휘날리는 채색구름 그림자처럼,

높은 하늘[九天] 사이를 오갔으면 하네.

第六章【吏部尚書崔日用作】
제6장【이부상서吏部尚書 최일용崔日用 지음】

龍興白水漢興符, 聖主時乘運斗樞.

岸上茸茸五花樹, 波中的皪千金珠.

操環昔聞迎夏啓, 發匣先來瑞有虞.

風色雲光隨隱見, 赤雲神化象江湖.

용이 백수白水에서 흥기한 것은 한漢나라가 흥할 징조였으니,[743]

神明께) 禮를 올렸다. 해가 질 때가 되자 밝은 빛이 黃河에서 나오고 상서로운 기운이 사방에 가득했다. 흰 구름이 일어나고 회오리바람이 불었다. 龍馬가 딱지[甲]를 물고 나왔는데 붉은 무늬에 초록 빛깔이었다. (龍馬는) 祭壇에 올라가더니 甲圖를 뱉어내고 떠나갔다. 딱지는 거북처럼 생겼는데, 그 등딱지 너비가 9尺이었다. 白玉 版[檢]에 새겨진 그 圖는 赤玉으로 만든 匣 안에 있었는데, (그 匣은) 황금으로 봉해져 있고 푸른 줄로 묶여 있었다. 옥판[檢]의 글을 살펴보니 '舜에게 제위를 물려주길 바란다.闔色授帝舜.'라고 새겨져 있었다. 虞(舜 임금)와 夏가 응당 天命을 받을 것이라는 말이었다. 堯 임금은 이 말을 적은 뒤 東序에 보관했다.帝在位七十年, … 洪水旣平, 歸功於舜, 將以天下禪之, … 二月辛丑昧明, 禮備, 至於日昃, 榮光出河, 休氣四塞, 白雲起, 回風搖, 乃有龍馬銜甲, 赤文綠色, 緣壇而上, 吐甲圖而去. 甲似龜, 背廣九尺, 其圖以白玉爲檢, 赤玉爲柙, 泥以黃金, 約以靑繩. 檢文曰, 闔色授帝舜. 言虞夏當受天命, 帝乃寫其言, 藏於東序."

성주聖主께서 시운을 타고[時乘]744) 북두성[斗樞]을 운행하시네.

기슭에는 갖가지 빛깔의 꽃나무 무성하고,

물속에서는 천금千金의 보주寶珠가 빛나는구나!

환옥環玉을 쥔 것은 하계夏啓를 맞이할 것임을 진즉 알려줌이요,745)

보갑寶匣을 연 것은 유우有虞의 상서로움을 앞서 보여준 것이라네.746)

날씨에 따라 구름 속 햇살은 수시로 숨었다 나타나고,

붉은 구름의 신묘한 변화는 마치 강과 호수 같네.

第七章[紫微侍郎蘇頲作]

---

743) 光武帝 劉秀가 白水에서 興起하여 新나라를 멸하고 後漢을 건립한 것을 가리킨다.

744) 시승時乘 : 時運에 맞춰 天下를 얻었다는 뜻으로, 帝位에 오르는 것을 가리킨다. "때맞춰 육룡에 올라 하늘을 다스린다.時乘六龍, 以御天也." (『周易』 「乾卦·象傳」)

745) 夏啓는 夏 왕조를 연 禹의 아들 啓로, 夏后啓라고도 한다. 본문에서 "環玉을 쥐었다"라고 한 것은 일찍이 舜 임금이 禹에게 玄圭를 하사한 일을 가리킨다. 『尙書』 「禹貢」에 "(堯 임금이) 禹에게 玄圭를 하사하시어 그 공이 이루어졌음을 알렸다.告厥成功 禹錫玄圭, 告厥成功."라는 구절이 나온다. 禹의 공로가 四海에 펼쳐지자 堯 임금이 禹에게 玄圭를 하사해 그 治水의 공로를 표창한 것을 말한다. 舜이 禹에게 禪讓하여 夏 왕조가 시작되었고, 夏啓는 아버지 禹의 뒤를 이어 제위에 올랐다.

746) 有虞는 舜으로, 堯에게 禪讓을 받아 제위에 올랐다. 본문에서 "寶匣을 열었다"라고 한 것은, 黃河에서 나온 龍馬가 전한 寶匣에 적힌 글이 바로 舜에게 제위를 물려주라는 내용이었던 것과 관계가 있다.

西京鳳邸躍龍泉, 佳氣休光鍾在天.
軒后霧圖今已得, 秦王水劍昔常傳.
恩魚不似昆明釣, 瑞鶴長如太液仙.
願侍巡遊同舊里, 更聞簫鼓濟樓船.

서경西京747)의 봉저鳳邸748)에 용천龍泉이 솟아나니,
좋은 기운과 상서로운 광채가 하늘에 모이네.
헌원씨軒轅氏의 무도霧圖749)는 지금 이미 얻었고,
진왕秦王이 받은 수심검水心劍750)은 예부터 늘 전해 내려오네.
은혜 깊은 물고기는 곤명지昆明池에서 낚은 것이 아닌 듯하나,751)

---

747) 서경西京 : 唐나라의 수도 長安을 가리킨다.

748) 봉저鳳邸 : 帝王이 즉위하기 이전에 거주하던 저택을 가리킨다.

749) 헌원씨軒轅氏의 무도霧圖 : 軒轅氏는 黃帝를 가리킨다. 霧圖는 안개가 크게 인 다음에 黃帝가 洛水에서 얻은 圖書를 말한다. "黃帝 때 하늘에서 사흘 동안 큰 안개가 일었다. 黃帝가 洛水에서 노닐다가 큰 물고기를 보고는 5가지 犧牲으로 醮祭를 올렸더니 하늘에서 큰비가 칠일 밤낮으로 내렸다. 물고기가 헤엄쳐가고 비로소 圖書를 얻었는데, 오늘날의 『河圖視萌篇』이 바로 이것이다.黃帝時, 天大霧三日. 帝游於洛水之上, 見大魚, 殺五牲以醮之, 天乃甚雨, 七日七夜, 魚流, 始得圖書, 今河圖視萌篇是也."(『初學記』 권6에 인용된 『帝王世紀』)

750) "秦 昭王이 三月 삼짇날 河曲에서 술자리를 마련했는데, 金人이 黃河에서 나와 水心劍을 바치며 말하길 '그대로 하여금 서쪽 夏 땅을 제패하게 하겠소'라고 했다. 秦나라가 결국 諸侯들을 제패하고 나서 이곳에 曲水를 만들었다.秦昭王三月上巳置酒河曲, 見金人自河而出奉水心劍, 曰, 令君制有西夏. 及秦霸諸侯, 乃因此處立爲曲水."(『續齊諧記』)

상서로운 학은 태액지太液池의 신선만큼 오래된 듯하네.752)
원컨대 고향 마을 다니듯 천자를 모시고 순유巡遊하면서,
다락배로 강 건너며 퉁소소리 북소리 다시 들었으면 하네.753)

第八章【黃門侍郎李乂作】
제8장【황문시랑黃門侍郎 이예李乂 지음】

星分邑里四人居, 水涾源流萬頃餘.
魏國君王稱象處, 晉家藩邸化龍初.
青蒲暫似遊梁馬[一三],754) 綠藻還疑宴鎬魚.

---

751) "昆明池에서 옛날에 어떤 사람이 낚시를 했는데, 줄이 끊어지고 물고기
가 달아났다. 마침내 漢 武帝의 꿈에 (물고기가) 나타나 낚싯바늘을 제거
해 달라고 했다. 武帝가 이튿날 昆明池에 가서 놀다가 입에 줄이 걸린
큰 물고기를 발견했다. 武帝가 말하길 '어제 꿈에서 본 바가 아닌가!'라고
했다. 낚싯바늘을 뽑고 놓아주었다. 사흘이 지나 昆明池 가에서 明珠
한 쌍을 얻었다. 武帝가 말하길 '이 어찌 물고기가 報恩한 것이 아니랴!'
라고 했다.昆明池, 昔有人釣魚, 綸絶而去, 遂通夢於漢武帝, 求去鉤.
帝明日戲於池, 見大魚銜索. 帝曰, 豈夢所見耶. 取而放之, 間三日, 池
邊得明珠一雙. 帝曰, 豈非魚之報耶."(『藝文類聚』 권84에 인용된 『三
秦記』)

752) "(漢 昭帝) 始元 元年 봄 2월에 黃鵠이 建章宮 太液池에 내려왔다.始元
元年春二月, 黃鵠下建章宮太液池中."(『漢書』 「昭帝紀」) 太液池는 漢
武帝 때 만든 것으로 建章宮에 있었는데, 唐나라 大明宮에 있던 蓬萊池
역시 太液池라고 불렀다. '蓬萊'는 신선이 산다는 곳이다.

753) "樓船 띄우고 汾河 건너니, … 퉁소 불고 북 울리며 뱃노래 부르네.泛樓
船兮濟汾河, … 簫鼓鳴兮發棹歌."(漢 武帝의 「秋風辭」)

754) [교감기 13] "青蒲暫似遊梁馬"에서 '暫似'는 각 본에 원래 '似暫'으로

自有神靈滋液地, 年年雲物史官書.

별자리에 따라 나뉜 지상[星分]755)의 마을에는 사민[四人]756)
이 살고,
물은 연거푸 근원에서 흘러나와 널리[萬頃] 이르렀네.
위魏나라 왕757)이 코끼리의 무게를 쟀던 곳,758)
진晉나라 번왕藩王의 저택이 잠저潛邸가 된 시작이었지.759)

되어 있다. 『樂府詩集』 권7에 근거해서 (似暫을 暫似로) 고쳤다. 『唐文
粹』에는 '似騁'으로 되어 있고, 그다음 구절의 '還疑'는 '疑游'로 되어
있다.

755) 성분星分 : 하늘의 별자리에 따라 나뉜 지상의 구역을 가리킨다. 고대에
는 천상의 28宿 방위에 따라 지상의 구역을 구분하였는데, 하늘의 특정
星宿가 지상의 특정 구역에 해당했다.

756) 사인四人 : 士·農·工·商의 四民을 가리킨다.

757) 曹操의 막내아들인 鄧哀王 曹沖(196~208)을 가리킨다.

758) "鄧哀王 曹沖은 字가 倉舒이며 어려서 총명하고 조숙했다. 대여섯 살
때 지혜롭기가 어른과 같았다. 당시 孫權이 일찍이 큰 코끼리를 보낸
적이 있었는데, 太祖(曹操)는 코끼리의 무게를 알고 싶어서 여러 신하에
게 물었지만 모두 그 방법을 내놓지 못했다. 이때 曹沖이 말했다. '코끼리
를 큰 배에 실은 뒤 물이 배에 차오르는 위치를 표시해두었다가 (코끼리
를 내려놓고 표시해둔 위치까지 배가 잠기도록) 물건을 실어 그것을 저울
에 달아 비교해보면 알 수 있습니다.' 鄧哀王沖字倉舒, 少聰察岐嶷. 生
五六歲, 智意所及, 有若成人之智. 時孫權曾致巨象, 太祖欲知其斤重,
訪之羣下, 咸莫能出其理. 沖曰, 置象大船之上, 而刻其水痕所至, 稱物
以載之, 則校可知矣."(『三國志』「魏書·武文世王公傳」)

759) 晉나라 藩王은 훗날 東晉을 세운 琅琊王 司馬睿(276~323)를 가리킨다.
司馬睿가 藩王으로 있던 시기 근거지는 琅琊였는데, 元帝로 등극하면서
琅琊를 建業(현재 南京)으로 개칭했다. 建業은 일찍이 魏나라 曹操가

푸른 부들 사이로 언뜻 보이는 건 양梁나라에서 노닐던 말인 듯,

초록 마름풀 사이로 오가는 건 호경鎬京에서 열렸던 잔치의

물고기인 듯.760)

당연히 신령이 계시어 땅을 윤택하게 해주시리니,

해마다 (상서로운) 운기[雲物]761)를 사관史官이 기록하겠네.

第九章【工部侍郎姜晞作】

제9장【공부시랑工部侍郎 강희姜晞 지음】

靈沼縈迴邸第前, 浴日涵春寫曙天.

始見龍臺升鳳闕, 應如霄漢起神泉.

石匱渚傍還啓聖, 桃李初開更有仙.

欲化帝圖從此受, 正同河變一千年.

신령한 못은 저택 앞을 휘돌아 지나가고,

본거지로 삼았던 鄴 땅이다. 본문에서 魏나라와 晉나라를 연결지어 서술
한 것은 이 때문이다.

760) '鎬京에서 열린 잔치'는 천하가 평안하여 天子가 마음 놓고 즐길 수 있는
태평성대를 상징한다. "물고기가 마름풀 사이에 있으니, 그 머리 크기도
하네. 왕께서 鎬京에 계시니, 어찌 즐거이 술을 마시지 않으리오! ⋯ 물고
기가 마름풀 사이에 있으니, 부들에 기대네.魚在在藻, 有頒其首. 王在在
鎬, 豈樂飮酒. ⋯ 魚在在藻, 依于其蒲."(『詩經』「小雅 · 魚藻」) 이에 대
해 鄭玄은 다음과 같이 설명했다. "천하가 평안하니 만물이 본성을 지킬
수 있다. 武王은 어디에 계셨는가? 鎬京에 계시면서 온갖 악기의 음악을
즐기며 여러 신하와 더불어 술을 마셨을 따름이다.天下平安, 萬物得其
性. 武王何所處乎? 處於鎬京, 樂八音之樂, 與羣臣飮酒而已."

761) 운물雲物: 雲氣를 의미한다. 구름의 빛깔을 의미하기도 한다.

막 떠오르는 해[浴日]762)는 따스한 봄기운 품고서 여명黎明을
그려내네.

비로소 용대龍臺에 궁궐[鳳闕]이 높이 솟으니,

마치 하늘[霄漢]에서 신비한 샘물이 솟아나는 것 같구나.

돌함[石匱]763)이 있는 물가는 또 성인聖人을 일깨우고,

복숭아와 오얏나무 꽃 갓 피어나는 데다 신선도 있네.

제업帝業[帝圖]을 여기서 받게 될 조화造化를 부리려 하니,

황하가 천년 만에 변할 것[河變一千年]764)과 같구나!

第十章【兵部郎中裴璀作】
제10장【병부낭중兵部郎中 배최裴璀 지음】

　　乾坤啓聖吐龍泉, 泉水年年勝一年.
　　始看魚躍方成海, 卽睹龍飛利在天.
　　洲渚遙將銀漢接, 樓臺直與紫微連.
　　休氣榮光常不散, 懸知此地是神仙.

　　하늘과 땅이 성인聖人을 이끄시고자 용천龍泉을 토해내시니,

---

762) 욕일浴日 : 수면에서 막 떠오르는 해를 가리킨다. "해는 暘谷에서 뜨고,
咸池에서 목욕한다. 日出於暘谷, 浴於咸池."(『淮南子』「天文」)

763) 석궤石匱 : 帝王이 제사지낼 때 사용하던 石匣을 가리킨다.

764) 하변일천년河變一千年 : 黃河가 천년 만에 변한다는 의미다. 黃河는 천
년에 한 번 맑아지는데 이는 吉兆로 여겨졌다. "또 丹丘는 천년에 한
번 불타고, 黃河는 천년에 한 번 맑아지는데, 지극한 聖君은 이를 큰
상서로움으로 여긴다. 又有丹丘千年一燒, 黃河千年一淸, 至聖之君, 以
爲大瑞."(『拾遺記』)

샘물이 해마다 더 왕성해지네.

처음 봤을 때는 물고기가 뛰어오르더니 바야흐로 바다 되고,

지금 보니 용이 날아올라 하늘에서 이롭게 하네.[765]

물가는 멀리 은하수와 맞닿고,

누대는 자미紫微[766]와 곧장 이어지네.

상서로운 기운과 빛나는 광채가 늘 흩어지지 않으니,

이곳이 바로 신선이 사는 곳임을 짐작하겠구나!

---

765) "九四는 혹 뛰어오르더라도 연못에 있으면 허물이 없다. 九五는 飛龍이
    하늘에 있으니 大人을 만남이 이롭다.九四, 或躍在淵, 無咎. 九五, 飛龍
    在天, 利見大人."(『周易』「乾卦」)

766) 자미紫微 : 天帝가 거처하는 곳으로, 天宮·紫宮·紫微宮이라고도 한다.
    "紫宮垣의 15개 별은 서쪽 7개, 동쪽 8개로 北斗의 북쪽에 있다. 紫微라
    고 하는 것은 大帝의 자리이며 天子가 늘 거하는 곳으로, 命運과 度數를
    주관한다.紫宮垣十五星, 其西蕃七, 東蕃八, 在北斗北. 一曰紫微, 大帝
    之坐也, 天子之常居也, 主命主度也."(『晉書』「天文志」)

音樂四
음악 4

하경심 역주

享太廟樂章十三首【貞觀中魏徵褚亮等作.】

태묘太廟에 제사지낼 때의 악장樂章 13수【정관貞觀년간 위징魏徵[1]·저량褚亮[2] 등 지음】

迎神用永和【黃鐘宮三成, 大呂角二成, 太簇徵二成, 應鐘羽二成, 總九變同用.】
영신迎神에는 〈영화永和〉를 쓴다.【황종궁黃鐘宮 3성成, 대려각大呂角 2성,
태주치太簇徵 2성, 응종우應鐘羽 2성의, 총 구변九變[3]을 함께 쓴다.】

> 於穆烈祖, 弘此丕基. 永言配命, 子孫保之. 百神旣洽, 萬國
> 在茲. 是用孝享, 神其格思.

---

1) 위징魏徵(580~643) : 字는 玄成이고 祖籍은 下曲 陽縣(현재 晋州市)이
   다. 隋唐의 정치가이자 사상가, 사학가, 문학가로 唐 太宗을 보좌하여
   '貞觀之治'를 이룬 명재상이다. 『貞觀政要』에 그 언행이 잘 기록되어 있
   으며 「諫太宗十思疏」가 유명하다.
2) 저량褚亮(555~647) : 字는 希明이고 杭州 錢塘(현재 항주) 사람으로, 祖
   籍은 河南 陽翟(현재 하남성 禹州)이다. 어려서부터 총명하고 문장에
   능해 일찍이 陳에서는 徐陵과 后主의 인정을 받았고 隋에서는 煬帝의
   시기를 받아 폄적되기도 했다. 618년 秦王 李世民의 鎧曹參軍이 되었고
   후에 진왕부의 文學官學士가 되었다. 唐 貞觀 元年(627)에는 弘文館學
   士가 되었으며 사후 昭陵에 陪葬되었다.
3) 구변九變 : 아홉 樂章을 차례로 연주하는 것이다. 한 곡의 연주가 완전히
   끝나는 것을 一成이라고 한다. 『尙書』 「益稷」에 "소소를 아홉 번 연주하
   니, 봉황이 찾아와서 춤을 추었다"라고 하였는데, 그 疏에 "成이란 것은
   끝났다는 말과 같다. 한 곡을 다 연주하고 나면 반드시 바꾸어 다시 연주
   하기 때문에 經에는 九成, 傳에는 九奏, 『周禮』에는 九變이라고 말하였
   다."라고 하였다.

아아, 위대하신 열조께서,

이처럼 큰 기업을 넓히셨네.

길이 천명과 짝하심에4)

자손이 잘 보존하네.

백신百神이 이미 이르시니,

만국萬國이 여기에 모였네.

효성으로 제사 올리니,5)

신령이 강림하시네.6)

皇帝行用太和【詞同冬至圓丘】

황제의 행차에는 〈태화太和〉를 쓴다.【가사는 동지에 원구圓丘에 제사를
지낼 때와 같다.】

登歌酌鬯用肅和【夾鐘均之黃鐘羽】

등가登歌하고 울창주鬱鬯酒7)를 따르며 제사 지낼 때는 〈숙화肅
和〉를 쓴다.【협종균夾鐘均의 황종우黃鐘羽】

---

4) 영언배명永言配命 : 『詩經』 「大雅·文王」에 "길이 천명에 짝함이 스스로
   많은 복을 구하는 길이다.永言配命 自求多福."라고 하였다.

5) 시용효향是用孝享 : 『詩經』 「小雅·天保」에 "길일을 잡아 정결히 酒食을
   장만해 이를 효성으로 제향한다.吉蠲爲饎, 是用孝享."고 하였다.

6) 신기격사神其格思 : 『詩經』 「大雅·抑」의 "神之格思, 不可度思, 矧可射
   思."라는 구절에서 온 것으로, 毛傳에서는 格을 '이르다'의 뜻("格, 至
   也.")으로 풀이했다.

7) 울창주鬱鬯酒 : 신에게 올리는 향기로운 술로, 商代에는 검은 기장으로
   빚었다.

大哉至德, 允玆明聖. 格於上下, 聿遵誠敬.
喜樂斯登, 鳴球以詠. 神其降止, 式隆景命.

크도다, 지극한 덕,

진실 되도다, 밝은 성인.

상하에 두루 미치니,

이에 따르며 진심으로 공경하네.

기쁘게 음악을 연주하고,

옥경玉磬을 울려 노래하네.

신께서 강림하시니,

하늘의 크신 명8)이 융성하네.

迎俎用雍和

영조迎俎9)에는 〈옹화雍和〉를 쓴다.

崇玆享祀, 誠敬兼至. 樂以感靈, 禮以昭事.
粢盛咸潔, 牲牷孔備. 永言孝思, 庶幾不匱.

이 제사를 높이 받드니,

정성과 공경을 다하네.

음악으로 신령을 감동시키고,

예禮로써 밝게 섬기네10).

---

8) 크신 명[景命] : 景命은 大命으로, 제왕의 지위를 주는 하늘의 명을 이른다.

9) 조俎 : 제사 때에 공물, 희생을 올려놓는 기물.

10) 밝게 섬기네[昭事] : 『詩經』「大雅·大明」에 "오직 이 문왕만이, 조심하고

제수는 모두 정결하고,

희생犧牲도 성대히 갖추어졌네.

그 효심 영원하여,

다함이 없으리라[11].

皇祖宣簡公酌獻用長發【無射宮】

황조皇祖 선간공宣簡公[12]의 작헌酌獻에는 〈장발長發〉을 쓴다.【무역궁無射宮】

濬哲惟唐, 長發其祥. 帝命斯祐, 王業克昌.
配天載德, 就日重光. 本枝百代, 申錫無疆.

높고 성대한 당나라,

그 상서로움 길이 뻗도다.

천제의 명이 보우하사,

왕업이 창대하네.

하늘과 짝하여 덕을 이루고,[13]

공손히, 상제를 밝게 섬기시어, 많은 복을 오게 하셨도다.維此文王, 小心
翼翼. 昭事上帝, 聿懷多福."라고 하였다.

11) 영언효사永言孝思, 서기불궤庶幾不匱 : 『詩經』「大雅·旣醉」의 "효자의
효도는 다함이 없으니, 영원히 복을 받으리로다.孝子不匱, 永錫爾類."라
는 말에서 나온 것이다.

12) 선간공宣簡公 : 唐 高祖 李淵의 고조부인 李熙로, 北魏의 金門鎭將이었
으며 618년, 高祖가 시호를 宣簡公으로 추증했고 674년 高宗 李治가
光皇帝라 했으며 廟號는 獻祖로 추존했다. 建初陵에 모셔졌다.

13) 덕을 이루고[載德] : 『國語』「周語上」에 "대대로 덕을 이루어 전인을 욕
되게 하지 않았다.奕世載德, 不忝前人."라는 말이 나오는데, 韋昭의 注

해에게 나아가 빛을 이으니14),
자자손손 백대에 이르도록,
끝없는 복을 내려주셨네15).

皇祖懿王酌獻用長發【同前詞, 黃鐘宮.】

황조皇祖 의왕懿王16)의 작헌酌獻에는 〈장발長發〉을 쓴다.【가사는 앞
과 같고 황종궁黃鐘宮이다.】

太祖景皇帝酌獻用大基【太簇宮】

태조太祖 경황제景皇帝17)의 작헌酌獻에는 〈대기大基〉를 쓴다【태주
궁太簇宮】

에 "載는 이룬다는 뜻이다.載, 成也."라고 하였다.

14) 중광重光 : 덕이 있는 임금이 잇따라 나서 거듭 빛을 내었다는 것으로
후에 왕이 된 자가 앞의 왕의 빛을 이어 밝혔다는 뜻이다.

15) 신석무강申錫無疆 :『詩經』「商頌·烈祖」에 "아아, 열조께서 변함없는 복
록을 지니시어, 끝없이 거듭 내려 주시니, 네가 있는 이곳까지 이르렀네.嗟
嗟烈祖, 有秩斯祜, 申錫無疆, 及爾斯所."라고 하였다.

16) 의왕懿王(?~?) : 唐國公 李虎의 아버지이자 唐 高祖 李淵의 증조부인 李
天錫을 말한다. 字는 德眞이고 隴西 成紀(현재 甘肅省 秦安縣) 사람으로
北魏의 大臣이었으며 西涼 皇室의 후예이다. 北魏에서 幢主로서 경성의
수비를 맡은 바 있다. 唐 高祖때 시호를 懿王으로, 高宗 咸亨五年(674)에
는 光皇帝로 추시했으며 廟號는 懿祖라 했다. 啓運陵에 모셔졌다.

17) 경황제景皇帝(?~551) : 唐 高祖 李淵의 祖父이자 唐 太宗 李世民의 曾
祖父인 李虎이다. 字는 文彬이고 東魏에 맞서 싸워 西魏 八大柱國중
하나가 되었으며 大野氏의 성을 하사받고 隴西郡公에 봉해졌다. 北周
保定연간에 唐國公으로 봉해졌고 시호를 襄이라 했으며 618년에는 시호
를 景皇帝라 했다. 廟號를 太祖라했으며 永康陵에 모셔졌다.

猗歟祖業, 皇矣帝先. 翦商德厚, 封唐慶延.
在姬猶稷, 方晉踰宣. 基我鼎運, 於萬斯年.

아름답다, 조상의 대업.

위대하다, 황제의 선조.

상商나라를 멸하시니 그 덕 두텁고,

당공唐公에 봉해지니 경사가 이어지네.

주周나라에서는 후직后稷과 같고[18],

진晉나라에서는 선제宣帝보다 낫네.[19]

우리 국운[20]을 다져놓으시니,

천년만년 이어지리라.

----

18) 재희유직在姬猶稷 : 姬는 중국 고대 8대 姓 중 하나로 黃帝의 성이자 周나라의 국성이다. 황제가 姬水(陝西省 武功縣 漆水河)에서 살았으므로 희성을 갖게 되었다고 하는데 여기서는 주나라를 말한다. 稷은 후직을 말하며 주의 시조로 성은 姬, 이름은 棄이다. 稷山(山西省 직산현)에서 태어나 稷王이라 불렸으며 농경의 시조로 불린다.

19) 방진유선方晉踰宣 : 宣은 晉 宣帝(司馬懿, 179~251)를 말한다. 字는 仲達이고 河内郡 溫縣 孝敬里(현재 河南省 焦作市 溫縣) 사람으로, 조조가 魏王으로 봉해진 뒤 太子中庶子로서 曹丕를 보좌했고 후에는 輔政大臣으로서 魏 明帝 曹叡을 보좌했다. 명제 사후 어린 曹芳을 보좌했으나 曹爽의 배척을 받자 249년 정변을 일으켜 洛陽을 점령하고 실질적인 권력을 갖게 되었다. 책략에 능해 孟達을 사로잡고 제갈량의 북벌을 막은 바 있으며 遼東을 평정했다. 屯田과 水利 등 농경발전에도 힘썼으며 병사한 뒤 諡號를 宣文이라 했다. 둘째 아들 司馬昭가 晉王으로 봉해진 뒤 그 시호를 宣王이라 했고 손자인 司馬炎은 稱帝 후 그를 선황제로 추존했으며 묘호를 高祖라 했다.

20) 정운鼎運 : 국가의 운명. "鼎運雖改, 而民未忘漢."(『宋書』「武帝紀論」) "皇衢肇啟, 鼎運始資."(南朝 梁 沈約「爲南郡王讓中軍表」)

世祖元皇帝酌獻用大成[姑洗宮]

세조世祖 원황제元皇帝[21)의 작헌酌獻에는 〈대성大成〉을 쓴다.[고선
궁姑洗宮]

周稱王季, 晉美帝文. 明明盛德, 穆穆齊芬.
藏用四履, 屈道三分. 鏗鏘鐘石, 載紀鴻勳.

주周나라에서는 왕계王季[22)라 칭할 만하고,
진晉나라에서는 문제文帝[23)로 칭송될 만하네.

---

21) 세조世祖 원황제元皇帝(李昞, 536?~572) : '李昺'으로도 쓴다. 字는 明澤
이고 隴西 成紀(현재 甘肅省 秦安縣) 사람으로 당 고조 李淵의 아버지,
태종 李世民의 조부이다. 西魏의 八大柱國 隴西郡公 李虎의 세 번째
아들로 西魏에서 汝陽縣 開國伯으로 봉해지고 車騎大將軍이 되었다. 北
周 건립후에는 唐國公을 세습했고 柱國大將軍 등을 맡았다. 사후 太保가
추증되었고 諡號를 仁이라 했다. 618년, 아들인 당 고조 이연이 즉위 후
시호를 元皇帝라 했으며 廟號를 世祖라 했다. 興寧陵에 모셔졌다.

22) 왕계王季 : 周 文王의 아버지이자 武王과 周公 旦의 조부인 季歷을 말한
다. 姬姓으로 이름은 歷이고 항렬에 따라 계력이라 했으며 公季·王季·周
王季 등으로도 불렸다. 왕위에 오른 뒤 古公亶父의 유지를 받들어 義를
행하기에 힘썼으며 수리사업을 일으켜 농업을 발전시켰다. 군대를 훈련시
키고 商의 귀족인 任氏와 通婚해 정치기반을 공고히 했으며 戎狄部落과
전쟁을 일으키면서 군사력을 키웠다. 商王 文丁때에 牧師로 봉해졌으며
西方 제후들의 장이 되었으나 후에 견제를 받아 문정에 의해 연금되었다
가 절식하고 죽었다.

23) 문제文帝(司馬昭, 211~265) : 晉 宣帝 司馬懿의 둘째 아들이자 武帝 司
馬炎의 아버지인 司馬昭를 말한다. 字는 子上이고 河內 溫縣(현재 河南
省 溫縣) 사람으로, 어려서부터 아버지를 따라 蜀漢과 싸우며 전공을
세웠다. 255년, 형 司馬師를 이어 魏의 大將軍이 되면서 권력을 쥐게
되었고 260년 曹髦가 시해된 후 曹奐을 황제로 세웠다. 263년 군사를

밝고 밝은 성덕,

온화하고 정숙한 향기.

쓰임을 사방에 감춰 놓고[24],

도를 삼분 굽혀 지내셨으니,

종과 석경을 쟁쟁 울리며,

그 위대한 공훈을 기리네.

高祖大武皇帝酌獻用大明【蕤賓宮】

고조高祖 대무大武황제[25]의 작헌酌獻에는 〈대명大明〉을 쓴다.【유빈

鍾會·鄧艾·諸葛緒의 세 편으로 나누어 보내 촉한을 멸망시키고 晉公으로 봉해졌으며 이듬해 晉王이 되었다. 265년 병사한 후, 아들 司馬炎이 진의 황제가 되자 문제로 추존되었고 묘호를 태조라 했다.

24) 장용사리藏用四履 : 『周易』「繫辭上」에 "顯仁藏用"이라는 말이 나오는데 '인자한 공덕을 발휘하여 만물에 은혜를 입히고, 그 공적을 은밀히 감추어 알지 못하게 한다'는 뜻이다. 四履는 사방의 경계를 일컫는다.

25) 고조高祖 대무황제大武皇帝(李淵, 566~635, 재위 618~626) : 唐의 개국 군주 李淵으로 西魏의 名將 李虎의 손자이고 唐國公 李昞의 아들이다. 字 는 叔德이고 隴西 成紀(현재 甘肅省 秦安縣)사람으로 唐國公에 습봉 되었으며 隋에서는 文帝와 文獻皇后의 총애를 받아 譙州·隴州·岐州刺史를 역임했고 煬帝가 高句麗를 칠 때 군량미운송을 맡았었다. 615년, 毋端兒의 起義軍을 격파했고 616년에는 돌궐에 맞서 싸웠으며 617년에는 太原留守가 되었다. 이후 晋陽에서 기의해 大將軍府를 세우고 李建成·李世民 등을 이끌고 남하해 霍邑을 쳤으며 關中 孫華의 기의군을 받아들이고 長安을 공략했다. 隋 煬帝의 손자인 代王 楊侑를 황제로 옹립하고 隋 煬帝를 太上皇으로 만들었으며 스스로 대승상이자 당왕이 되었다. 618년, 煬帝가 시해된 후 恭帝 楊侑에게 선양 받아 唐朝를 세웠으며 연호를 武德이라 했다. 황제에 오른 뒤 秦王 李世民을 앞세워 각지의 반대세력을 제압하고 농민기의군을 평정해 통일을 완성했다. 626년

五紀更運, 三正遞昇. 勛華旣沒, 禹湯勃興.
神武命代, 靈睠是膺. 望雲彰德, 察緯告徵.
上紐天維, 下安地軸. 徵師涿野, 萬國咸服.
偃伯靈臺, 九官允穆. 殊域委贄, 懷生介福.
大禮旣飾, 大樂已和. 黑章擾圃, 赤字浮河.
功宣載籍, 德被詠歌. 克昌厥後, 百祿是荷.

오기五紀26)의 운이 바뀌고,

삼정三正27)이 번갈아 올랐네.

요순임금 사후에, 우탕禹湯이 다시 흥하였고,

신무神武 황제께서 천명을 대신해,

신령의 돌아보심에 응하셨네.

구름을 바라보니 덕이 환히 빛나고,

별자리 살피니28) 상서로운 징조를 고하네.

6월 玄武門의 변이후 李世民을 皇太子로 삼고 황위를 계승한 뒤 太上皇이 되었다. 635년, 병사했고 諡號를 太武皇帝, 묘호를 高祖라 했으며 獻陵에 모셔졌다. 674년, 고종이 神堯皇帝로 시호를 바꾸고 749년 현종이 神堯大聖皇帝라 했으며 754년에는 神堯大聖大光孝皇帝라 했다.

26) 오기五紀:『梁書』「武帝紀上」에 "삼정이 순서를 바꾸고, 오운이 옮겨갔네.三正迭改, 五運相遷."라는 말이 나오는 것으로 보아 五紀는 五運을 가리키는 듯하다. 오운은 五行이 흘러 전하는 歲運을 말하며 운수가 변하여 왕조가 새롭게 열리는 것을 상징한다.

27) 삼정체승三正遞昇 : 역법이 바뀌었음을 의미한다. 三正은 夏・殷・周 三代의 正朔을 가리킨다.

28) 찰위察緯:『周禮』「春官・大宗伯」日月星辰註에 보면 "별을 오위라 한

위로는 천유天維를 묶고,

아래로는 지축地軸을 안정시켰네.

탁록[涿野]에서 제후의 군사를 부르니,[29]

만국이 복종했고,

영대에서 전쟁을 멈추니,[30]

구관九官[31]이 화목했네.

다.星謂五緯."고 하였고, 疏에서, "오위는 오성이다. 위라고 한 것은 28수
가 하늘을 따라 왼쪽으로 돌며 경이 되고, 5성이 오른쪽으로 돌며 위가
되기 때문이다.五緯, 卽五星. 言緯者, 二十八宿隨天左轉爲經, 五星右
旋爲緯."라고 하였다.

29) 징사탁야徵師涿野 : 『史記』「五帝本紀第一」에 "황제가 제후의 군사를
불러서 치우와 탁록 벌판에서 싸워 그를 잡아 죽였다.於是黃帝乃徵師諸
侯. 與蚩尤戰於涿鹿之野, 遂禽殺蚩尤."고 전한다.

30) 언백영대偃伯靈臺 : 偃伯은 휴전을 말한다. "臣聞昔命師於鞬櫜, 偃伯於
靈臺, 或人嘉而稱焉."(『後漢書』「馬融傳」) 李賢의 注에 "偃, 休也. 伯,
謂師節也."라 풀이했다. 靈臺는 원래 周 文王 때 쌓은 제단 이름으로
후에는 현 이름(甘肅省 동부 涇水와 渭水 사이에 위치)이 되었다. 이
지역은 商周 시기에 密須國이었는데 商나라를 받들어 종주관계가 공고
했으므로 周나라가 상나라를 치는 데에 걸림돌이 되었다. 기원전 1057년
周 文王이 이곳을 공격해 승리한 후 밀수국의 노예로 하여금 제단을 만들
게 하고 성대한 '軍禮' 제사를 행했는데 이는 장차 주나라가 상나라를
벌하고 천자의 나라가 될 것을 선언하는 것이었다. 이 제단을 '영대'라
했고 이후 이곳은 '神州祭天第一臺'의 명성을 가지게 되었다. 秦代에는
이곳에 鶉觚·陰密의 두 縣을 두었고 隋 大業元年(605), 鶉觚현 동남쪽
에 영대현을 두었는데 '문왕이 밀수국을 정벌한 뜻'을 취해 이름붙인 것이
라 한다. 이듬해 靈臺와 陰密縣을 없애고 鶉觚에 귀속시켰다가 唐 武德
元年(618)에 다시 靈臺縣을 두고 麟州에 귀속시켰다.

이역에서 공물을 바치며 귀의하니,

큰 복이 생기네.

대례가 이미 거행되고,

대악이 이미 조화로우니

검은 무늬가 원유에 어지럽고[32],

붉은 글씨가 강에서 떠올랐네[33].

공적은 사적에 실리고,

덕은 노래로 불려지니,

후사가 창대하고,

백록을 받으리라.

---

31) 구관九官 : 九卿 六部의 주요관원(司徒·司馬·司空·司寇·大行人·宗
伯의 육부가 隋唐이후 吏·戶·禮·兵·刑·工의 육부가 되며 九卿은 奉
常·郎中令·衛尉·太仆·廷尉·典客·宗正·治粟内史·少府를 말한다),
나아가 모든 신하를 의미한다. 원래 舜임금의 아홉 대신에서 유래한 말이
다. "臣聞舜命九官, 濟濟相讓, 和之至也."(『漢書』·「劉向傳」) 顏師古의
注에 "『尚書』: 禹作司空, 棄后稷, 契司徒, 咎繇作士, 垂共工, 益朕虞,
伯夷秩宗, 夔典樂, 龍納言, 凡九官也."라 했다.

32) 흑장요유黑章擾囿 : 黑章은 검은 무늬를 말한다. "白質黑章, 其儀可
嘉."(漢 司馬相如 「封禪文」) 王粲의 「游海賦」에 "바다거북 껍질은 금색
바탕에 검은 무늬를 띄었다.蠵鼊瑇瑁, 金質黑章."라는 말이 나온다. 즉
거북의 등에 점 무늬로 새겨졌다는 洛書를 가리킨다.

33) 적자부하赤字浮河 : 河圖洛書 중 하도, 즉 황하에서 나온 龍圖를 말하며
伏羲가 이를 본 따 八卦를 그렸다고 한다. 하도낙서의 출현을 제왕이나
성인이 천명을 받은 상서로운 징조로 해석한다. "三正迭改, 五運相遷,
綠文赤字, 徵『河』表『洛』."(『梁書』 「武帝紀上」) "河出圖, 洛出書, 聖人則
之."(『周易』 「繫辭上」) "河圖雒書遠自昆侖, 出於重壄 … 此乃皇天上帝
所以安我帝室, 俾我成就洪烈也."(『漢書』 「翟義傳」)

皇帝飮福用壽和

황제의 음복에는 〈수화壽和〉를 쓴다.

八音斯奏, 三獻畢陳. 寶祚惟永, 暉光日新.

팔음八音34)이 연주되고,

삼헌三獻35)이 모두 올려지네.

나라에 내리는 복은 영원하고,

광채는 나날이 새롭다.

送文舞出迎武舞入用舒和

문무文舞36)를 보내고 무무武舞37)를 맞아들일 때는 〈서화舒和〉를

---

34) 팔음八音 : 金·石·絲·竹·匏·土·革·木 등 여덟 가지 재료로 만든 악
기를 말한다.

35) 삼헌三獻 : 제사의식에서 初獻·亞獻·終獻의 세 번 술 올리는 의식을 합
쳐 삼헌이라 한다. 그 순서는 지위나 명망에 따라 정해지는데 『新唐書』
「禮樂志5」의 기재에 의하면 中春·中秋에 文宣王·武成王에게 제사 지
낼 때 國學에서는 祭酒·司業·博士의 순으로 三獻을 행했고 貞觀연간
皇太子가 국학에서 先聖·先師에게 제사 지낼 때는 皇太子·國子祭酒
·國子司業의 순으로 행했다고 한다.

36) 문무文舞 : 궁정아악무 중 하나로 궁정의 전례나 郊廟祭祀에 쓰였다. 周代
궁정의 六代舞(〈雲門〉〈大章〉〈大韶〉〈大夏〉〈大護〉〈大武〉)중 제왕의 문덕
을 칭송한 앞의 4곡에서 유래한 것으로 손에 龠翟(피리 등의 관악기와
꿩 꽁지깃으로 장식한 舞具)을 들고 추는 느린 춤이다. 반주악기로는 鍾
·磬·錞·鐃·鐸·琴·瑟 등이 쓰인다. 수대의 문무·무무를 후에 祖孝孫
이 음악을 정비하면서 각각 〈치강〉〈개안〉으로 불렀다고 한다."初, 隋有文
舞, 武舞, 至祖孝孫定樂, 更文舞曰〈治康〉, 武舞曰〈凱安〉."

쓴다.

聖敬通神光七廟, 靈心薦祚和萬方.
嚴禮克配鴻基遠, 明德惟馨鳳曆昌.

성상의 공경이 신명과 통하여 칠묘七廟38)가 빛나고,
신령이 복을 내리사 만방이 화합하네.
엄숙하게 제사를 받드니 그 기업이 오래도록 번성하고,
오직 밝은 덕이 향기로우니39) 왕업[鳳曆]40)이 창성하리라.

---

37) 무무武舞 : 周代의 六代舞 중 하나로 교묘제사나 향연에 쓰였으며 도끼
와 방패를 들고 추었다. 『新唐書』「禮樂志11」에 의하면 선양에 의해 천하
를 얻었으면 문무를 먼저 연주하고 정벌을 통해 천하를 얻었으면 무무를
먼저 연주했다고 한다. "爲國家者, 揖讓得天下, 則先奏文舞; 征伐得天
下, 則先奏武舞."

38) 칠묘七廟 : 四親(高祖·曾祖·祖父·父)廟와 二祧(高祖의 아버지와 조
부)庿, 始祖廟를 말하며 『禮記』「王制」에 의하면 三昭와 三穆(종묘의
순서에서 왼편은 昭이고 오른편은 穆이다. 아버지가 소이면 자식은 목이
다. 태조이하 1세가 소, 2세가 목, 3세는 소, 4세는 목이 된다. 선세가
소가 되고 후세가 목이 되며 적자가 소가 되고 서자가 목이 된다.), 太祖의
묘를 합해 칠묘라 한다. "天子七廟, 三昭三穆, 與太祖之廟而七." 여기서
는 제왕의 종묘를 일컫는다.

39) 명덕유형明德惟馨 : 『尙書』「君陳」에 "지극한 다스림은 그 향이 멀리 퍼
져 신명도 감동시킨다. 기장이 향기로운 것이 아니라 밝은 덕이 향기로운
것이다.至治馨香, 感于神明. 黍稷非馨, 明德惟馨."라고 하였다.

40) 왕업[鳳曆] : 『左傳』「昭公 17年」에 의하면 少皞가 권력을 잡았을 때 마침
봉황이 이르렀으므로 鳥師가 되어 새 이름으로 관명을 삼았다고 한다.
봉력은 천문역법을 관장하는 관리로,("我高祖少皞摯之立也, 鳳鳥適至,
故紀於鳥, 爲鳥師而鳥名, 鳳鳥氏, 曆正也.") 후에 역법, 또는 역법을 추

武舞用凱安【詞同冬至圓丘】

무무는 〈개안凱安〉을 쓴다.【가사는 동지 때 원구圓丘41)에 제사지낼 때와 같다.】

徹俎用雍和

철조徹俎에는 거둘 때는 〈옹화雍和〉를 쓴다.

於穆清廟, 聿修嚴祀. 四縣載陳, 三獻斯止.
籩豆徹薦, 人祇介祉. 神惟格思, 錫祚不已.

아아, 아름다운 청묘,

엄숙히 제사를 올리나이다.

사방에 현縣을 걸어 진설하고,

삼헌三獻의 예를 다했네.

변두籩豆42)를 물리니,

산하고 제정한다는 뜻으로도 썼다. 왕업이 역법의 제정에서부터 시작되는 바, 여기서는 왕업을 말한다.

41) 원구圓丘 : 황제가 동지때 하늘에 제사지내는 원형의 제단으로, 주로 수도의 남쪽에 두었다. 후한대에 洛陽에 원구를 세우고 상하층으로 나누어 상층에는 天地를, 하층에는 五帝를 모셨으며 이중의 담장을 둘렀다고 한다. 수당대에도 이와 유사한 형태였는데 특히 수대에는 犬祀(昊天上帝·日·月·皇地祇·神州社稷·宗廟에 제사), 中祀(星辰·五祀·四望 등에 제사), 小祀(司命·司中·風師·雨師·山川 등에 제사)로 나누어 제를 올렸다고 한다. 북경의 圜丘壇은 明 嘉靖 9年(1530)에 세워졌고 淸 世祖, 乾隆帝를 거치며 현재의 고건축군이 완성되었다.

42) 변두籩豆 : 제사나 연회 때 쓰이던 예기의 일종으로 굽이 높고 뚜껑이 있다. 원래 대나무로 만든 것을 '변', 나무로 만든 것을 '두'라고 했으며

사람과 신이 큰 복을 누리네.

신령이 이르사,

끝없이 복을 내리시네.

送神用永和

송신送神에는 〈영화永和〉를 쓴다.

蕭蕭淸祀, 蒸蒸孝思. 薦享昭備, 虔恭在玆.

雍歌徹俎, 祝嘏陳辭. 用光武志, 永固鴻基.

엄숙한 청묘의 제사에,

피어오르는 효심.

제향을 밝게 갖추었으니,

이에 공경함을 다하도다.

〈옹화雍和〉 노래에 맞춰 조俎를 내리니,

축하祝嘏[43]의 말이 펼쳐지네.

이로써 굳은 의지 빛내고,

큰 기틀이 길이 다져지네.

변은 마른 것, 두는 고기·국 등을 담았다고 한다. "三牲魚臘, 四海九州
之美味也 ; 籩豆之薦, 四時之和氣也."(『禮記』「禮器」) 孔穎達 疏 : "盛
其饌者, 即三牲魚臘籩豆是也." "其人終不相盜, 無門戶之閉. 婦人貞
信. 飮食以籩豆."(『後漢書』「東夷傳·濊」) "帝納其言, 以後爲亞獻, 仍
以宰相女爲齊娘, 以執籩豆."(『舊唐書』「后妃傳上·中宗韋庶人」)

43) 축하祝嘏 : 제사 의식에서 신이 축복하는 말을 전하는 절차이다.

又享太廟樂章五首【永徽已後續撰, 不詳撰者.】

태묘에 제사 지낼 때의 악장 5수【영휘永徽 연간44) 이후에 이어서 지었는데 작자는 미상이다.】

太宗文皇帝酌獻用崇德【夷則宮, 永徽元年造.】

태종太宗 문황제文皇帝의 작헌酌獻에는 〈숭덕崇德〉을 쓴다.【이칙궁夷則宮. 영휘永徽 원년에 지었다.】

五運改卜, 千齡啓聖. 彤雲曉聚, 黃星夜映.
葉闡珠囊, 基開玉鏡.【後爲圖開】下臨萬宇, 上齊七政.
霧開三象, 塵淸九服. 海濂星暉, 遠安邇肅.
天地交泰, 華夷輯睦. 翔泳歸仁, 中外禔福.
績踰黜夏, 勳高剪商. 武陳七德, 刑設三章.
祥禽巢閣, 仁獸遊梁. 卜年惟永, 景福無疆.

오운五運45)이 바뀌니,

천년 만에 태평성대가 열렸네.

붉은 구름46) 새벽에 모여들고,

노란 별47)은 밤중에 비치도다.

---

44) 영휘永徽(650~655) : 唐 高宗 李治의 첫 번째 연호.

45) 오운五運 : 金·木·水·火·土의 변화와 운행을 말하며 왕조 교체도 이 변화에 따르는 것으로 본다. 수나라는 火에 속하고 당나라는 土에 속한다.

46) 동운彤雲 : 눈이 내리기 전의 빽빽하게 퍼져있는 짙은 구름을 가리킨다. 당나라 宋之問의 시 〈奉和春日玩雪應制〉에 "북궐의 붉은 구름 새벽노을 가리고, 동풍에 날아온 눈이 산가에서 춤을 추네.北闕彤雲掩曙霞, 東風吹雪舞山家."라고 하였다.

후손은 구슬 주머니처럼 열리고,

기업은 옥 거울처럼 펼쳐지네.【後爲圖開】

아래로는 만천하를 다스리고,

위로는 칠정七政48)이 가지런하구나.

안개 걷히니 삼상三象49)이 열리고,

흙먼지 가라앉으니 사방의 제후들이 복종하네.

바다에 별빛 젖어 드니,

먼 변방 편안하고 가까운 곳 엄숙하며,

하늘과 땅이 서로 통하니50),

중화와 이방이 화목하네.

나는 것과 헤엄치는 것도 인의에 귀의하고,

중원과 해외가 즐거이 복을 받네.

공적은 하나라를 멸한 탕湯임금51)을 능가하고,

---

47) 노란 별[黃星] : 노란 별은 상서로운 징조로 여겨졌다. 隋나라 李播의 〈天象賦〉에 "대순이 산에 올라 봉선하는 것을 가상히 여겨, 황성이 빛났으되 봉망이 없었다.嘉大舜之登禪, 耀黃星而靡鋒."라는 구절이 보인다.

48) 칠정七政 : 日月과 五星(金·木·水·火·土)을 말한다. "在璿璣玉衡, 以齊七政." 孔傳 : "七政, 日月五星各異政."(『尙書』「舜典」) "七政者, 謂春·秋·冬·夏, 天文·地理·人道, 所以爲政也."(『尙書』「大傳」卷1)

49) 삼상三象 : 해·달·별을 말한다.

50) 천지교태天地交泰 : 『周易』「泰卦·象辭」의 "하늘과 땅의 기운이 서로 통하는 것이 태이다.天地交泰."라는 말에서 온 것으로, 천지의 기운이 조화를 이루어 만물이 생장하는 것을 말한다.

51) 탕임금[湯王](기원전 1670?~기원전 1587) : 河南 商丘人이며 契의 14대 손으로 伊尹·仲虺 등의 도움으로 夏나라의 방국을 차례로 멸하고 桀임금과 鳴條(河南省 封丘 동쪽)에서 결전을 벌여 하나라를 멸했으며 3천

공훈은 상나라를 멸한 무왕武王[52]보다 높구나.

무로는 칠덕七德[53]을 펼치고,

형벌은 삼장三章[54]을 세웠네.

길한 날짐승[55] 이 전각에 둥지 틀고,

어진 들짐승[56]이 교량에서 노니니,

제후에 의해 천자로 추존되어 상나라의 개국군주가 되었다.

[52] 무왕武王(?~기원전 1043): 岐周(陝西 岐山) 사람으로 庸·蜀·羌·髳·盧·彭·濮 등을 연합해 紂王을 쳐 商나라를 멸망시키고 周나라의 개국군주가 되었다.

[53] 칠덕七德: 武功 중 일곱 가지 덕을 말한다. "夫武, 禁暴·戢兵·保大·定功·安民·和衆·豊財者也. 故使子孫無忘其章 … 武有七德, 我無一焉, 何以示子孫?"(『左傳』「宣公 12年」) "大司馬攸縱自天, 體兹齊聖, 文治九功, 武苞七德."(『梁書』「武帝紀」) "五兵永戢, 七德無虧."(唐 柳宗元「柳州賀破東平表」) 또는 文治 중 일곱 가지 덕행을 가리키는 경우도 있다. "尊貴·明賢·庸勳·長老·愛親·禮新·親舊 … 若七德離判, 民乃携貳." 韋昭 注: "七德, 謂尊貴至親舊也."(『國語』「周語」) 隋唐대에는 악무명으로 쓰이기도 했다. "帝御茶果, 太常丞跪請進舞〈七德〉, 繼之〈九序〉."(『隋書』「音樂志上」)

[54] 삼장三章: 원래 漢 高祖가 咸陽에 들어와 부로들과 정한 세 가지 법률에서 유래한 것(살인한 자는 사형에 처하고 상해를 입힌 자와 도둑질에 대해 형을 정한 것)으로 간단명료한 법률, 규정을 가리키기도 한다.『史記』권8「高祖本紀」)

[55] 상금祥禽: 祥禽은 봉황을 뜻한다. 『文選』「古詩·西北有古樓·李善注」에 "옛날 황제 헌원씨 때에 봉황이 아각에 둥지를 틀었다.昔黃帝軒轅鳳凰巢阿閣."라고 하였다.

[56] 인수仁獸: 仁獸는 보통 기린을 뜻한다. 『公羊傳』「哀公14年」: "麟者, 仁獸也. 有王者則至." 『文選』「劉禎」: "靈鳥宿水裔, 仁獸遊飛梁." 劉良의 注에 "仁獸, 麟也"라 하였다.

국운은 영구하고,

큰 복은 가없이 내리리.

高宗天皇大帝酌獻用鈞天【黃鐘宮, 光宅元年造.】

고종高宗 천황대제天皇大帝[57]의 작헌酌獻에는 〈균천鈞天〉을 쓴다.
【황종궁黃鐘宮. 광택光宅 원년(684)에 만들었다.】

承天撫籙, 纂聖登皇. 遐清萬宇, 仰協三光.
功成日用, 道濟時康. 璇圖載永, 寶曆斯昌.
日月揚暉, 煙雲爛色. 河岳修貢, 神祇效職.
舜風攸偃, 堯曦先就. 睿感通寰, 孝思浹宙.
奉揚先德, 虔遵曩狩. 展義天扃, 飛英雲岫.
化逸王表, 神凝帝先. 乘雲厭俗, 馭日登玄.

천명을 이어 부록符籙[58]을 쥐고서,

---

57) 고종高宗 천황대제天皇大帝(李治, 628~683, 재위 649~683) : 당대 세 번째 황제로 태종 이세민의 아홉 번째 아들이다. 字는 善이고 즉위후 태종의 경제정책을 성공적으로 계승해 '永徽之治'라 칭해졌다. 재위기간에 영토 확장에 힘써 가장 큰 영토를 확보했으나 660년이후 건강상태가 안 좋아져 점차 武則天에게 의지하게 되었다. 시호를 天皇大帝, 廟號를 高宗이라 했으며 749년에는 天皇大聖皇帝, 754년에는 天皇大聖大弘孝皇帝로 추시되었다. 乾陵에 모셔졌다.

58) 부록符籙 : 원래 도교의 祕文, 길흉을 예언하는 문자 등을 말하나 여기서는 하늘에서 내린 문서로 천명을 받았음을 말한다. 張衡의 〈東京賦〉에 "한 高祖가 부명을 받고 도참을 받아 하늘의 뜻을 따라 나쁜 이를 베었다. 高祖膺籙受圖, 順天行誅)."라는 말이 보인다. 부명은 하늘이 제왕이 될 사람에게 주는 표이고, 도참은 未來記에 해당한다. 이는 곧 임금의 자리에

성인을 이어 황위에 오르네.

멀리 천하가 맑아지고,

우러러 해·달·별빛에 어우러지네.

공을 이루니 날마다 쓰이고,

도로 세상을 구하니 시절이 편안해졌네.

나라의 판도59)는 영원하고,

황제의 지위寶曆60)는 창성하리라.

해와 달이 빛을 떨치고,

안개구름 찬란하게 비치네.

산천에 공물을 바치고,

신령께 직분을 다하네.

순임금의 교화[舜風] 드리워진 곳에,

요임금의 해[堯曦]가 먼저 비추니,61)

황제의 성명하심 천하에 미치고,

효성이 우주에 퍼지네.

선제의 덕을 받들어 드높이고,

오를 운명을 받았음을 뜻한다.

59) 선도璇圖 : 국가의 판도, 운명을 말한다. "賴皇威遐制, 璿圖廣馭, 四海竞順, 其會如林."(南朝 梁 江淹의「蕭驃騎慶平賊表」)

60) 보력寶曆 : 황제의 자리를 말한다. "朕幼承寶曆, 艱憂在疚, 庶事不親, 風化未洽."(『魏書』「世宗紀」)

61) 순풍유언舜風攸偃, 요희선취堯曦先就 : 舜風은 순임금의 風化, 즉 순임금 때와 같은 교화라는 뜻이고 堯曦는 요임금의 햇빛, 즉 요임금 때와 같은 밝은 덕이라는 뜻이다. 따라서 교화가 미치기 이전에 먼저 따스한 다스림이 있었다는 뜻이다.

옛날 순수巡狩62)하시던 일 경건히 따르네.

하늘 문에서 인의를 펼치고,

구름 서린 봉우리에 영기英氣를 날리네.

교화는 왕에게 넘치고,

정신은 선조[帝先]에게 응집되네.

구름 타고 속세 버리시고,

해를 몰아 아득한 곳에 오르시네.

中宗孝和皇帝酌獻用太和【太簇宮, 景雲元年造.】

중종中宗 효화황제孝和皇帝63)의 작헌酌獻에는 〈태화太和〉를 쓴다.

---

62) 순수[展義] : 展義는 황제가 덕을 보이기 위해 巡狩하는 것을 말하는데
『左傳』「莊公 27年」에 "천자는 덕을 펼쳐 보이는 일이 아니면 순수하지
않고, 제후는 백성을 위하는 일이 아니면 거동하지 않으며, 경은 군주의
명령이 없으면 국경을 넘지 않는다.天子非展義, 不巡守; 諸侯非民事,
不擧; 卿非君命, 不越竟."라고 하였다.

63) 중종中宗 효화황제孝和皇帝(李顯, 656-710, 재위 683-684, 705-710) : 원
명은 李哲로 高宗 李治의 일곱 번 째 아들이자 武則天의 세 번째 아들이
다. 처음엔 周王에, 후에는 英王에 봉해졌으며 章懷太子 李賢이 폐위된
후 황태자가 되었다. 683년, 황제로 즉위했으나 韋后일가를 통해 정권장
악을 꾀하다가 武則天에 의해 684년 55일 만에 폐위되고 廬陵王으로
均州·房州 등지를 떠돌다가. 699년, 황태자로 복위되었다. 神龍 원년
(705)에 재상 張柬之 등이 정변을 일으켜 중종을 복위시켰으며 국호를
당으로 바꾸었다. 위후는 10여 년을 유폐되어 함께 고난을 견뎠으므로
중종의 신임이 두터웠으나 중종 복위 후 무씨와 결탁해 전권을 휘둘렀고
딸인 安樂공주는 武三思의 아들 崇訓과 결혼해 세도를 휘둘렀다.崇训
사후에는 武承嗣의 아들 延秀에게 재가) 710년, 중종은 결국 위후에 의해
독살되었다. 諡號는 710년에 孝和皇帝, 749년에는 孝和大聖皇帝, 754년

【태주궁太簇宮, 경운景雲64) 원년元年(710)에 지었다.】

> 廣樂旣備, 嘉薦旣新. 述先惟德, 孝饗惟親. 七獻具擧, 五齊
> 畢陳. 錫玆祚福, 於萬斯春.

온갖 음악이 구비되고,

훌륭한 제수는 신선하네.

선조를 계승함에 오직 덕으로 하고,

효성 어린 제향은 오직 혈친에게 올리네.

일곱 번 술 올리기65)를 모두 거행하고,

다섯 가지 술66)을 다 올리네.

여기에 복을 내리시니,

만년토록 지속되리라.

에는 大和大聖大昭孝皇帝가 추시되었다. 廟號는 中宗이며 定陵에 모셔
졌다.

64) 경운景雲 : 당 睿宗(李旦)의 연호.(710-712)

65) 일곱 번 술 올리기[七獻] :『禮記』「禮器」: "一獻質, 三獻文, 五獻察, 七獻
神." 孔穎達의 疏 : "七獻神者, 謂祭先公之廟, 禮又轉尊, 神靈尊重也."

66) 다섯 가지 술[五齊] : '五齎'라고도 하는데 고대에 술을 청탁에 따라 다섯
등급으로 나눈 것을 말한다.『周禮』「天官·酒正」에 泛齊·醴齊·盎齊
·緹(醍)齊·沉齊의 5제를 들었는데("辨五齊之名 : 一曰泛齊, 二曰醴齊,
三曰盎齊, 四曰緹(醍)齊, 五曰沉齊.") 鄭玄은 앞의 둘을 탁한 것, 뒤의
셋을 맑은 것으로 보았다. 鄭玄注 : "自醴以上, 尤濁縮酌者, 盎以下差
清." 五齊는 또한 다섯 종류의 잘게 썬 찬 음식을 가리키기도 한다.『周
禮』「天官·醢人」: "以五齊·七醢·七菹·三臡實之." 鄭玄 注 : "齊當爲
齎. 五齎 : 昌本·脾析·蜃·豚拍·深蒲也 … 細切爲齎."

睿宗大聖眞皇帝酌獻用景雲【黃鐘宮, 開元四年造.】

예종睿宗 대성진황제大聖眞皇帝[67]의 작헌酌獻에는 〈경운景雲〉을
쓴다.【황종궁, 개원開元 4년(713)에 지었다.】

> 惟睿作聖, 惟聖登皇. 精感耀魄, 時膺會昌.
> 舜慚大孝, 堯推讓王. 能事斯極, 振古誰方.
> 文明履運, 車書同軌. 巍巍赫赫, 盡善盡美.
> 衢室凝旒, 大庭端扆. 釋負之寄, 事光復子.
> 脫屣高天, 登遐上玄. 龍湖超忽, 象野芊綿.
> 遊衣複道, 薦果初年. 新廟奕奕, 明德配天.

> 명철한 사람만이 성인이 되고,
> 성인만이 황위에 오를 수 있네.
> 정성이 빛나는 혼백을 감동시키니,
> 국운이 번성[68]하는 시대 맞이하였네.

---

67) 예종睿宗 대성진황제大聖眞皇帝(李旦, 662~716, 재위 684~690, 710~
712) : 원래 이름은 李旭輪·李輪으로, 高宗의 여덟 번 째 아들이자 武則
天의 네번째 아들이며 中宗 李顯과는 同母 형제이다. 殷王·冀王·相王
·豫王에 봉해졌고 洛州牧이 되었으며 684년, 황제에 즉위했으나 무측천
의 수렴청정을 받았다. 武周가 건립된 후에는 皇嗣로 강등되었고 相王으
로 봉해졌다. 구금중 神龍政變에 참여해 당의 수복을 꾀했으며 710년,
平王 李隆基가 太平公主와 함께 唐隆政変을 일으킨 후 다시 황제에
올랐다. 太平公主를 총애해 皇太子 李隆基와 갈등이 있었으며 712년
李隆基에게 선위하고 太上皇이 되었다. 諡號는 716년 大聖眞皇帝가 내
려졌고 749년에 玄眞大聖皇帝, 754년에 玄眞大聖大興孝皇帝가 추시되
었다. 廟號는 睿宗이며 橋陵에 모셔졌다.
68) 회창會昌 : 會昌은 나라를 세워 국운을 번창시킨다는 의미이다. "『河圖』

순임금은 큰 효도에도 부끄러워 하고,

요임금은 왕위 선양했다는 말 물리치리.69)

능력이 이처럼 극에 달했으니,

먼 옛날 그 누가 이에 비기리오!

문명으로 운을 잇고,

수레와 문자의 규범을 통일했으니,

높고도 위대하다,

너무도 훌륭하고 아름답구나.

넓게 트인 방70)에 면류관이 고요하고,71)

대청에는 병풍72)이 가지런하네.

에 이르길, '赤帝(劉邦)의 9세손(光武帝 劉秀)이 나라를 세워 국운을 번
창시키고, 10세손(明帝)은 자리 잡은 나라를 빛나게 하고, 11세손(章帝)
은 나라를 흥성하게 했다.赤九會昌, 十世以光, 十一以興)'라고 했다."
(『後漢書』「律曆志」)

69) 이 두 구절은 예종의 효심이 순임금보다 더하고, 황위를 선양한 것이 요임
금보다 더 훌륭하다는 뜻이다.

70) 넓게 트인 방[衢室] : 『管子』「桓公問」에 의하면 구실은 요임금이 백성들
의 뜻을 들었던 곳으로("黃帝立明台之議者, 上觀於賢也; 堯有衢室之問
者, 下聽於人也.") 후에는 제왕이 聽政한 곳을 일컬었다. "太祖文皇帝恭
己明台之上, 聽政衢室之下, 九官咸静, 萬績惟凝."(南朝 梁 江淹의「蕭
太尉上便宜表」)

71) 응류凝旒 : 면류관 구슬 줄이 정지하여 움직이지 않는다는 뜻으로, 제왕이
조용히 자리 잡고 있음을 말한다.

72) 병풍[扆] : 묘당의 문과 창문사이에 놓는, 도끼문양을 수놓은 병풍으로 천
자가 제후들을 만날 때 의지하는 '依'를 말하기도 하는데 이를 등지고
남면하여 제후를 대했다고 한다. 한다. 『禮記』「曲禮下」: "天子當依而

맡겨진 짐을 내려 놓았으니73),

그 일은 양위에서 빛났네.74)

신발 벗듯 미련 없이75) 천상에 오르고,

신선이 되어76) 하늘에 이르네.

용이 승천한 정호鼎湖는 아득하고77),

立, 諸侯北面而見天子, 曰覲." 孔穎達 疏 "天子當依而立者, 依, 狀如屛
風, 以絳爲質, 高八尺, 東西當戶牖之間, 繡爲斧文也. … 天子見諸侯則
依而立, 負之而南面以對諸侯也." 여기서 병풍이 가지런하다는 것은 제
후가 늘어서 있음을 말한다.

73) 석부釋負 : 무거운 짐을 내려놓는다는 뜻으로, 魯나라 昭公이 세 권신들
을 제거하려다 오히려 제나라로 도망가는 신세가 되었는데 이미 신망을
잃은 터라 백성들이 무거운 짐을 내려놓은 듯이 생각했다는 고사에서
유래한 말이다. 『穀梁傳』「昭公29年」 "昭公出奔, 民如釋重負."

74) 복자復子 : 『尙書』「洛誥」에 周公이 "朕復子明辟"이라고 말한 대목이
나오는데, 공안국은 "저는 밝은 군주의 정권을 그대(成王)에게 돌려드립
니다.我復還明君之政於子." 라고 해석하였다. 이에 근거하여 '復子'는 왕
위를 선양한다는 뜻으로 사용되었다. 여기서는 당 예종이 후에 현종이
된 이융기에게 황위를 선양하고 물러난 것을 가리킨다.

75) 탈사脫屣 : '순임금은 천자의 지위도 헌 신발 버리듯 할 것猶棄敝蹝'이라
는 말이 『孟子』「盡心上」에 나오고, '漢 武帝는 신선이 되기 위해 처자를
버리는 것을 신발을 벗듯 할 것如脫屣'이라는 말이 『史記』권12「孝武本
紀」에 나온다.

76) 등하登遐 : 죽어 멀리 하늘에 오르는 것, 신선이 되는 것을 말하며 제왕의
죽음을 일컫는다.

77) 용호초홀龍湖超忽 : 『史記』「封禪書」에 의하면 黃帝가 荊山에서 鼎을
주조한 뒤 鼎湖(현재 藍田縣 焦岱鎭)에서 용을 타고 승천했다고 한다.
이에 용이 정호를 떠났다[龍去鼎湖]는 말은 제왕의 죽음을 가리키는 말
로 사용된다.

코끼리 몰아낸 들판엔 풀이 무성하네.[78]

복도複道에서 의관을 모시고 옮기며[79],

첫 과실을 제단에 바치네.

새 묘는 크고 훌륭하니,

밝은 덕으로 하늘과 짝을 이루네.

皇祖宣皇帝酌獻用光大【無射宮, 舊樂章宣·光二宮同用長發, 其詞亦同. 開元十年, 始定宣皇帝用光大, 詞更別造.】

황조皇祖 선황제宣皇帝의 작헌酌獻에는 〈광대光大〉를 쓴다.【무역궁無射宮, 구 악장 선宣·광光 이궁二宮은 〈장발長發〉을 쓰며 그 가사도 같다. 개원開元10년(722), 선황제에게 〈광대〉를 쓰기로 하고 그 가사를 따로 만들었다.】

大業龍祉, 徽音駿尊. 潛居皇德, 赫嗣天昆.
展儀宗祖, 重誠孝孫. 春秋無極, 享奏存存.

---

78) 상야천면象野芊綿 : 예종의 업적을 우임금에 비유한 것이다. 『孟子』「好辯」장에 "禹王이 땅을 파서 바다로 주입시키고 뱀과 용을 몰아내어 수초가 우거진 곳으로 추방하였다.禹掘地而注之海, 驅蛇龍而放之菹."라는 말과 "주공이 무왕을 도와 … 범·표범·코뿔소·코끼리를 몰아내어 멀리 내쫓았다.周公相武王 … 驅虎豹犀象而遠之."라는 말이 있다.

79) 유의복도遊衣複道 : 複道는 상하 양층으로 된 누각의 통로를 말하고 遊衣는 선왕이 입었던 의관을 달마다 받들고 나가 사당에 진열해 놓는 것을 말한다. 한대에 매월 초하루마다 高帝의 의관을 침전으로부터 종묘로 옮겨 모시고 제사하는 것을 '遊衣冠'이라 했다. 惠帝 4년(기원전 191)에 무고 남쪽에 複道를 세우려고 하자 숙손통이 말하기를, "이곳은 高帝께서 매달 유의관 하던 길이거늘, 자손이 어찌 종묘의 길 위로 다닐 수 있겠습니까?"라고 하며 만류하자 그만둔 일이 있다.

대업은 제왕의 복이요,

덕음德音은 빼어나고 높구나.

숨겨진 제왕의 덕,

빛나게 계승하는 후손.

조종에게 의례를 펼치며,

효성스런 후손들 거듭 정성을 다하네.

무궁한 세월동안,

제향과 연주 있으리.

又享太廟樂章三首【太樂舊有此詞, 不詳所起.】

태묘太廟에 제사 지낼 때의 악장 3수【태악太樂에 예전부터 이 가사가 있었으나 그 기원은 상세하지 않다.】

迎神【黃鐘宮·太呂角·太簇徵·應鐘羽, 並同此詞.】

영신迎神【황종궁黃鐘宮·대려각太呂角·태주치太簇徵·응종우應鐘羽. 가사는 모두 이와 같다.】

七廟觀德, 百靈攸仰. 俗荷財成, 物資含養.
道光執契, 化籠提象. 肅肅雍雍, 神其來享.

칠묘七廟[80]에서 덕을 보니,

---

80) 칠묘七廟 : 高祖父·曾祖父·祖父의 四親, 高祖父의 아버지와 조부의 二
祧 및 始祖의 묘를 말한다. 『禮記』 「王制」 : "天子七廟, 三昭三穆, 與太
祖之廟而七." 후에는 제왕의 宗廟를 가리키기도 한다.

백령을 함께 우러르네.

풍속은 재물에 힘입어 이루어지고,

만물은 품어 기르는 바탕이 되네.

부절을 쥔 듯[81] 도를 빛내고,

제위에 올라[82] 교화로 뒤덮었네.

엄숙하고도 온화해,

신령께서 이르러 흠향하네.

金奏[無射宮, 次迎神.]

금주金奏【무역궁無射宮. 영신 다음.】

肅肅淸廟, 巍巍盛唐. 配天立極, 累聖重光.
樂和管磬, 禮備蒸嘗. 永惟來格, 降福無疆.

엄숙한 청묘,

위대한 성당盛唐.

하늘과 짝해 법을 세우니,

대를 이어 성황의 덕이 빛나도다.

음악은 피리와 경磬이 어우러지고,

제례는 증제와 상제[蒸嘗][83]로 갖추어졌네.

---

81) 집계執契 : 부절을 잡았다는 말로, 어그러짐이 없이 부합한다는 뜻이다.

82) 제상提象 : 원래 군주가 하늘 형상을 보고 법을 만들어 나라를 다스린다는
뜻으로, 제위를 의미하기도 한다. "自天有命, 非因桐葉而封唐 ; 提象握
機, 故配土行而執鎭."(唐 元稹의 〈鎭圭賦〉)

83) 증제와 상제[蒸嘗] : 가을·겨울에 지내는 제사를 말하며 일반적으로 제사

신령이 늘 강림하시어, 가없이 복을 내리소서.

送神

송신送神

五聲備奏, 三獻終祠. 車移鳳輦, 旆轉紅旗.
禮周籩豆, 誠效虔祇. 皇靈徙蹕, 簪紳拜辭.

오성五聲이 다 연주되고,
삼헌三獻의 제사도 끝났네.
수레는 봉련鳳輦84)으로 옮겨 타고,
깃발은 붉은 기로 바꾸었네.
제례는 변두籩豆가 두루 갖춰지고,
정성은 경건한 마음 다하네.
황제의 영령이 걸음을 옮기시니,
황족 관원[簪紳]85)들이 절을 올리네.

則天皇后享淸廟樂章十首

측천황후86)가 청묘에 제사 지낼 때의 악장 10수

를 칭하기도 한다. "春秋蒸嘗, 昭穆無列."(『後漢書』「馮衍傳下」) "絜爾牛
羊, 以往烝嘗."(『詩經』「小雅·楚茨」) 鄭玄 箋 : "冬祭曰烝, 秋祭曰嘗."
84) 봉련鳳輦 : 임금이 타는 수레.
85) 황족 관원[簪紳] : 簪紳은 簪帶, 즉 冠·비녀와 예복에 매는 큰 띠 등 고대
   관리의 복식을 말한다.

第一 [一]87)
제1장

建清廟, 贊玄功. 擇吉日, 展禋宗.
樂已變, 禮方崇. 望神駕, 降仙宮.

청묘를 세우고,
위대한 공적을 찬송하네.

---

86) 측천황후則天皇后(武則天, 624~705, 재위 690~705) : 이름은 武曌이며
并州 文水(현재 山西 文水) 사람으로, 武周를 건국하고 황제로 칭했다.
荊州都督 武士彠의 둘째 딸로 14세에 후궁에 들어와 唐 太宗의 才人이
되었으며 '武媚'라는 호를 하사받았다. 高宗때에 昭儀로 봉해졌고 '廢王
立武' 사건이후 황후가 되었으며 정치에 참여해 高宗과 더불어 '二聖'으
로 칭해졌다. 고종 붕어후 中宗과 睿宗의 皇太后로 정치에 관여하다 690
년, 周(武周)를 개국하고 스스로 황제가 되었다. 洛陽에 수도를 정하고
당 종실 세력을 무자비하게 제거했으나 농업을 중시하고 인재를 등용하는
등 개혁정치를 폈다. 705년, 무측천의 병이 심해지자 재상 張柬之 등이
'神龍革命'을 일으켜 퇴위를 종용했고 중종이 복위되어 당조를 회복한
후에는 '則天大聖皇帝'로 칭했다. 사후, 中宗은 그 유지에 따라 '則天大
聖皇后'로 칭했으며 乾陵에 모셨다.
87) [교감기 1] "第一" 이하의 문장에 빠진 부분이 있는 것으로 보인다. 『校勘
記』 권14에 "제3장 등가에서 제10장 송신까지 모두 먼저 편수를 말하고
의례에 대해 말하는데 제1장과 제2장은 편수만 말하고 의례는 말하지
않았으니 다른 서술방식과 다르다. 아래위 문장의 예로 미루어 볼 때 제1
장 다음에 '迎神' 두 자가 있어야 하고 제2장 다음에 '皇帝行'의 세 자가
있어야 마땅하다. 제4장 다음의 '迎神'은 '迎俎'가 잘못 들어간 것이다.
'迎俎'는 '登歌' 뒤에 행하는데 '迎神'으로 한다면 '登歌뒤에 있어서는
안되는 것이다."라고 하였다.

길일을 택해,

인제사[禋宗][88)]를 올리네.

음악이 변주되니,

예가 바야흐로 융성해지네.

신의 행차를 우러러 보니,

선궁에 강림하시네.

第二

제2장

隆周創業, 寶命惟新. 敬宗茂典, 爰表虔禋.

聲明已備, 文物斯陳. 肅容如在, 懇志方申.

위대한 주나라를 창업하시니,

천명이 새롭도다.

조상을 존경하고 전례를 성대히 하니,

경건한 제사로 드러내네.

방울소리와 빛나는 깃발[89)] 이미 갖추었고,

---

88) 인제사[禋宗] : 禋은 연기를 피워 올리며 하늘에 제사지내는 것을 말하며 후에는 제사를 의미하게 되었다. 인종은 六宗에게 제사 지내는 것으로 육종은 天·地·春·夏·秋·冬, 또는 水·火·雷·風·山·澤을 말하며 이 외에도 하늘의 日·月·星과 땅의 河·海·岱, 또는 四時·寒暑·日·月·星·水旱, 三昭三穆 등 다양한 설이 있다. "肆類於上帝, 禋於六宗, 望於山川, 偏於群神."(『尙書』「舜典」) "舜乃在璿璣玉衡, 以齊七政. 遂類於上帝, 禋於六宗, 望於山川, 辯於群神. 揖五瑞, 擇吉月日, 見四岳諸牧, 班瑞."(『史記』「五帝本紀」)

예악문물도 이에 진열되었네.

엄숙한 모습 여기 계신 듯하여,

간절한 뜻을 바야흐로 펼치네.

第三登歌

제3장 등가登歌

　　肅敷大禮, 上謁尊靈. 敬陳筐幣, 載表丹誠.

장중하게 대례를 펼치고,

위로 존귀한 영혼을 알현하네.

진귀한 예물을 정성스럽게 진열해,

변함없는 충성심을 담아 보이네.

第四迎神

제4장 영신迎神90)

　　敬奠蘋藻, 式罄虔襟. 潔誠斯展, 佇降靈歆.

정성스럽게 수초[蘋藻]를 올리고,91)

---

89) 성명聲明 : '聲'은 원래 錫·鸞·和·鈴 등의 방울소리를 가리키고, '明'은
日·月·星辰 등 깃발에 그려진 하늘의 밝은 것을 상징한다. 『左傳』「桓
公 2年」 즉 방울소리 나는 악기와 해·달·별이 그려진 깃발이 이미 다
준비되었음을 나타낸다.

90) [교감기 1]에 의하면 영신 - 등가 - 영조의 순서가 되어야 하므로 제4장은
'迎神'이 아니라 '迎祖'가 들어가야 한다.

경건함을 다해 기원하네.
이에 정결한 마음을 펼치니,
신령이 강림해 흠향하시길 기다리네.

第五飲福
제5장 음복飲福

爰陳玉醴, 式奠瓊漿. 靈心有穆, 介福無疆.

귀한 술을 놓고, 맛난 국을 올리네.
신령의 마음 흡족하사, 큰 복을 무한히 내리네.

第六送文舞
제6장 문무文舞를 보낼 때

帝圖草創, 王業初開. 功高佐命, 業贊雲雷.

황제가 창업하시어,
왕업이 처음 시작되었네.
공업으로 천명 보좌하는 일 드높이고,

---

91) 경전빈조敬奠蘋藻 : 마름, 네가래 등의 水草로 선조의 제사를 경건히 지
    냄을 이른다. 『詩經』 「召南 · 采蘋」에 "남간의 물가에서 蘋을 캐고, 저
    도랑에서 藻를 채취하네. 于以采蘋, 南澗之濱. 于以采藻, 于彼行潦."라
    고 하였는데, 그 註에 "제후의 부인이 빈조를 채취해서 정성과 공경을
    다해 제사를 받들므로 집안사람이 그 일을 서술하여 아름답게 여긴 것이
    다"라고 하였다.

왕업으로 나라 경륜經綸⁹²⁾을 도왔네.

第七迎武舞
제7장 무무武舞를 맞이할 때

赫赫玄功被穹壤, 皇皇至德洽生靈.
開基撥亂祅氛廓, 佐命宣威海內淸.

혁혁한 신공이 온 땅에 널리 퍼지고,
성명하고 지극한 덕은 생령을 적시네.
기업을 열고 난을 다스려 악한 기운을 없애고,
천명을 보좌하고 위엄을 떨치니 세상이 맑아지네.

第八武舞作
제8장 무무를 펼칠 때

荷恩承顧託, 執契恭臨撫. 廟略靜邊荒, 天兵耀神武.

은혜를 입어 유지를 계승하고,
조정의 기강을 잡아 삼가 다스리네.
조정의 책략으로 변방이 조용해지고,
천자의 군대가 뛰어난 무공을 떨치네.

---

92) 경륜經綸[雲雷] : 『周易』 「屯卦」에, "구름과 우레가 屯이니, 군자가 이를
보고서 경륜한다.雲雷屯, 君子以經綸."라고 하였다.

第九 徹俎

제9장 철조徹俎

登歌已闋, 獻禮方周. 欽承景福, 肅奉鴻休.

등가登歌도 이미 끝나고,

헌례獻禮가 두루 거행되네.

공경히 큰 복을 받고,

엄숙히 아름다운 덕을 받드네.

第十 送神

제10장 송신送神

大禮言畢, 仙衛將歸. 莫申丹懇, 空瞻紫微.

대례大禮를 다 마치니,

선위仙衛93)가 돌아가려 하네.

간절한 진심 다 펼치지 못하고,

부질없이 자미성94)만 바라보네.

---

93) 선위仙衛 : 皇帝 또는 그 靈車의 호위.

94) 자미성[紫微] : 紫微는 隋唐代 洛陽의 宮城 紫微城을 가리킨다. 紫微星
은 三垣(천체를 삼환으로 나누는데 上垣에 太微十星, 中垣에 紫微十五
星, 下垣에 天市二十二星이 있다)중 中垣, 즉 가장 높고 중앙에 위치한
별자리이므로 자미궁은 제왕의 거처를 의미한다.

中宗孝和皇帝神龍元年享太廟樂章二十首【不詳所撰】

중종中宗 효화황제孝和皇帝 신룡神龍 원년(705)에 태묘에 제사 지낼 때의 악장 20수【작자미상】

迎神用嚴和【黃鐘宮三成, 大呂角三成, 太簇徵三成, 應鐘羽二成, 同用此詞.】
영신에는 〈엄화嚴和〉를 쓴다.【황종궁黃鐘宮 3성, 대려각大呂角 3성. 태주치
太簇徵 3성, 응종우應鐘羽 2성은 모두 이 가사를 쓴다.】

> 肅肅淸廟, 赫赫玄猷. 功高萬古, 化奄十洲.
> 中興丕業, 上荷天休. 祗奉先構, 禮被懷柔.

장엄한 조상의 청묘,

혁혁한 선성先聖의 도.

공은 만고에 높고,

교화는 십주十洲95)를 덮을 만하네.

큰 공업을 다시 일으키시니,

위로 천복을 이어받도다.

제사로 선왕의 업적을 받들고,

예로써 백신百神을 편하게 하네.96)

---

95) 십주十洲 : 전설상으로 선인이 산다는 동서남북의 열 개의 섬을 말하나
여기서는 사방의 땅을 가리킨다. "漢武帝既聞西王母说八方巨海之中有
祖洲·瀛洲·玄洲·炎洲·長洲·元洲·流洲·生洲·凤麟洲·聚窟洲. 有
此十洲, 乃人迹所稀絕處."(「海內十洲記」)

96) 회유懷柔 : 제왕이 산천에 제사 지내어 신들을 부르고 편히 거하게 하는
것을 말한다. "懷柔百神, 及河喬岳."(『詩經』 「周頌·時邁」) 毛傳 : "懷,

皇帝行用昇和【黃鐘宮】

황제의 행차에는 〈승화昇和〉를 쓴다.【황종궁黃鐘宮】

> 顧惟菲薄, 纂曆應期. 中外同軌, 夷狄來思.
> 樂用崇德, 禮以陳詞. 夕惕若厲, 欽奉宏基.

> 생각건대 덕이 얕아,
> 제위를 이음에 때를 기다렸네.
> 나라 안팎 천하의 제도가 통일되고,
> 이적夷狄이 귀의하고자 하네.
> 음악으로 숭고한 덕을 드러내고,
> 예로써 가사를 지어 바치네.
> 밤낮으로 노심초사하며,
> 삼가 (나라를 경륜하는) 대업을 받드네.

登歌祼鬯用虔和【大呂均之無射羽】

등가하고 울창주를 바쳐 제사지낼 때는 〈건화虔和〉를 쓴다.【대려균
大呂均의 무역우無射羽】

> 禮標薦鬯, 肅事祠庭. 敬申如在, 敢託非馨.

> 예는 울창주로 높이 드러내고,
> 엄숙히 사묘뜰의 제사를 섬기네.

來；柔, 安." 鄭玄 箋："來安羣神, 望於山川, 皆以尊卑祭之." "天子祭
天下名山大川, 懷柔百神."『漢書』「郊祀志」顏師古 注："懷, 來也；柔,
安也. 言招來百神而安處之."

마치 계신 것처럼 공경함을 다하니,
어찌 향기롭지 않은 것에 기탁하랴.

送文舞出迎武舞入用同和〔二〕[97]【太簇羽】

문무文舞를 떠나보내고 무무武舞를 맞이할 때는 〈동화同和〉를 쓴
다.【태주우太簇羽】

> 惟聖配天敷盛禮, 惟天爲大闡洪名.
> 恭禋展敬光先德, 蘋藻申虔表志誠.

오직 성인만이 하늘과 짝 되어 성대한 예를 펼칠 수 있고,
오직 하늘만이 위대하여[98] 큰 이름을 드날릴 수 있네.
삼가 정성으로 제사를 지내 조상의 덕을 빛내고,
정갈한 수초[蘋藻]로 경건함 바쳐 정성을 나타내네.

---

97) [교감기 2] 『樂府詩集』권10에서 『舊唐書』「音樂志」를 인용했는데 이
  장의 앞에 〈歆和〉〈長發〉〈大基〉〈大成〉〈大明〉〈崇德〉〈鈞天〉〈承光〉〈延和〉
  가 1장씩 있다. 『校勘記』권14에 "이 (歆和 등) 9장과 嚴和이하의 12장을
  합치면 21장이다. 今本의 總數에서 '1'자를 뺐고 또 이 9장이 빠져 있는데
  開元 11년 圓丘樂章에 잘못 들어갔으니 앞뒤가 부합하지 않음을 알 수
  있다. 『樂府詩集』에 의거해 바로 잡는다"고 되어 있다.

98) 오직 하늘만이 위대하여[惟天爲大] : 『孟子』「滕文公上」에 "공자께서 말
  씀하시기를 '위대하다, 요의 임금 노릇하심이여! 오직 하늘만이 위대하거
  늘, 요 임금이 이를 본받으셨으니, 탕탕하여 백성들이 그 덕을 이름지을
  수 없도다.孔子曰 : 大哉, 堯之爲君! 惟天爲大, 惟堯則之, 蕩蕩乎民無
  能名焉."라는 말이 나온다.

武舞用〈寧和〉【林鐘徵.】

무무에는 〈영화寧和〉를 쓴다.【임종치林鐘徵.】

炎馭失天綱, 土德承天命. 英猷被寰宇, 懿躅隆邦政.
七德已綏邊, 九夷咸底定. 景化罩遐邇, 深仁洽翔泳.

화덕이 천운을 잃고,

토덕이 천명을 계승했네.99)

빛나는 책략이 천하에 펼쳐지고,

훌륭한 행적으로 국정이 융성하네.

칠덕七德으로 변방이 안정되니,

구이九夷가 모두 평정되도다.

밝은 교화가 멀고 가까운 곳에 두루 미치고,

깊은 인의가 날짐승과 물고기를 적시네.

徹俎用恭和【大呂均之無射羽.】

철조徹俎에는 〈공화恭和〉를 쓴다.【대려균大呂均의 무역우無射羽】

禮周三獻, 樂闋九成. 肅承靈福, 悚惕兼盈.

예는 삼헌三獻을 두루 올리고,

음악은 아홉 번 연주를 마쳤네.

엄숙히 신령의 복을 이어받으니,

---

99) 염어실천강炎馭失天綱, 토덕승천명土德承天命 : 수나라는 화덕을 표방
했고, 오행상생설에 의거해 당나라는 토덕을 표방하였기에 이렇게 표현한
것이다.

경계하고 두려워하는 마음이 가득하네.

送神用通和[黃鐘宮]
송신에는 〈통화通和〉를 쓴다.[황종궁黃鐘宮]

　　祠容旣畢, 仙座爰興. 停停鳳擧, 靄靄雲昇.
　　長隆寶運, 永錫休徵. 福覃貽厥, 恩被黎蒸.

　　제사 의례 다 마치니,
　　선령이 자리에서 일어나시네.
　　우뚝 솟은 봉황수레 타시고,
　　뭉게뭉게 구름에 오르시네.
　　길이 국운을 융성케 하시고,
　　영원히 큰 상서로움 내리시리.
　　그 복이 후손에게 미치고[100],
　　그 은혜 백성에게 덮이네.

皇后助享皇后行用正和[黃鐘宮, 詞同貞觀中宮朝會正和.]
황후의 조제助祭[101]에 황후가 행차할 때는 〈정화正和〉를 쓴다.[황

---

100) 이궐貽厥 : 후손들에게 남겨 줄 계획이라는 말이다. 『尙書』「五子之歌」
　　에 "밝고 밝으신 우리 선조는 만방의 임금이시니, 전장과 법도를 마련하
　　시어 자손들에게 물려주셨다.明明我祖, 萬邦之君, 有典有則, 貽厥子
　　孫."고 한 데서 나온 말로, 자손이라는 뜻으로도 쓰인다.
101) 조향助享 : 助祭, 즉 재물을 내거나 陪位, 獻樂 등으로 군주의 제사를
　　보좌하는 것을 말한다.

종궁黃鐘宮, 가사는 정관貞觀연간 중궁中宮[102]조회에서 쓴 〈정화正和〉와 같다.]

登歌奠瓚用昭和[大呂均之無射羽]

등가하고 울창주를 올릴 때는 〈소화昭和〉를 쓴다.[대려균大呂均의 무역우無射羽.]

> 道洽二儀交泰, 時休四宇和平.
> 環珮肅於庭實, 鐘石揚乎頌聲.

> 도道가 충만하니 천지가 한데 어우러지고,[103]
> 시절이 위대하니 사방이 평화롭네.
> 패옥은 뜰에서 엄숙히 울리고,
> 종과 석경은 송가에서 높이 울리네.

皇后酌獻飮福用誠敬[黃鐘宮]

황후가 술을 따라 올리고 음복飮福할 때는 〈성경誠敬〉을 쓴다.[황종궁黃鐘宮]

> 顧惟菲質, 忝位椒宮. 虔奉蘋藻, 肅事神宗.
> 敢申誠潔, 庶罄深衷. 睟容有裕, 靈享無窮.

> 돌이켜보니 덕이 부족함에도,

---

102) 중궁中宮 : 皇后가 거하는 궁실이 子午線上에 있고 후궁의 중심에 있으므로 '중궁'이라 했으며 이는 황후를 가리키기도 한다.

103) 이의교태二儀交泰 : 『周易』 「泰卦·象傳」에 "하늘과 땅이 통하는 것이 태이다.天地交泰."라고 하였는데 천지의 기운이 크게 통하여 만물이 이루어지는 때를 말한다.

초궁椒宮104)에 자리를 더했네.

정갈한 제품을 경건히 받들고,

조상께 엄숙히 제사 올리네.

감히 정성과 고결함을 펼치고,

깊은 충심을 다 바치길 바라네.

어진 속 모습105)은 관대하시니,

영령의 흠향 끝이 없으리.

徹俎用肅和【大呂均之無射羽】

철조徹俎에는 〈숙화肅和〉를 쓴다.【대려균大呂均의 무역우無射羽】

月禮已周, 雲和將變. 爰獻其醋, 載遷其奠.

明德逾隆, 非馨是薦. 澤霑動植, 仁覃宇縣.

초하루에 올리는 예가 다 끝나자,

〈운화雲和〉가 바뀌려 하네.

미주美酒를 바치고,

차려진 제물을 옮기네.

밝은 덕이 더욱 융성하니,

제물의 향기 때문이 아니라네.106)

---

104) 초궁椒宮 : 漢代이래 황후와 비의 거처를 말하며 후에는 황후, 비를 가리
키는 말로도 쓰였다. 산초가 따뜻하고 열매가 많아 자손의 번성을 바라는
뜻으로 그 가루를 벽에 발랐다고 하며 이로 인해 '椒'라는 이름이 붙었다.

105) 어진 속 모습[睟容] : 睟容은 御眞을 뜻한다.

106) 비형시천非馨是薦 : 『尙書』 「君陳」에 "지극한 다스림은 아름다운 향기

은택이 동식물에 미치고,

인의가 온 땅에 뻗치네.

送神用昭感【黃鐘羽】

송신에는 〈소감昭感〉을 쓴다.【황종우黃鐘羽】

鏗鏘韶濩, 肅穆神容. 洪規赫赫, 祠典雍雍. 已周三獻, 將乘

六龍. 虔誠有託, 懇志無從.

쟁쟁 울리는 〈소호韶濩〉107) 연주,

엄숙하고 온화한 신령의 모습.

빛나는 큰 규범,

조화로운 제사의 전례.

삼헌의 예 다 끝나니,

육룡六龍108)에 오르려 하시네.

가 널리 퍼지는 것과 같아서 신명을 감동시킨다. 기장과 같은 제물이
향기로운 것이 아니요, 밝은 덕이 바로 향기로운 것이다.至治馨香, 感于
神明. 黍稷非馨, 明德惟馨."라는 말이 보이는데, 정성을 다해 제품을
장만하여 제사를 올린다는 의미이다.

107) 〈소호韶濩〉: 소호는 '韶護'·'韶頀'라고도 하는데 湯임금의 음악이름이
다.『春秋左傳正義』권39「襄公‧傳二十九年」: "見舞〈韶濩〉者, 曰 :
'聖人之弘也, 而猶有慚德, 聖人之難也." 孔穎達 疏 : "以其防濩下民,
故稱濩也 … 韶亦紹也, 言其能紹繼大禹也." 후에는 궁정과 묘당의 음
악, 혹은 아정한 古樂을 의미하게 되었다.

108) 육룡六龍 : 천자가 타는 수레에 여섯 마리 말(8척의 말을 용으로 불렀다)
을 매었으므로 천자의 수레, 행차를 의미한다. 漢 劉歆「述初賦」: "揔六

경건한 정성은 기탁할 곳 있으나,

간절한 뜻은 따를 바 없네.

玄宗開元七年享太廟樂章十六首〔三〕[109]【特進·行尙書左丞相燕國公張說作.】

현종玄宗[110] 개원開元 7년(719) 태묘太廟에 제사지내는 악장

龍於駟房兮, 奉華盖於帝側.” 唐 李白「上皇西巡南京歌」4 “誰道君王行路難, 六龍西幸萬人歡.” 전설중 日神이 타는 수레는 육룡이 끌고 義和가 몰았으므로 육룡이 태양을 의미하기도 한다. 漢 劉向「九歎·遠游」, “貫澒濛以東撅兮, 維六龍於扶桑.” 晉 郭璞「游仙詩」: “六龍安可頓, 運流有代謝. 時變感人思, 已秋復願夏.”

109) [교감기 3] “玄宗開元七年”에 대해 『校勘記』 권14에 “玄宗紀와 張說傳에 의거하면 (장열이) 開元 7년에 幷州長史가 되었고 17년에 가서야 左丞相이 되었으니 ‘七’자에 ‘十’자가 붙어야 마땅하며 그래야 注文이 부합된다”고 하였다.

110) 현종玄宗(李隆基, 685~762, 재위 712~756): 唐 高宗과 武則天의 손자이자 睿宗의 세 번째 아들로 당대 황제중 가장 오래 제위에 있었던 인물이다. 처음에 楚王에 봉해졌고 후에 臨淄王이 되었으며 710년 태평공주와 연합, ‘唐隆政變’을 일으켜 韋后세력을 제거했다. 이단에게서 제위를 선양받은 뒤 태평공주를 제거해 통치권을 강화했으며 인재를 등용해 ‘開元盛世’를 이루었으나 李林甫와 楊國忠을 총애하고 楊貴妃에 빠져 국정을 소홀히 했다. 安史의 난을 겪으면서 756년, 太子 李亨에게 제위를 물려주고 太上皇이 되었다. 廟號를 玄宗이라 했으며 泰陵에 모셔졌고 763년, 諡號를 至道大聖大明孝皇帝라 했는데 淸대에는 康熙帝의 이름 玄燁을 피휘하기 위해 唐明皇이라 불렀다. 開元聖文神武皇帝로 불리기도 한다.

16수【특진特進[111]·행상서行尙書 좌승상左丞相 연국공燕國公 장열張說[112]
이 지음】

迎神用永和三章

영신에는 〈영화永和〉3장을 쓴다.

> 肅九室, 諧八音. 歌皇慕, 動神心.
> 禮宿設, 樂妙尋. 聲明備, 祼奠臨.
> 律迓氣, 音入玄. 依玉几, 御黼筵.
> 聆愷息, 儼周旋. 九韶遍, 百福傳.
> 信工祝, 永頌聲. 來祖考, 聽和平.
> 相百辟, 貢九瀛. 神休委, 帝孝成.

엄숙한 9실室[113],

조화로운 8음.

황제를 앙모하는 마음을 노래하고,

---

111) 특진特進 : 관직명으로 西漢말부터 있었다. 列侯중 특수한 지위가 있는
   사람에게 내렸으며 三公 밑에 있었다. 東漢대부터는 등급만 있고 실질적
   인 직무가 없었다.

112) 장열張說(667~730) : 字는 道濟, 說之이고 河南 洛陽(현재 河南省 洛
   陽) 사람으로 唐代의 정치가, 군사가, 문학가이다. 燕國公에 봉해졌으며
   세 차례나 재상을 지냈으나 탐욕스러워 탄핵되기도 했다. 사후 太師가
   추증되었으며 諡號는 文貞이다.

113) 구실九室 : 원래 九嬪이 거하던 곳과 九卿이 일을 처리하던 곳, 또는 옛
   명당의 아홉 간 방을 말하기도 한다. 여기서는 九廟, 즉 천자의 祖廟를
   가리킨다. "武德元年始立四廟, 正觀七年立七廟, 開元十年增太廟爲
   九室."(宋 王應麟 『小學紺珠』 「制度·九廟」)

신령의 마음을 움직이네.

예의는 미리 다 갖추었고,

음악은 오묘함을 추구하네.

성명聲明114)이 구비되니,

관전祼奠115)에 임하시네.

율관律管은 절기에 맞고,

음악은 높은 하늘로 퍼지네.

옥궤에 기대어,

수놓은 대자리[黼筵]116)에 앉으시네.

숨소리 들리더니,

희미한 모습이 주위에 감도네.

〈구소九韶〉를 두루 연주하며,

온갖 복을 전하네.

축관祝官117)의 말은 믿을 만하고,

찬송의 노래 길이 이어지네.

---

114) 성명聲明 : '聲'은 원래 錫·鸞·和·鈴 등의 방울소리를 가리키고, '明'은 日·月·星辰 등 깃발에 그려진 하늘의 밝은 것을 상징한다.

115) 관전祼奠 : 술을 땅에 부어서 神을 降臨하게 하고 祭物을 바쳐 지내던 제사를 祼享이라 한다. 『尚書』「洛誥」疏에, "圭瓚(술을 뜨는 국자)으로 鬱鬯酒를 떠서 尸童에게 바치면 시동이 제사를 받고 땅에 부으며, 마시지는 않는데, 이를 祼이라 한다"고 하였다.

116) 수놓은 대자리[黼筵] : 흰색과 검은 색 실로 도끼모양의 수를 놓은 자리.

117) 축관祝官[工祝] : 工祝은 제사 때에 신령에게 고하는 祝官을 일컫는다. "工祝致告. 徂賚孝孫." 高亨 注 : "工祝即祝官."(『詩經』「小雅·楚茨」) "工祝招君, 背行先些."(『楚辭』「招魂」) 王逸 注 : "男巫曰祝."

조상이 강림하시어,

조화로운 음악 소리 듣도다.

백관이 보좌하며,

구영九瀛[118]이 조공품을 바치네.

신령이 큰 복을 내리시니,

황제의 효도가 이루어지네.

皇帝行用太和一章:

황제의 행차에는 〈태화太和〉 1장을 쓴다.

時文聖后, 淸廟肅邕. 致誠勤薦, 在貌思恭.

玉節肆夏, 金鏘五鐘. 繩繩雲步, 穆穆天容.

문덕을 갖춘 성명한 제왕,

청묘는 엄숙하고 조화롭다.

정성을 다해 제사를 바치니,

그 모습 공경스럽구나.

옥절玉節[119]로 〈사하肆夏〉[120]를 연주하고,

타악기는 쟁쟁 5종鐘[121]을 울리네.

---

118) 구영九瀛 : 九州와 그를 둘러싼 바다. 여기서는 주변 국가들을 말한다.

119) 옥절玉節 : 소리를 조절하는 악기.

120) 사하肆夏 : 악장의 이름. 『周禮』「春官·大司樂」에 '왕의 출입에는 〈王夏〉를, 尸의 출입에는 〈肆夏〉를, 犧牲의 출입에는 〈昭夏〉를 쓴다'는 기록이 있다. : "王出入則令奏〈王夏〉, 尸出入則令奏〈肆夏〉, 牲出入則令奏〈昭夏〉." 鄭玄 注 : "三夏, 皆樂章名."

조심조심 구름 위를 밟듯,

화목한 천자의 모습.

登歌酌瓚用肅和一章

등가登歌하고 술잔을 올릴 때는 〈숙화肅和〉 1장을 쓴다.

天子孝享, 工歌溥將. 躬祼鬱鬯, 乃焚膋蕭.

臭以達旨, 聲以求陽. 奉時烝嘗, 永代不忘.

천자가 효로 제사를 올리며,

축관이 성덕의 광대함[122]을 가송하네.

친히 울창주를 따라 붓고,

기름과 향초를 태우네.

그 향기로 뜻을 다 보이고,

음악 소리로 양기陽氣를 구하네.

때에 맞춰 제사[烝嘗][123]를 행하니,

세세토록 잊지 않으리라.

---

121) 오종五鐘 : 靑鍾·赤鍾·黃鍾·景鍾·黑鍾의 다섯 종을 말한다. "昔黃帝
以其緩急作五聲, 以政五鍾. 令其五鍾, 一曰靑鍾大音, 二曰赤鍾重心,
三曰黃鍾灑光, 四曰景鍾昧其明, 五曰黑鍾隐其常."(『管子』 「五行」)

122) 부장溥將 : 넓고 크다는 뜻이다. "以假以享, 我受命溥將." 朱熹 集傳
: "溥, 廣 ; 將, 大也."(『詩經』 「商頌·烈祖」)

123) 증상烝嘗 : 烝嘗의 嘗은 秋祭이고 烝은 冬祭이므로 종묘의 제사를 통칭
한 것이다.

迎俎用雍和二章

영조迎俎에는 〈옹화雍和〉 2장을 쓴다.

在滌嘉豢, 麗碑敬牲. 角握之牡, 色純之騂.
火傳陽燧, 水漑陰精. 太公胖俎, 傅說和羹.
俎豆有馥, 齋盛絜豐. 亦有和羹, 旣戒旣平.
鼓鐘管磬, 肅唱和鳴. 皇皇后祖, 賁我思成.

살지게 키운 가축 깨끗이 씻고,

비석124)에 희생물을 매어놓네.

뿔 잡을 만한 숫소, 선홍색 말.

불은 동경銅鏡125)에서 일으키고,

물은 달에서 길어오네.

태공太公126)이 제기에 반쪽 고기를 얹고,

---

124) 비석[麗碑] : 麗碑는 麗牲, 즉 제사 때에 쓸 희생물을 석비에 매어놓는 것을 말한다. "祭之日, 君牽牲, 穆答君, 卿大夫序從. 旣入廟門, 麗於碑."(『禮記』 「祭義」) 후에는 비석을 가리키는 말로도 쓰였다.

125) 양수陽燧 : 햇빛을 이용해 문질러 불을 일으키는 오목한 銅鏡을 말한다.

126) 태공太公 : 周나라의 개국공신 姜子牙(기원전 1156?~기원전 1017?), 즉 太公望(呂望)을 말한다. 河內郡 汲縣(현재 河南省 衛辉市) 사람으로 渭水가에서 낚시를 하다 西伯侯 姬昌(周 文王)에게 발탁되어 주나라의 창업을 도왔으며 武王 즉위후에는 '師尚父'로 추숭되었다. 역대로 兵家의 비조, 武聖, 百家宗師로 불렸으며 당 태종은 스스로를 姜子牙의 화신으로 여기고 磻溪에 太公廟를 세워 훌륭한 인재를 구하고자 했다. 玄宗은 각 주에 칙령을 내려 태공묘를 세우게 하고 張良과 配享하도록 했다.(731년) 肅宗때에는 武成王이 추증되었고(739년) 宋 眞宗때에는 昭烈이라는 시호가 내려졌다. 여기서는 재상을 상징한다.

부열(傅說127))이 국 간을 맞추네.

조두組豆에서 향기 풍기니,

제사 음식 정갈하고도 풍성하다.

국 간도 맞췄으니,

온갖 맛이 적당하고 조화롭네.

북과 종, 피리와 석경 연주하며,

엄숙한 노래로 어울리네.

성명하신 제왕님,

우리에게 복을 내리시리.128)

皇帝酌醴齊用文舞一章

황제가 단술을 따라 올릴 때는 나란히 문무文舞 1장을 쓴다.

聖謨九德, 眞言五千. 慶集昌胄, 符開帝先.

高文杖鉞, 克配彼天. 三宗握鏡, 六合煥然.

---

127) 부열傅說 : 虞國(현재 山西省 平陸) 사람으로 商王 武丁(재위 전1250?~
전1192)때의 승상이었다. 무정이 꿈에서 賢臣을 보고 그 모습을 그려
수소문하다 傅岩에서 성 쌓는 일을 하던 부열을 발탁했고 그와 함께
'武丁中興'의 성세를 이루었다고 한다. 『史記』「殷本紀」에 의하면 원래
'說'이라는 이름만 있었는데 부암이라는 곳에서 그를 찾은 연유로 傅씨성
을 갖게 되었다고 한다. 여기서는 재상을 상징한다.

128) 뇌아사성賚我思成 : 『詩經』「烈祖」에, "이미 술을 담아 올리니, 우리에게
복을 내려 신명이 내리셨네.旣載淸酤, 賚我思成."라는 구절에서 인용한
말이다. 제사를 지낼 때 간절한 마음으로 고인을 그리면 고인의 신명이
나타나는 것을 말한다.

帝其承祀, 率禮罔愆. 圖書霧出, 日月淸懸.
舞形德類, 詠諗功傳. 黃龍蜿蟺, 綵雲蹁躚.
五行氣順, 八佾風宣. 介此百祿, 於皇萬年.

성인의 계책[129]은 구덕九德[130]을 갖추고,
진언眞言은 오천 언[131]에 담겨 있네.
경사스러운 기운 모여 후손이 창성하고,
제왕에 오르기 전 천명을 먼저 받았네.
고조와 태종이 도끼를 잡으니,[132]

---

129) 성모聖謨 : 성인이 천하를 다스리는 큰 법칙을 말한 것으로, 『尙書』 「伊訓」에 "아, 사왕은 몸을 편안히 하시어 깊이 생각하소서. 성인의 법이 거대하여 아름다운 말씀이 뚜렷이 드러나시니.嗚呼, 嗣王祇厥身, 念哉. 聖謨洋洋, 嘉言孔彰."라고 한 데서 온 말인데 후에는 흔히 제왕이 천하를 다스리는 계책을 칭송하는 말로 쓰인다.

130) 구덕九德 : 禹임금의 질문에 皐陶가 답변한 9가지 덕목이다. '너그러우면서도 위엄이 있는 것寬而栗, 부드러우면서도 꿋꿋한 것柔而立, 성실하면서도 공손한 것愿而恭, 다스리면서도 공경하는 것亂而敬, 온순하면서도 굳센 것擾而毅, 곧으면서도 온화한 것直而溫, 간략하면서도 모난 것簡而廉, 억세면서도 독실한 것剛而塞, 용맹하면서도 의를 좋아하는 것强而義'을 말한다. 이 중 三德을 실천하면 집안을 다스릴 수 있고 六德을 실천하면 나라를 다스릴 수 있다고 하였다.(『尙書』 「皐陶谟」) 이외에 『左傳』 「昭公 28年」의 기재에 따르면 구덕은 度·莫·明·類·長·君·順·比·文을 말하고 『逸周書』 「常訓」에 의하면 '忠·信·敬·刚·柔·和·固·貞·顺'의 아홉 가지 덕목을 말하기도 한다.

131) 진언오천眞言五千 : 老子의 『道德經』을 말한다.

132) 고문장월高文杖鉞 : 高文은 高祖 李淵과 太宗(文皇帝) 李世民을 가리킨다. 杖鉞은 도끼를 손으로 잡는다는 뜻으로 권위 있음을 비유한다.

저 하늘에 짝할 만하고.

삼종三宗이 밝은 거울을 쥐니,133)

천지사방이 환해지네.

황제가 제사를 계승함에,

예법을 준수해 허물이 없도다.

하도낙서河圖洛書가 연무 속에서 나오고,

일월이 창공에 높이 걸렸네.

무무舞舞로 도덕 법칙[德類]134)을 드러내고,

노래로 전해지는 공을 찬송하네.

황룡이 굼틀거리고,

오색구름이 휘감네.

오행五行135)의 기운이 순조롭고,

---

133) 삼종악경握鏡三宗 : 三宗은 원래 黃帝·唐堯·虞舜을 말하며 殷商의 三
宗은 太宗大甲·中宗大戊·高宗武丁을 말하는데 여기서는 당의 中宗
·睿宗·玄宗을 가리킨다. 握鏡은 밝은 거울을 잡는다는 뜻으로, 帝王이
天命을 받아 밝은 道를 품었음을 말한다. 『文選』 劉孝標의 〈廣絶交論〉
에 "聖人은 金鏡을 쥐었다.蓋聖人握金鏡."라고 하였다.

134) 도덕 법칙[德類] : 德類는 도덕 법칙을 가리킨다. 『左傳』 「成公 2年」에
"若以不孝令于諸侯, 其無乃非德類也乎?"라는 말이 나오는데, 20세기
학자 楊伯峻은 주에서 "'德類'猶『詩經』「大雅·蕩」之'義類', 猶言'道德
法則'."이라고 하였다.

135) 오행五行 : 일반적으로 만물을 형성하고 변화시키는 水火金木土의 다섯
요소를 말하나 주대의 악무 이름으로 보기도 한다. "〈五行舞〉者, 本周舞
也, 秦始皇二十六年更名曰〈五行〉也." 『漢書』 「禮樂志」, "〈五行舞〉"
"奏〈武德〉〈文始〉〈五行〉之舞"(「景帝紀」) 顔師古 注(孟康의 말을 인용)
: "〈五行舞〉冠冕, 衣服法五行色."

팔일무八佾舞136)의 교화가 퍼지네.

이처럼 백록百祿을 누림에,

아 만년토록 아름다우리.137)

獻祖宣皇帝室奠獻用光大之舞一章

헌조獻祖 선황제宣皇帝138) 묘실廟室에 제품祭品을 올릴 때는 〈광
대무光大舞〉 1장을 쓴다.

肅肅藝祖, 滔滔濬源. 有雄玉劍, 作鎭金門.

玄王貽緒, 后稷謀孫. 肇禋九廟, 四海來尊.

엄숙하고 덕 있는 고조139),

그 깊은 근원 드넓도다.

위엄 있게 옥검을 쥐고,

단단히 금문金門을 지키셨네.140)

---

136) 팔일八佾 : 佾은 열, 줄을 뜻하며 8일무는 한 줄에 8인씩 8열, 총 64명이
추는 춤을 말한다. 『周禮』에 따르면 천자는 8일, 제후는 6일, 卿大夫는
4일, 士는 2일을 쓸 수 있다. 『論語』「八佾」편에 공자가 魯國의 季孫氏에
대해 '자기 집 정원에서 팔일무도 추게 하는데 무슨 일인들 못하겠는가'
라고 한탄한 것("八佾舞于庭, 是可忍也, 孰不可忍也!")도 4일무가 허
용되는 正卿의 신분으로 무도하게 천자를 넘보았기 때문이다.

137) 오황於皇 : 於는 歎詞이고 皇은 '美'의 뜻이다.

138) 선황제宣皇帝 : 당 고조 이연의 고조부인 李熙를 가리킨다.

139) 예조藝祖 : 재주와 문덕이 있는 선조를 말한다. "歸, 格於藝祖, 用特."(『尙
書』「舜典」) 孔傳 : "巡守四岳, 然後歸告至文祖之廟. 艺, 文也." 孔穎
達 疏 : "才藝文德, 其義相通, 故蓺爲文也." 나아가 왕조의 기틀을 연
군주를 가리키며 여기서는 선황제를 가리킨다.

상왕商王141)은 시초를 열어 주시고,

후직后稷은 자손 잇기를 꾀했네.

구묘九廟의 제사를 시작하니,

사해四海가 와서 받드네.

懿祖光皇帝室奠獻用長發之舞一章

의조懿祖 광황제光皇帝142) 묘실廟室에 제품을 올릴 때는 〈장발무
長發舞〉 1장을 쓴다.

具禮崇德, 備樂承風. 魏推幢主, 周贈司空.

不行而至, 無成有終. 神興王業, 天歸帝功.

예를 갖추어 덕을 숭상하고,

음악을 완비해 교화를 잇네.

---

140) 작진금문作鎭金門 : 이희가 金門鎭將을 역임한 바 있어 이렇게 말한 것
이다.

141) 상왕商王[玄王] : 玄王은 商나라 시조 契을 말한다. 契이 黑帝를 계승했
으므로 玄王이라 불렀다. "玄王桓撥, 受小國是達."(『詩經』 「商頌·長
發」) 毛傳 : "玄王, 偰也." 鄭玄 箋 : "承黑帝而立子, 故謂偰爲玄王."
『國語』 「周語下」에 탕임금 역시 현왕으로 불렸다는 기록이 있다. "玄王
勤商, 十有四世而興." 韋昭 注 : "玄王, 契也. 殷祖由玄鳥而生, 湯亦水
德, 故曰玄王."

142) 의조懿祖 광황제光皇帝(李天錫) : 唐 高祖 李淵의 曾祖父로, 字는 德
眞이며 隴西 成紀(현재 甘肅省 秦安縣) 사람이다. 北魏때에 幢主로
경성의 수비를 맡았고 大統연간에 司空이 추증되었다. 당 건국후 李淵이
懿王이라는 시호를, 唐 高宗 咸亨 5年(674)에는 光皇帝를 추시했고 廟
號를 懿祖라 했으며 啓運陵에 묻혔다.

북위北魏에서는 당주幢主[143]로 천거되고,

북주北周에서는 사공司空이 추증되었네.

행하지 않아도 이르고,[144]

이루지 않아도 성과가 있었네.[145]

신께서 왕업을 일으키시되,

하늘은 제왕의 공으로 돌리시네.

太祖景皇帝室奠獻用大政之舞一章

태조太祖 경황제景皇帝[146] 묘실廟室에 제품을 올릴 때는 〈대정무
大政舞〉 1장을 쓴다.

於赫元命, 權輿帝文. 天齊八柱, 地半三分.

---

143) 당주幢主 : 남북조 및 수대의 領兵官으로, 宿衛(궁의 수비)와 統兵을 책
임지는 관직이었다. 원래 幢은 깃털 등으로 장식한 의장용, 또는 지휘용
기치를 말한다. 李天錫이 北魏의 幢主를 지낸 바 있다.

144) 불행이지不行而至 : 『周易』 「繫辭傳上」에 "신묘하기 때문에 빨리 하지
않아도 신속하고 행하지 않아도 이른다.唯神也故不疾而速, 不行而至."
라고 하였다.

145) 무성유종無成有終 : 『周易』 「坤卦 六三」에 "아름다움을 속에 품고 곧은
덕을 지킬 수 있다. 혹 나라의 일에 종사하여 이루어지지 않더라도 끝내는
좋아질 것이다.含章可貞. 或從王事, 無成有終."라고 하였다.

146) 태조太祖 경황제景皇帝(李虎, 505~551) : 唐 高祖 李淵의 祖父이자 唐
太宗 李世民의 曾祖父로, 字는 文彬이며 隴西 成紀(현재 甘肅 秦安縣)
사람이다. 남북조때 西魏의 大臣으로 8주국중 하나였다. 北周 保定연간
에 唐国公으로 추봉되었고 시호를 襄이라 했으며 618년 당 건립후 景皇
帝를 추시하고 廟號를 太祖라 했다. 永康陵에 모셔졌다.

宗廟觀德, 笙鏞樂勳. 封唐之兆, 成天下君.

빛나는 하늘의 명으로,

제문帝文[147]을 처음 받으셨네.[148]

하늘은 여덟 기둥[八柱][149]으로 가지런하였지만,

땅의 절반은 셋으로 나뉘어져 있었네.[150]

종묘에서는 덕을 살피고[151],

생황과 큰 북으로는 공훈을 연주하네.

당국공에 봉해지시니,

천하의 군주가 될 징조였네.

代祖元皇帝室奠獻用大成之舞一章

---

147) 제문帝文 : 하늘이 내린 문자, 예언을 말한다. "於是聖皇乃握乾符, 闡坤珍, 披皇圖, 稽帝文, 赫爾发愤, 應若興云."(『後漢書』「班彪傳」)

148) 권여權輿 : 초목이 처음 날 때, 즉 시초를 뜻한다. "於我乎, 夏屋渠渠, 今也每食無余. 于嗟乎, 不承權輿! 於我乎, 每食四簋, 今也每食不飽. 于嗟乎, 不承權輿!(『詩經』「秦風 · 權輿」)

149) 여덟 기둥[八柱] : 西魏때 8명의 柱國大將軍이 있어 '八柱國'으로 불렸는데 宇文泰 · 元欣 · 李虎(李淵의 祖父) · 李弼(李密의 曾祖父) · 趙貴 · 于謹 · 獨孤信(李淵의 外祖父) · 侯莫陳崇이 그들이다. 李虎가 西魏에서 八柱國 중 한 사람이었기에 이렇게 말한 것이다.

150) 지반삼분地半三分 : 땅의 절반이라는 것은 세상의 절반에 해당하는 곳 즉 중국을 가리키고, 셋으로 나뉘어진 것은 三分天下를 가리킨다.

151) 종묘관덕宗廟觀德 : 『尚書』「商書 · 咸有一德」에 "아아, 7世의 祠堂에서 그 덕을 관찰할 수 있으며, 萬夫의 우두머리에게서 정사를 관찰할 수 있습니다.嗚呼. 七世之廟, 可以觀德, 萬夫之長, 可以觀政."라고 하였는데, 이는 선왕의 제사를 잘 모시는 것을 의미한다.

대조代祖 원황제元皇帝 묘실廟室에 제품을 올릴 때는 〈대성무大成
舞〉 1장을 쓴다.

帝舞季歷, 襲聖生昌. 后歌有蟜[四]152), 胎炎孕黄.
天地合德, 日月齊光. 肅邕孝享, 祚我萬方.

황제의 춤에 계력季歷153)이 나와,
성덕을 이어 희창姬昌154)을 낳으셨네.
황후의 노래에 유교씨有蟜氏155)가 나와,

---

152) [교감기 4] "后歌有蟜"의 '有蟜'는 『唐文粹』 권10에 '有嬌'로 되어 있다.
『태평어람』 권78에 『帝王世紀』를 인용해 "신농의 모친 임사는 유교씨의
딸로 이름이 登이다.神農母任姒, 有喬氏之女, 名登."라고 하였으니 '蟜'
字가 맞는 것 같다.

153) 계력季歷 : 姬姓으로 歷은 이름이다. 公季·王季·周王季라고도 불리며
周나라 文王의 아버지이자 武王과 周公 旦의 조부이다. 水利와 농업발
전, 군대훈련에 힘썼으며 商나라의 귀족 任氏와 통혼해 정치적 연합을
형성하고 군사력을 강화했다. 商王 文丁때는 '牧師'로 봉해졌으며 西方
諸侯들의 장이 되었다.

154) 희창姬昌(기원전 1152~기원전 1056) : 姬姓으로 이름은 昌이며 岐周(현
재 陝西省 岐山縣) 사람이고 季曆의 아들이다. 계력 사후 西伯侯의 지위
를 계승해 西伯昌이라 불렸으며 42년 재위후 정식으로 왕으로 칭해졌다.
농업생산을 중시하고 널리 인재 구하기에 힘썼으며 姜尙을 軍師로 하여
안정을 꾀했다. 虞國·芮國을 복속시키고 黎國·邘國 등을 멸했으며 주
武王이 商나라를 멸한 뒤, 문왕으로 추존되었다. 690년, 당의 武則天이
칭제하면서 姬昌의 후대로 자처, 周 文王을 始祖文皇帝로 추존했다.

155) 유교씨有蟜氏 : 신화전설중 炎帝와 黃帝의 모족으로, 河南 洛陽市 嵩縣
에 위치한 姬姓부락중 하나이다. "昔少典娶于有蟜氏, 生黃帝·炎帝."
(『國語』「晉語4」) 『山海經』「中次六經」에 따르면 벌을 숭상하는 부족으

염제를 품고 황제를 잉태했네.

천지의 덕이 합해지고, 일월이 빛을 함께 했네.

엄숙하고 조화롭게 효로써 제를 올리나니,

만방에 복을 내리소서.

高祖神堯皇帝室奠獻用大明之舞一章

고조高祖 신요황제神堯皇帝 묘실廟室에 제품을 올릴 때는 〈대명무
大明舞〉1장을 쓴다.

> 赤精亂德, 四海困窮. 黃旗擧義, 三靈會同.
> 旱望春雨, 雲披大風. 溥天來祭, 高祖之功.

적정赤精[156]이 덕을 어지럽혀,

사해가 곤궁해지니,

황기黃旗[157]로 대의를 들어올리고,

천지인이 한데 모였네.

가뭄에 봄비 바랄 때,

구름이 거센 바람을 일으켰네.

로 平逢山(洛陽 北邙山 위쪽)에 거했다고 한다.

156) 적정赤精 : 전설상 남방의 신으로, 천자가 立夏때에 남쪽 교외에서 적정
    에게 제사 지냈다고 한다. "以赤璋禮南方"(『周禮』「春官·大宗伯」) 鄭
    玄 注 : "禮南方以立夏, 謂赤精之帝, 而炎帝·祝融食焉." 여기서는 화
    덕(적색)을 표방한 수나라를 가리킨다.

157) 황기黃旗 : 軍에서 사용되던 黃色의 기로, 天子의 儀仗을 의미하기도
    한다. "江浦黃旗, 匡復之功何遠."(唐 駱賓王의 「代李敬業傳檄天下
    文」) 여기서는 토덕(황색)을 표방하는 당나라를 가리킨다.

온 세상이 몰려와 제사를 올리니,

고조의 공이라.

太宗文武聖皇帝室奠獻用崇德之舞一章

태종太宗 문무성황제文武聖皇帝 묘실廟室에 제품을 올릴 때는 〈숭덕무崇德舞〉 1장을 쓴다.

皇合一德, 朝宗百神. 削平天下, 大拯生人.
上帝配食, 單于入臣. 戎歌陳舞, 曄曄震震.

천자께서 일덕一德158)에 부합하니,

조정에 온갖 신이 모여드네.

천하를 평정하고,

널리 백성을 구하셨네.

상제와 함께 배향配享하니,

선우單于159)가 신하를 칭하네.

군사의 노래에 춤이 펼쳐지니,

번쩍번쩍 그 위세 드높다.

---

158) 일덕一德 : 純一한 덕을 뜻한다. 『尙書』「咸有一德」에 伊尹이 "저는 몸소 湯王과 더불어 모두 일덕을 지녀 天心에 합당할 수 있었고 하늘의 밝은 命을 받아서 九州의 무리를 소유하여 이에 夏나라의 正朔을 바꾸었습니다"라고 하였다.

159) 선우單于 : 원래 광대한 모습을 뜻하는 말로 匈奴족 部落聯盟의 수령을 부르는 말이다. 冒頓單于의 부친 頭曼單于때부터 사용되었으며 후에는 烏丸·鮮卑족 등도 이를 사용했다.

高宗天皇大帝室奠獻用鈞天之舞一章

고종高宗 천황대제天皇大帝 묘실廟室에 제품을 올릴 때는 〈균천무
鈞天舞〉 1장을 쓴다.

> 高皇邁道, 端拱無爲. 化懷獯鬻, 兵戢句驪.
> 禮尊封禪, 樂盛來儀. 合位媧后, 同稱伏羲.

고종께서 왕도에 매진하실 때,
공손히 손 맞잡고 무위無爲의 다스림을 행하셨네.
훈육獯鬻160)을 교화시켜 품고,
군사를 움직여 고구려高句驪161)를 복속시켰네.
예를 드높여 봉선의식을 올리니,
음악 성대해 봉황이 춤추네[來儀].162)

---

160) 훈육獯鬻 : 하나라때 匈奴족을 부르던 명칭으로 薰育·葷粥·薰粥이라
　　고도 했다. 周나라의 서북쪽에 거주했으며 서쪽으로 汧隴에서부터, 동쪽
　　으로 산서 太行山 일대까지 걸쳐 살았으며 전국시대말기에 강성해지면
　　서 匈奴로 불렸다.

161) 구려句驪 : 기원전 5세기경 朱蒙이 세운 고구려를 말하며 강성시기에는
　　서북쪽으로 遼水, 북쪽으로 輝發河·松花江 유역까지, 남쪽으로는 한강
　　유역까지 차지하였다. 수나라 文帝·煬帝의 수차례에 걸친 침략을 물리
　　쳤고 당 太宗때부터는 신라의 요청을 받은 당나라와 잦은 전쟁을 치르게
　　된다. 高宗때(655년), 고구려가 百濟·靺鞨과 연합해 신라를 치자 신라는
　　당의 도움을 요청하게 되고 몇 차례의 전쟁 끝에 668년 당나라가 平壤성
　　을 함락시키고 安東都護府를 설치하기에 이른다. 薛仁貴가 檢校安東都
　　護가 되어 2만의 군사와 함께 이 지역을 통치하게 되는데 안동도호부는
　　8년 뒤 고구려 부흥운동세력과 신라에 의해 쫓겨나게 된다.

162) 봉황이 춤추네[來儀] : 來儀는 『尚書』「益稷」의 "순 임금의 음악이 아홉

여와女媧[媧后]163)와 합위되어,

복희伏羲처럼 일컬어지네.

中宗孝和皇帝室奠獻用太和之舞一章

중종中宗 효화황제孝和皇帝 묘실廟室에 제품을 올릴 때는 〈태화무
太和舞〉 1장을 쓴다.

退居江水, 鬱起丹陵. 禮物還舊, 朝章中興.

龍圖友及, 駿命恭膺. 鳴球秉瓚, 大禧是承.

퇴위하여 강에 거하시다,

단릉丹陵에서 흥기하셨네.164)

예의 문물을 복구하시고,

조정의 전장典章제도를 중흥하셨네.

하도河圖165)가 이르자,

번 연주되자, 봉황새가 와서 춤을 추었다.簫韶九成, 鳳凰來儀."라는 구
절에서 나온 것이다.

163) 여와女媧[媧后] : 媧后는 신화에서 伏羲와 함께 화하민족의 시조로 일컬
어지는 女媧를 말한다. 밧줄을 진흙에다 적셔 뿌림으로써 인류를 창조했
고 하늘이 무너지려 하자 오색돌로 하늘을 받치고 자라의 발로 네 귀퉁이
를 받쳤다는 신화가 전한다. 여기서는 측천무후를 말한다. 고종이 측천무
후와 합장되었기에 이렇게 표현한 것이다.

164) 중종 李顯은 1차로 폐위된 뒤 均州(湖北省 丹江口市)·房州(湖北省
房縣)에 14년간 연금된 바 있다. 江水는 長江의 지류인 丹江(均水)를
말한다. 丹陵은 전설상 堯임금이 태어났다는 곳이다. 南朝 梁 江淹 〈爲
建平王慶王太后正位章〉 : "丹陵蘊德, 玄丘棲聖."

165) 하도河圖[龍圖] : 龍圖는 伏羲氏 때에 黃河에서 龍馬가 지고 나왔다는

공경스럽게 받으셨네.

옥경玉磬을 울리고 옥잔을 잡고,

술과 음식을 받으시네.

睿宗大聖眞皇帝室奠獻用景雲之舞一章

예종睿宗 대성진황제大聖眞皇帝 묘실廟室에 제품을 올릴 때는 〈경운무景雲舞〉 1장을 쓴다.

景雲霏爛, 告我帝符. 噫帝沖德, 與天爲徒.

笙鏞遙遠, 俎豆虛無. 春秋孝獻, 迴復此都.

상서로운 구름 찬란히 빛나며,

우리 제왕의 징조를 알리네.

아아, 제왕의 덕이 넘치니,

천제와 더불어 한 무리가 되시네.

생황과 큰 북소리 멀리 퍼지고,

제기는 텅 비었네.

봄가을로 효성스러운 제사 올렸기에,

이 도성을 수복할 수 있었네.

又享太廟樂章十四首

또 태묘太廟에 제사 지낼 때의 악장 14수

쉰 다섯 점의 그림을 말한다.

玄宗至道大聖大明孝皇帝室奠獻用廣運之舞一章【司徒兼中書令·汾陽郡王郭子儀撰.】

현종지도대성玄宗至道大聖 대명효황제大明孝皇帝 묘실廟室에 제품을 올릴 때는〈광운무廣運舞〉1장을 쓴다【사도겸중서령司徒兼中書令·분양군왕汾陽郡王 곽자의郭子儀166) 지음】

於赫皇祖, 昭明有融. 惟文之德, 惟武之功.
河海靜謐, 車書混同. 虔恭孝饗, 穆穆玄風.

빛나는 황제의 조상,
그 빛 환하고 조화롭다.
오로지 문덕이요,
오로지 무공이로다.
강과 바다는 고요해지고,
수레와 문자는 하나로 통일되네.
경건하고 공손하게 제를 올리니,
아름답다, 천자의 교화.

---

166) 곽자의郭子儀(697~781) : 당대의 정치가, 군사가로 祖籍은 山西省 太原이며 華州(현재 陝西省 渭南 華州區)에서 태어났다. 安史의 난 때 朔方節度使로 河北·河東지역을 수복했으며 兵部尙書·同平章事가 되었다. 757년 廣平王 李俶을 도와 수도를 수복하고 代國公에 봉해졌으며 762년, 河東에서 兵變이 일어난 후 汾陽王으로 봉해져 반란을 평정했다. 763년 吐蕃의 長安공격을 물리쳤으며 吐蕃과 回紇이 침입했을 때도 回纥을 설득해 함께 吐蕃을 격파했다. 사후 太師로 추증되었고 諡號를 忠武라 했으며 代宗廟에 배향되고 建陵(肅宗의 능)에 陪葬되었다.

肅宗文明武德大聖大宣孝皇帝室奠獻用惟新之舞一章【吏部尚書·
平章事·彭城郡公劉晏撰.】

숙종肅宗 문명무덕文明武德 대성대선효황제大聖大宣孝皇帝 묘실廟
室에 제품을 올릴 때는 〈유신무惟新舞〉 1장을 쓴다.【이부상서吏部尚書
·평장사平章事·팽성군공彭城郡公 유안劉晏 지음】

漢祚惟永, 神功中興. 風驅氛祲, 天覆黎蒸.
三光再朗, 庶績其凝. 重熙累葉, 景命是膺.

나라의 국운은 길이 이어지고,

신의 공덕으로 중흥했네.

바람은 재앙의 기운을 쫓고,

하늘은 백성을 덮어주었네.

해, 달, 별이 다시 밝아지고,

온갖 공적이 응집되네.

대대로 현명한 성군이 나와,167)

하늘의 대명을 받들었네.

皇帝飲福受脤用福和一章[五]168)

---

167) 중희루엽重熙累葉 : '重熙累洽'이라는 말에서 온 것으로, 대대로 현명한
임금이 나와 태평성대를 이어간다는 말이다. 漢나라 班固의 〈東都賦〉에
"永平의 때에는 거듭 빛나고 대대로 합했다.至於永平之際, 重熙而累
洽."라고 하였는데, 張銑의 주에 "'희'는 광명함이고 '흡'은 합함이다. 광
무제가 이미 밝은데 명제가 이를 이었으므로 '중희루흡'이라고 말한 것이
다.熙, 光明也. 洽, 合也, 言光武既明, 而明帝繼之, 故曰重熙累洽也."
라고 하였다.

황제가 음복하며 제육祭肉을 받을 때는〈복화福和〉1장을 쓴다.

備禮用樂, 崇親致尊. 誠通慈降, 敬徹愛存.
獻懷稱壽, 悴感承恩. 皇帝孝德, 子孫千億.
大包天域, 長亘不極.

예를 갖추어 음악을 연주하고,

친족을 공경하여 존경을 바치네.

정성이 통하니 자애로움 내려주시고,

공경이 닿으니 사랑을 펼쳐주시네.

충심을 다해 장수를 축원하니,

신의 감응 입어 은혜를 받네.

황제의 효성스러운 덕이 있어,

자손이 수억만 명 번창하리라.

천하의 영토를 포용하시니,

끝없이 영원하리라.

送文舞出迎武舞入用舒和一章

문무文舞를 내보내고 무무武舞를 맞이할 때는〈서화舒和〉1장을 쓴다.

---

168) [교감기 5] "福和一章"과 이하〈舒和〉〈凱安〉〈登歌〉〈永和〉의 8장은『樂
府詩集』권10에서 본지를 인용하여 위에 실린 張說의 享太廟樂章에
귀입시켰으며 景雲舞의 뒤에 실었다.『唐文粹』권10에서도 張說이 지은
開元樂章에 나열했으며 그 순서는『樂府詩集』과 같았다.『校勘記』권14
에서는『唐文粹』와『樂府詩集』을 따라야 하며 今本『舊唐書』「樂志」에
착오가 있다고 본다.

六鐘翕協六變成, 八佾倘佯八風生.
樂九韶兮人神感, 美七德兮天地清.

6종鐘[169]이 어우러져 곡이 여섯 번 연주되고[六變成],[170]
8일무를 유유히 추니 8방의 바람이 생기네.
〈구소九韶〉[171]를 연주하니 사람과 신이 감동하고,
〈칠덕七德〉[172]을 아름답게 추니 천지가 맑아지네.

亞獻終獻行事武舞用凱安四章

아헌亞獻과 종헌終獻[173]때 행하는 무무武舞는 〈개안凱安〉 4장을
쓴다.

瑟彼瑤爵, 亞維上公. 室如屛氣, 門不容躬.
禮殷其本, 樂執其中. 聖皇永慕, 天地幽通.
禮匝三獻, 樂遍九成. 降循軒陛, 仰歔皇情.
福與仁合, 德因孝明. 百年神畏, 四海風行.

---

169) 육종六鐘 : 12律중 陰聲에 속하는 六呂를 말한다.
170) 여섯 번 연주되고[六變成] : 六變은 『周禮』「春官·大司樂」에 나오는 말
로 〈雲門〉을 연주하며 춤을 추는데 동짓날에 지상의 원구에서 이를 연주
한다. 만약 음악이 여섯 번 연주되면 천신이 모두 강림해서 예를 올릴
수 있다.〈雲門〉之舞, 冬日至, 於地上之圜丘奏之, 若樂六變, 則天神皆
降, 可得而禮矣."라고 하였다.
171) 〈구소九韶〉 : 舜임금이 지었다고 하는 옛 음악.
172) 〈칠덕七德〉 : 武功 중 일곱 가지 덕을 말하며, 당나라 때 〈칠덕무〉는 이를
토대로 만들어졌다.
173) 아헌亞獻과 종헌終獻 : 고대의 제사 중 술 올리는 3헌의 절차가 있는데
첫 번째가 初獻, 두 번째가 亞獻, 마지막이 終獻이다.

總總干戚, 塡塡鼓鐘. 奮揚增氣, 坐作爲容.
離若鶩鳥, 合如戰龍. 萬方觀德, 肅肅邕邕.
烈祖順三靈, 文宗威四海. 黃鉞誅群盜, 朱旗掃多罪.
戢兵天下安, 約法人心改. 大哉干羽意, 長見風雲在.

거문고 소리에 옥 술잔 나아가고,
아헌의 예는 상공上公174)이 행하네.
방에서는 숨죽이듯 하셨고,
문에서는 못 들어갈 듯 몸을 굽히셨네.175)
예식은 근본을 성대히 하고,
음악은 중심을 잡았네.176)

---

174) 상공上公 : 周대 관작은 9등급으로 九命이라 했으며 그중 八命은 왕의
三公(太師·太傅·太保)과 州牧이었다. 삼공은 『尙書大傳』·『禮記』에
의하면 司馬·司徒·司空을 가리키기도 한다. 漢대에는 太傅만을 上公
이라 했으며 晉대에는 太宰·太傅·太保를 上公이라 했다. 혹은 公爵의
존칭으로 고관대작, 조정의 중신을 가리키기도 한다.

175) 실여병기실如屛氣 문불용궁門不容躬 : 『論語』에 "공문에 들어가실 적
에는 좁아서 못 들어갈 듯이 몸을 굽히셨다. 서 있을 때는 문 가운데에
서지 않으시고, 다니실 때는 문의 경계를 밟지 않으셨다. 入公門, 鞠躬如
也. 如不容, 立不中門, 行不履閾."라고 하였고, 또 "옷자락을 잡고 堂에
오르실 적에 몸을 굽히시며, 숨을 죽이시어 숨을 쉬지 않는 것처럼 하셨
다.攝齊升堂, 鞠躬如也. 屛氣似不息者."라고 하였다.

176) 악집기중樂執其中 : 『論語』「堯曰」에 "요 임금께서 '아! 너 순아, 하늘의
역수가 너의 몸에 있으니, 진실로 그 중도를 잡아라. 사해가 곤궁하면
하늘의 녹이 영원히 끊길 것이다'라고 하셨고, 순 임금 또한 이 말씀으로
써 우 임금에게 명하셨다.堯曰 : 咨爾舜! 天之曆數在爾躬, 允執其中.
四海困窮, 天祿永終. 舜亦以命禹."라고 하였다.

성스러운 황제께서 길이 앙모하니,

천지와 깊이 통하네.

예는 삼헌을 돌았고,

음악은 아홉 번 연주를 다 끝냈네.

처마와 섬돌을 따라 강림하시니,

황제의 마음 우러러 감탄하네.

복이 인의와 함께 하니,

덕이 효로써 드러나네.

백년간 신을 경외하니,

사해에 황제의 풍화가 행해지네.

빼곡히 모여선 방패와 도끼,

가득 늘어선 북과 종.

떨치고 일어나 기세가 더해지니,

앉고 일어서는 동작177)에 위용이 가득하네.

사나운 매가 날아오르듯,

교룡이 덤비듯 하네.

만방에서 덕을 살피니,

엄숙하고 조화롭다.

열조께서 천지와 사람을 따르시니,

문덕의 위용이 사해에 퍼지네.

---

177) 좌작坐作 : '좌작진퇴'의 줄임말로, 원래는 군사를 훈련하는 모든 동작을 일컫는다. 坐는 앉는 동작, 作은 일어서는 동작, 進은 앞으로 나아가는 동작, 退는 뒤로 물러가는 동작인데 여기서는 제례 의식에 참여한 악공과 무인, 그리고 군사들의 모습을 형용한 것이다.

누런 도끼[제왕의 군대]가 도적무리를 주살하니,

붉은 깃발[전쟁의 깃발]이 죄인들을 쓸어버리네.

전쟁을 그치니 천하가 평안하고,

법을 간략히 하니 인심이 바뀌네.

위대하다, 무무武舞의 뜻,

항상 웅대한 뜻이 보이네.

徹豆登歌一章

철두徹豆하며 등가登歌 1장

止笙磬, 徹豆籩. 廓無響, 窅入玄.
主在室, 神在天. 情餘慕, 禮罔愆. 喜黍稷, 屢豐年.

생황과 석경소리 그치고,

두豆와 변籩을 거두네.

텅 비어 아무 소리 없고,

아득히 현묘한 경지로 들어가네.

묘주는 묘실廟室에 있고,

신령은 하늘에 계시네.

정에는 앙모의 마음 넘치고,

예식에는 아무 허물이 없도다.

오곡에 기뻐하니,

해마다 풍년이 드네.

送神用永和一章

송신에는 〈영화永和〉를 쓴다.

眇嘉樂, 授靈爽. 感若來, 思如往.
休氣散, 迴風上. 返寂寞, 還惚恍. 懷靈駕, 結空想.

아름다운 음악 아득해지니,

영령께 이를 바치네.

감응은 오는 듯하고,

생각은 떠나시는 듯하네.

상서로운 기운 흩어지고,

회오리바람이 올라가네.

적막한 곳으로 몸을 돌리어,

어렴풋한 중에 돌아가네.

신의 영거靈車를 생각함에,

부질없이 그리워하도다.

代宗睿文孝武皇帝室奠獻用保大之舞一章【尚父郭子儀撰】

대종代宗 예문효무황제睿文孝武皇帝[178]실 묘실廟室에 제품을 올릴
때 〈보대保大〉무 1장을 쓴다.【상보尚父 곽자의郭子儀가 지음】

---

178) 대종代宗 예문효무황제睿文孝武皇帝(李豫, 727~779, 재위 762~779) :
이름은 李俶으로, 唐 肅宗 李亨의 장자이며 廣平王에 봉해졌으며 安史
의 난중에 天下兵馬元帥가 되어 長安 洛陽의 수복에 공을 세웠으며
成王에 봉해졌다. 762년, 宦官 李輔國의 지지하에 즉위해 안사의 난을
평정했다. 재위기간에 민생 안정을 우선으로 하는 재정책을 펼쳤다. 諡號
는 睿文孝武皇帝이고 廟號는 代宗이며 元陵에 모셔졌다.

於穆文考, 聖神昭彰. 簫勺群慝, 含光遠方.
萬物茂遂, 九夷賓王. 愔愔雲韶, 德音不忘.

아름답다, 문고文考[179]시여,

성명한 신이 빛나네.

〈소簫〉〈작勺〉으로 사악한 자들을 정벌하고,[180]

멀리까지 빛을 품도다.

만물이 번성하고,

구이九夷가 제왕에게 와 복종하네.

조화로운 〈운雲〉과 〈소韶〉,

덕음德音을 잊지 못하리라.[181]

德宗神武孝文皇帝室奠獻用文明之舞一章[尚書左丞平章事鄭餘慶撰.]

덕종德宗 신무효문황제神武孝文皇帝[182] 묘실廟室에 제품을 올릴

---

179) 문고文考 : 周 文王이 죽자 武王이 그를 '文考'로 가송했는데 후에는 제
왕의 돌아가신 아버지를 높여 일컫는 말이 되었다. "予克受, 非予武,
惟朕文考無罪."(『尚書』「泰誓下」)

180) 소작군특簫勺群慝 : 〈소〉는 순의 음악이고 〈작〉은 주의 음악이다. 특은
악한 것을 의미한다. 『漢書』「禮樂志」: "行樂交逆, 〈簫〉〈勺〉羣慝." 顔師
古 注 : "晉灼曰, '〈簫〉, 舜樂也; 〈勺〉, 周樂也. 言以樂征伐也.' 言制定
新樂, 教化流行, 則逆亂之徒盡交歡也. 慝, 惡也."

181) 덕음불망德音不忘 : 『詩經』「鄭風·有女同車」제2장에 나오는 말로, "여
자가 함께 길을 걸어가니 얼굴이 무궁화 같도다. 가벼운 걸음걸이에, 패옥
소리 쟁쟁하네. 저 아름다운 맹강이여, 덕음을 잊지 못하리라.有女同行,
顔如舜英. 將翱將翔, 佩玉將將. 彼美孟姜, 德音不忘."라고 하였다.

182) 덕종德宗 신무효문황제神武孝文皇帝(李适, 742~805, 재위 779~805) :

때 〈문명文明〉무 1장을 쓴다.【상서尚書 좌승평장사左丞平章事 정여경鄭餘
慶183)이 지음】

開邸除暴, 時邁勛尊. 三元告命, 四極駿奔.
金枝翠葉, 煇燭瑤琨. 象德億載, 貽慶湯孫.

잠저潛邸184)를 열어 포악함을 없애고,
때맞춰 순행巡行하며 공덕을 드높였네.
천지와 사람에게 명을 고하니,
멀리 사방에서 달려오네.
금지옥엽, 밝고 빛나는 옥.
덕행의 모범이 억만년 미치고,
경사가 탕임금의 자손에게 남으리라.

代宗 李豫의 長子로, 奉節郡王·魯王·雍王 등에 봉해졌고 779년에 즉
위했다. 환관의 정치 관여를 엄금하고 兩稅法을 시행하는 등 기강을 새롭
게 했으나 후반기에는 환관을 중용하고 증세로 인해 백성들의 원망을
사기도 했다. 대외적으로는 回紇·南詔와 연합하고 吐蕃을 공격하는 등
성과를 거두었다. 諡號는 神武孝文皇帝이고 廟號는 德宗이며 崇陵에
모셔졌다.
183) 정여경鄭餘慶(745~820) : 당대의 재상으로 字는 居業, 鄭州 滎陽(현재
河南 滎陽) 사람이다. 兵部員外郎 翰林學士 工部侍郎 등을 거쳐 재상
이 되었으나 郴州司馬로 폄적되었으며 805년 재차 재상에 제수되었고
권신들의 미움을 사 다시 太子賓客이 되었다. 이후 國子祭酒·河南尹
·兵部尚書·太子少傅·山南西道節度使 등을 역임했으며 滎陽郡公에
봉해졌다. 사후 太保가 추증되었으며 諡號는 貞이다.
184) 잠저潛邸 : 황제 즉위 전의 거처, 또는 태자 즉위 전을 말한다.

順宗至德大聖大安孝皇帝室奠獻用大順之舞一章【中書侍郎·平章事鄭絪撰.】

순종지덕대성대안효황제順宗至德大聖大安孝皇帝 묘실廟室에 제품을 바칠 때는 〈대순大順〉무 1장을 쓴다.【중서시랑中書侍郎·평장사平章事 정인鄭絪185) 지음】

於穆時文, 受天明命. 允恭玄黙, 化成理定.
出震嗣德, 應乾傳聖. 猗歟緝熙, 千億流慶.

아름답다, 문덕이여,

하늘의 밝은 명을 받으셨네.

진실로 공손하고 현묘한 도를 묵묵히 행하시니,186)

교화가 이루어지고 이치가 정해졌네.

동방에서 나와[出震]187) 덕을 이으시고,

천명에 응해 성명함을 전했네.

---

185) 정인鄭絪(752~829) : 字는 文明으로 滎陽 사람이며 문장에 능했고 명사들과 널리 교류했으며 憲宗 때 同中書門下平章事·進門下侍郎·太子太傅 등을 역임했다. 諡號는 宣이다.

186) 윤공현목允恭玄黙:『尚書』「虞書·堯典」에서 요임금의 덕을 기리며 "진실로 공손하고 능히 겸양하시어 광채가 四表에 입혀지고 상하에 이르셨다.允恭克讓, 光被四表, 格于上下."라고 했다. 玄黙은 玄妙한 道를 묵묵히 생각하여 법령이나 군사를 너무 강조하지 않고 백성을 절로 교화되게 하는 것이다. 揚雄의 〈長楊賦〉에 "임금은 현묵으로 정신을 삼고 담박함으로 덕을 삼는다.人君以玄黙爲神, 澹泊爲德."는 말이 나온다.

187) 출진出震:『周易』의 八卦 가운데 震괘의 위치가 東方에 해당하므로, '出震'은 동쪽에서 나온다는 뜻이다. 이는 흔히 제왕이 등극한다, 후사를 잇는다는 의미로 쓰인다.

아아, 찬란히 빛나도다,[188]

억만년 동안, 경사가 이어지리.

憲宗聖神章武孝皇帝室奠獻用象德之舞一章【中書侍郎·平章事段文昌撰.】

헌종憲宗 성신장무효황제聖神章武孝皇帝[189] 묘실廟室에 제품을 바칠 때는 〈상덕象德〉무 1장을 쓴다.【중서시랑中書侍郎·평장사平章事 단문창段文昌[190]이 지음】

肅肅清廟, 登顯至德. 澤周八荒, 兵定四極.
生物咸遂, 群盜滅息. 明聖欽承, 子孫千億[六][191].

----

188) 집희緝熙 : 빛나고 밝다는 뜻이다. "穆穆文王, 於緝熙敬止."(『詩經』「大雅·文王」) 毛傳 : "緝熙, 光明也."

189) 헌종憲宗 성신장무효황제聖神章武孝皇帝(李純, 778~820, 재위 805~820) : 원래 이름은 李淳으로, 태자가 된 뒤 李純으로 바꾸었다. 唐 德宗 李適의 손자이자 順宗 李誦의 長子이다. 廣陵郡王에 책봉되었다가 805년 제위에 올랐다. 정치의 폐단을 개혁하고 중흥에 힘썼으며 '元和削藩(元和연간 번진을 토벌한 일)'의 성과를 거두어 '元和中興'이라 칭해졌다. 820년, 諡號를 聖神章武孝皇帝라 했고 849년 昭文章武大聖至神孝皇帝라 추시되었다. 廟號는 憲宗이고 景陵에 모셔졌다.

190) 단문창段文昌(773~835) : 字는 墨卿, 또는 景初이고, 西河(현재 山西 汾陽)사람으로, 監察御史 補闕·祠部員外郎·翰林學士 등을 지냈다. 唐 穆宗 즉위 후 재상이 되었고 후에 西川節度使·刑部尙書·兵部尙書·淮南節度使·荊南節度使 등을 역임했으며 鄒平郡公에 봉해졌다. 太尉가 추증되었다.

191) [교감기 6]『樂府詩集』권11에는 이 장 밑에 〈穆宗和寧舞〉〈武宗大定舞〉〈宣宗舞〉〈懿宗舞〉〈昭宗咸寧舞〉 각 1장씩이 있다. 『校勘記』권14에서는

엄숙한 청묘에,

지극한 덕이 높이 올랐네.

은택은 8황荒까지 두루 미치고,

군사는 4극極을 평정하였네.

살아 있는 만물이 다 이루어지고,

도적 무리가 싹 사라지네.

성명한 제왕이 이어받으시니,

자손이 천년이고 억년이고 번창하리라.

儀坤廟樂章十二首

의곤묘儀坤廟[192] 악장 12수

迎神用永和【林鐘宮, 散騎常侍·昭文館學士徐彦伯作.】

송신에는 〈영화永和〉를 쓴다.【임종궁林鐘宮, 산기상시散騎常侍·소문관학사
昭文館學士 서언백徐彦伯[193]이 지음】

....

今本『舊唐書』「樂志」에 문장이 빠진 것이라 했다. 또 "『唐會要』권33
및 『文獻通考』권142에 의거하면 敬宗·文宗의 舞號 및 撰者는 그래도
고증할 수 있다. 僖宗의 舞號 및 撰者는 알 수 없으나 懿宗·昭宗 사이에
그 시호는 남아있다. … 아마도 『구당서』를 편수할 때는 악장이 다 갖추어
져 있었으나 『당회요』를 편수할 때는 이미 3장의 가사가 없어졌을 것이
다."라고 했다.

192) 의곤묘儀坤廟 : 당대에 합사되지 못한 황후를 위해 세운 묘. "時又追尊
昭成肅明二皇后, 於親仁里別置儀坤廟."(『舊唐書』「禮儀志5」)라는 구
절이 있다.

猗若清廟, 肅肅熒熒. 國薦嚴祀, 坤輿淑靈.
有几在室, 有樂在庭. 臨玆孝享, 百祿惟寧.

성대하다, 청묘여,

장엄하고 밝도다.

나라에서 엄숙히 제사 올리니,

대지로 맑은 영령이 내려오시네.

안궤는 묘실廟室에 있고,

음악은 뜰에서 연주되네.

이 효성스런 제사를 흠향하사,

백록과 평안을 내리소서.

金奏【夷則宮, 不詳作者. 一本無此章.】

종과 북을 연주【이칙궁夷則宮, 작자미상. 다른 판본에는 이 장이 없다.】

陰靈效祉, 軒曜降精. 祥符淑氣, 慶集柔明.
瑤俎旣列, 雕桐發聲. 徽猷永遠, 比德皇英.

음령陰靈[194]께 제사를 올리니,

처마에 번쩍 정령이 강림하시네.

상서로움은 맑은 기운에 부합하고,

경사스러움은 온화하고 밝은 기운에 모여드네.

---

193) 서언백徐彦伯(?~714) : 이름은 洪으로 兗州 瑕丘(현재 山東省 濟寧市
兗州區와 河南省 濮陽縣에 위치) 사람이다. 修文館學士·工部侍郎·
太子賓客 등을 지냈다.

194) 음령陰靈 : 황후에게 올리는 제사이므로 음령이라는 표현을 쓴 것이다.

옥 도마 이미 펼쳤으니,

오동나무 거문고에서 소리 울리네.

아름다운 도는 영원하고,

덕은 아황娥皇·여영女英195)에 버금가네.

皇帝行用太和[黃鐘宮, 左諭德·昭文館學士邱說撰.]

황제의 행차에는 〈태화太和〉를 쓴다[황종궁黃鐘宮, 좌유덕左諭德·소문관
학사昭文館學士 구열邱說이 지음]

孝哉我后, 沖乎迺聖. 道映重華, 德輝文命.
慕深視箧, 情殷撫鏡. 萬國移風, 兆人承慶.

효성스럽구나, 우리 황제,

깊구나, 성스러움이여.

도는 중화重華196)를 비추고,

덕은 문명文命197)을 환히 밝혔네.

---

195) 아황娥皇·여영女英[皇英] : 皇英은 娥皇·女英을 말한다. 堯임금의 두
딸로 舜임금에게 시집갔으며 아버지에 의해 사지로 몰린 순을 도왔다.
순임금이 蒼梧(寧遠縣 九嶷山)에서 죽자 湘江가에서 통곡했는데 그 눈
물이 대나무에 흘러 '斑竹'('湘妃竹')이 되었으며 상강에서 자결해 湘君
·湘夫人이라 불렸다고 한다.

196) 중화重華 : 중화는 원래 舜임금의 이름이다. 성은 姚, 字는 都君, 시호를
'舜'이라 했다. 후에 제왕, 또는 제왕의 덕을 군왕이 조종의 덕을 이어
거듭 빛낸 것을 상징하는 말로 쓰였다.

197) 문명文命 : 文命은 文德의 교화를 말한다. 『尙書』 「大禹謨」에 "옛날 위
대한 우 임금을 상고해 보건대, 그는 文德의 교화를 사해에 펼치면서

깊이 앙모하는 마음으로 상자를 바라보고,

깊은 정으로 거울을 어루만지네.

만국의 풍속이 변하고,

억조창생이 경사를 이어 받네.

酌獻登歌用肅和[中呂均之太簇羽, 一云蕤賓均之夾鐘羽, 太子洗馬·昭文館學

士張齊賢撰.]

작헌하며 등가登歌할 때는 〈숙화肅和〉를 쓴다.[중려균中呂均의 태주우

太簇羽, 유빈균蕤賓均의 협종우夾鐘羽라고도 한다. 태자세마太子洗馬[198]·소문관학

사昭文館學士[199] 장제현張齊賢[200]이 지음]

祼圭旣濯, 鬱鬯旣陳. 畫幂雲擧, 黃流玉醇.

儀充獻酌, 禮盛衆禋. 地察惟孝, 愉焉饗親.

관규[201] 잡고 술을 다 뿌렸고,

舜임금을 공경히 계승했다.曰若稽古大禹, 曰文命敷于四海, 祗承于

帝."라고 하였다.

198) 태자세마太子洗馬 : 太子를 보좌하고 정사를 가르치는 직으로, 秦漢대

에 처음 설치되었을 때는 '先馬'였다고 한다.

199) 소문관학사昭文館學士 : 소문관은 서적을 교감하고 학생을 가르치던 기

관이었다. 唐 武德四年(621)에 門下省밑에 修文館을 두었고 태종 즉위

후 弘文館으로 이름을 바꾸었으며 20여 만권의 책을 모으고 학사를 두었

다. 館主와 학생 수십 명을 두었는데 대부분 황족·귀족과 고급관원들의

자제였다. 중종 때(705) 태자 李弘名의 이름을 피휘해 昭文館이라 했으

며 현종때(719) 다시 홍문관으로 바꾸었다.

200) 장제현張齊賢 : 무측천때 太常奉禮郎·諫議大夫 등을 지냈다.

201) 관규祼圭 : 관례(祼禮, 술을 땅에 뿌리며 조상에게 제사 지내는 祼祭)

향기로운 울창주도 올려놓았네.

오색 멱건冪巾[202])을 높이 드니,

옥 술잔에 누런 술이 그득하네.[203]

충만한 의식으로 술을 올리고,

풍성한 예로 여러 신께 제사 지내네.

지신地神께서 살피는 것은 오직 효심이라,

기쁜 마음으로 어버이께 제향을 올리네.

迎俎用雍和[姑洗羽, 太中大夫·昭文館學士鄭善玉作.]

영조迎俎에는 〈옹화雍和〉를 쓴다.[고선우조姑洗羽調, 태중대부太中大夫·소
문관학사昭文館學士 정선옥鄭善玉[204]) 지음]

酌鬱旣灌, 取蕭方爇. 籩豆靜嘉, 簠簋芬飶.

魚腊薦美, 牲牷表潔. 是戩是將, 載迎載列.

울창주를 다 붓고,

때 쓰는 술 따르는 용기에 달린 옥 손잡이. "祼圭尺有二寸, 有瓚, 以祀
廟."(『周禮』「考工記·玉人」) 鄭玄 注 : "祼之言灌也, 或作淉, 或作果.
祼謂始獻酌之奠也. 瓚如盤, 其柄用圭, 有流前注."

202) 멱건冪巾 : 식기를 덮는 수건.

203) 황류옥순黃流玉醇 : '黃流玉瓚'이라는 말이 『詩經』「旱麓」에 보인다.
"밝고 깨끗한 저 옥찬, 누런 술이 그중에 들어 있네.瑟彼玉瓚, 黃流在
中."라는 구절에서 나온 것이다. 옥찬은 옥으로 만든 구기로, 술을 뜨는
것이고 황류는 鬱鬯酒를 말한다.

204) 정선옥鄭善玉 : 玄宗때의 昭文館学士로 胡雄·張齊賢·丘悅 등과 함께
〈儀坤廟樂章〉12수를 지었다.

맑은 대쑥[蕭草]을 가져다 태우네.

변두籩豆는 정갈하고[205],

보궤簠簋[206]는 향기롭구나.

생선포로 맛난 공물 바치고,

희생물으로 정결함 드러내네.

이것들을 거두어 가지고,

영조迎俎하여 진열하네.

肅明皇后室酌獻用昭升【林鐘宮, 禮部尚書·昭文館學士薛稷作.】

숙명황후肅明皇后[207) 묘실廟室에 술을 올릴 때는 〈소승昭升〉을 쓴

---

205) 변두정가籩豆靜嘉 : 변두는 제사나 연회에 쓰이던 예기로 고기·어류·육
포 등을 담았다. 靜嘉는 정갈하고 아름답다는 뜻이다. 『詩經』 「大雅·
既醉」 : "其告維何, 籩豆靜嘉." 鄭玄 箋 : "籩豆之物, 絜清而美, 政平
氣和所致故也." 朱熹 集傳 : "靜嘉, 清潔而美也."

206) 보궤簠簋 : 제사때 기장, 쌀 등 곡물을 담던 예기로, 보에는 피쌀과 메조
를, 궤에는 기장을 담았다. "簠簋俎豆, 制度文章, 禮之器也."(『禮記』
「樂記」) 보는 안이 둥글고 밖이 네모지며 궤는 안이 네모지고 밖이 둥근
모양이다. 술과 음식, 잔치자리를 뜻하기도 하며 후에는 뇌물·貪官을
가리키는 말로도 쓰였다.

207) 숙명황후肅明皇后 : 睿宗 李旦의 비 劉씨로, 693년 德妃 竇氏(현종의
생모)와 함께 법술을 행해 무측천에게 저주를 내렸다는 모함을 받고 살해
되었다. 睿宗 복위 후 710년에 유씨에게 肅明皇后, 두씨에게 昭成皇后
라는 시호를 내렸으며 東都성 남쪽에서 초혼의식을 한 뒤 숙명황후는
惠陵, 소성황후는 靖陵에 안장했다. 京師에 묘를 세워 '의곤묘'라 했으며
716년 예종 붕어후 두 사람은 橋陵에 합장되었다. 소성황후는 현종의
생모여서 태묘에 들어가 예종실에 합사되었고 숙명황후는 이후 개원 20
년에 합사되었다.

다.【임종궁林鐘宮, 예부상서·소문관학사昭文館學士 설직薛稷[208) 지음】

> 陽靈配德, 陰魄昭升. 堯壇鳳下, 漢室龍興.
> 儷天作對, 前旒是凝. 化行南國, 道盛西陵.
> 造舟集灌, 無德而稱. 我粢旣潔, 我醴旣澄.
> 陰陰靈廟, 光靈若憑. 德馨惟饗, 孝思蒸蒸.

양령陽靈[209)이 덕을 갖추니,

음백陰魄이 밝게 오르시네.

요의 제단에서 봉황이 내려오듯,

한나라 황실에서 용이 흥기하듯.

하늘에 견줄 여인[儷天][210)이 짝이 되시니,

면류관 쓰고[211) 정좌하셨도다.

---

208) 설직薛稷(649~713) : 字는 嗣通이고 蒲州 汾陰(현재 山西省 萬荣縣) 사람으로, 諫議大夫·昭文館學士·户部尚書·参知政事·左散騎常侍·工禮二部尚書·太子少保 등을 지냈고 晉國公에 책봉되었다. 李旦이 相王시절에 사돈을 맺었으며 총애를 받았으나 현종때 太平公主와 竇懷貞의 정변을 알고도 알리지 않은 죄로 옥사했다. 서법, 회화에 뛰어나 '初唐四大書法家'로 일컬어졌다.

209) 양령陽靈 : 앞에서 황후를 음령이라고 하였으니, 여기서 양령은 황제를 가리킨다.

210) 하늘에 견줄 여인[儷天] : 儷天은 하늘의 누이동생에 비유할 만한 聖德 있는 여인이란 뜻으로, 주 文王의 妃 太姒를 일러 『詩經』「大雅·大明」에 "대방에 자식 있으니 하늘의 누이에 비유하네.大邦有子, 儷天之妹." 라고 한 데서 온 말이다.

211) 전류시응前旒是凝 : 前旒는 면류관 앞에 늘어뜨린 주옥을 꿴 술로 제왕은 12줄, 제후는 9줄을 드리운다. 凝旒는 면류관 구슬줄이 정지하여 움직

남방에서는 교화가 행해지고,212)

서릉西陵213)에서는 도가 성대했네.

배를 만들어 물가에 모아놓고 맞이하시니214)

그 덕은 비할 바 없었네.

내가 올리는 제수는 정갈하고,

내가 올리는 술 맑디 맑도다.

어둡고 고요한 신령의 사당에,

찬란하신 영령이 의지해 계시는 듯.

향기로운 덕을 바치니215)

이지 않는다는 뜻으로, 제왕이 조용히 자리 잡고 있음을 말한다.

212) 화행남국化行南國 : 『詩經』「周南·漢廣」에 "남쪽에 나무 높아도, 편히
쉴 수 없네. 한수에 여인들 노닐어도, 가까이 다가갈 수 없네.南有喬木,
不可休息. 漢有游女, 不可求思."라고 하였는데,「毛詩序」에서는 周 文
王과 그 后妃의 덕에 감화되어 남쪽 지방의 미개한 사람들까지도 예의를
알게 되었다는 의미라고 풀이하였다.

213) 서릉西陵 : 나라 이름으로 『史記』「五帝本紀」에 黃帝가 서릉에서 嫘祖
를 맞이했다는 기록이 있다. "黃帝居軒轅之丘, 而娶於西陵之女, 是爲
嫘祖.") 누조는 헌원황제의 正妃로 양잠을 발명했다고 한다.

214) 조주집관造舟集灌 : 周의 文王이 渭水에서 배를 만들어 다리를 놓아서
신부를 맞이했다고 한다. 『詩經』「大雅·大明」에 "큰 나라에 자식 있으니,
하늘에 견줄 처녀라네. 납폐의 禮로 그 상서로움 정하시고, 위수에서 친히
맞이하네. 배 만들어 다리 놓으니, 그 영광 아니 드러날 수 있으리.大邦有
子, 俔天之妹. 文定厥祥, 親迎于渭. 造舟爲梁, 不顯其光."라고 하였다.

215) 덕형유향德馨惟饗 : 『尙書』「君陳」에 "지극한 다스림은 아름다운 향기
가 널리 퍼지는 것과 같으니, 신명을 감동시키네. 기장과 같은 제물이
향기로운 것이 아니요, 밝은 덕이 향기로운 것이네.至治馨香, 感于神明.
黍稷非馨, 明德惟馨."라고 하였다.

효심이 피어오르네.

昭成皇后室酌獻用坤貞【不詳作者】
소성황후 묘실廟室에 술을 따라 올릴 때 〈곤정坤貞〉을 쓴다.【작자미상】

乾道旣亨, 坤元以貞. 肅雍攸在, 輔佐斯成.
外睦九族, 內光一庭. 克生叡哲, 祚我休明.
欽若徽範, 悠哉淑靈. 建茲清宮, 于彼上京.
縮茅以獻, 潔秬惟馨. 實受其福, 期乎億齡.

천도天道가 형통하니,

지덕地德도 이로써 곧아지네.

엄숙함과 온화함이 있어,

보필이 이루어졌네.

밖으로 9족族이 화목하고,

안으로 1정庭이 빛나도다.

하늘이 명철한 이 낳으시어,

내게 밝고 큰 덕을 내리셨네.

공경스럽고 아름다운 품행,

아득하네, 맑은 신령.

이 청묘궁을 세우시어,

저 도성에 두었네.

청모菁茅216)로 거른 술 바치고,

---

216) 축모縮茅 : 옛날 제사 지낼 때 푸른 띠풀로 술을 걸러 찌꺼기를 제거했는
데, 이를 縮酒라고 한다.

정갈한 찰기장을 올리니 향기롭구나.

진실로 그 복을 받으시니,

억만년 지속되길!

飮福用壽和【黃鐘宮, 太子詹事·崇文館學士徐堅作.】

음복에는 〈수화壽和〉를 쓴다.【황종궁黃鐘宮, 태자첨사太子詹事·숭문관학사
崇文館學士 서견徐堅[217]) 지음】

於穆淸廟, 肅雍嚴祀. 合福受釐, 介以繁祉.

아름답다, 청묘여,

엄숙하고 조화로운 제사로다.

제육祭肉을 받으니[218])

복이 있을 것이요, 풍성한 은혜를 내려 주리라.

送文舞出迎武舞入用舒和【南呂商, 銀靑光祿大夫·崇文館學士胡雄作.】

문무가 나가는 것을 보내고 무무가 들어오는 것을 맞을 때는 〈서
화舒和〉를 쓴다.【남려상조南呂商調, 은청광록대부銀靑光祿大夫·숭문관학사崇
文館學士 호웅胡雄[219]) 지음】

送文迎武遞參差, 一始一終光聖儀.

---

217) 서견徐堅(660~729) : 字는 元固이고 浙江 長興 사람으로, 唐 玄宗때의
    중신이다. 『則天實錄』·『初學記』등을 지었다.

218) 수희受釐 : 漢代에 황제가 사람을 보내 하늘에 제사를 올릴 때, 남은 고기를
    황제에게 돌려보냄으로써 복을 받았음을 알렸는데 이를 受釐라고 했다.

219) 호웅胡雄 : 당 玄宗 때 銀靑光祿大夫·崇文館學士를 지냈다.

四海生人歌有慶, 千齡孝享肅無歝.

문무文舞를 보내고 무무武舞를 맞이함에 차례대로 행하니,
하나가 시작되고 하나가 끝남에 그 성대한 의식이 빛나도다.
사해의 백성이 가송하니 경사가 생기고,
천년간 효성스러운 제사를 엄숙히 행하니 쇠함이 없으리라.

武舞用安和【太簇徵, 祕書少監·崇文館學士劉子玄作.】
무무武舞에는 〈안화安和〉를 쓴다.【태주치조太簇徵調, 비서소감祕書少監·숭
문관학사崇文館學士 유자현劉子玄[220) 지음】

妙算申帷幄, 神謀出廟庭. 兩階文物備, 七德武功成.
校獵長楊苑, 屯軍細柳營. 將軍獻凱入, 歌舞溢重城.

묘한 계략은 휘장안에서 펼쳐지고,
신통한 술책은 종묘에서 나오네.
두 섬돌 사이에서 문물이 정비되니,[221)
7덕의 무공이 이루어졌네.
장양원長楊苑에서 사냥하듯[222),

---

220) 유자현劉子玄(661~721) : 劉知幾를 말하며 子玄은 字이다. 彭城(현재
江蘇省 徐州) 사람으로 著作郎·祕書少監·太子左庶子·左散騎常侍
등을 역임했으며 『唐書』·『武后實錄』 등 편찬에 참여했다.
221) 양계문물비兩階文物備 : 『尚書』「大禹謨」에 "순 임금이 문덕을 크게 펴면
서, 방패와 새 깃을 들고 두 섬돌 사이에서 춤을 추니, 70일 만에 유묘족이
귀순하였다.帝乃誕敷文德, 舞干羽于兩階, 七旬有苗格."라고 하였다.
222) 장양원長楊苑 : 長楊宮으로 지금의 陝西省 周至縣 동남쪽에 있었던 한

세류영細柳營에 군대가 주둔하듯[223],

장군이 개선해 들어가니,

노래와 춤이 온 성안에 넘치네.

徹俎用雍和[蕤賓均之夾鐘羽, 銀靑光祿大夫·崇文館學士員半千作.]

철조에는 〈옹화雍和〉를 쓴다.[유빈균蕤賓均의 협종우夾鐘羽. 은청광록대부
銀靑光祿大夫·숭문관학사崇文館學士 원반천員半千[224] 지음]

대의 궁이다. 『三輔黃圖』「秦宮」편에 의하면 원래 秦의 궁궐이었는데
한대에 재정비되었고 궁중에 수양버들이 있어 장양궁이라 이름했다고
한다. 문에는 射熊館이라 써 있었는데 진한대에 사냥을 즐기던 곳이었다.
"長楊宮在今盩厔縣東南三十里, 本秦舊宮, 至漢修飾之以備行幸. 宮
中有垂楊數畞, 因爲宮名; 門曰射熊館. 秦漢游獵之所."

223) 세류영細柳營 : 漢代에 陝西省 咸陽市 서남쪽에 있었던 진영. 기원전
   158년 흉노의 軍臣單于(?~기원전 126)가 6만의 병력을 이끌고 上郡(陝
   西 榆林 동남쪽에 위치)과 雲中(內蒙古 托克托 동북쪽)을 침략하자 한
   文帝는 세 장군으로 하여금 장안 주변을 지키게 한다. 劉禮는 霸上(陝西
   省 西安市 동쪽)에, 徐厲는 棘門(陝西省 咸陽市 동북쪽)에, 周亞夫는
   細柳(咸陽市 서남쪽)에 각각 주둔하는데 문제가 군사들을 위로하기 위
   해 방문했을 때 霸上·棘門의 진영에서는 황제를 반겼으나 세류영에서는
   장군의 명령이 없으면 황제라도 들일 수 없다고 막고 진영안에서는 장군
   의 명령에 따라 마차를 달릴 수 없다고 저지했다. 또한 주아부도 갑옷을
   입은 채 무릎을 꿇지 않고 군대의 예로써 황제를 알현했다. 문제가 엄격한
   군령과 군기에 감탄해 앞의 두 군대는 아이들 놀이 같아서 쉽게 포로가
   될 것이고 주아부의 군대는 적이 감히 침범하지 못할 것이라며 칭찬했다
   고 한다. (『史記』「絳侯周勃世家」)

224) 원반천員半千(621~714) : 字는 榮期로, 齊州 全節(현재 山東省 章丘)
   사람으로, 본명은 余慶이다. 王義方에게 배웠고 武陟縣尉로 있을 때
   현령의 명을 어기고 기근에 고통받는 백성들에게 쌀을 방출한 일로 조사

孝享云畢, 維徹有章. 雲感玄羽, 風悽素商.
瞻望神座, 祗戀匪遑. 禮終樂闋, 肅雍鏘鏘.

효심으로 올리는 제사를 마치니,

철조徹俎가 정연히 진행되네.

구름은 우성羽聲에 감응하고,

바람은 상성商聲에 슬퍼하는 듯.[225]

신좌神座를 우러러보니,

공경하고 사모하는 마음 표할 겨를이 없네.

예식은 끝나고 음악은 멈췄는데,

엄숙하고 온화한 소리 쟁쟁하네.

送神用永和【林鐘宮, 金紫光祿大夫·崇文館學士祝欽明作.】

송신送神에는 〈영화永和〉를 쓴다.【임종궁林鐘宮, 금자광록대부金紫光祿大夫·숭문관학사崇文館學士 축흠명祝欽明[226] 지음】

를 받은 바 있다. 高宗과 武則天의 총애를 받았으며 무측천을 위해 『明堂新禮』, 〈封禪四壇碑〉詩十二首 등을 지은 바 있다. 正諫大夫가 되었고 平原郡公에 봉해졌으며 中宗때는 濠州刺史, 睿宗때는 太子右諭德·崇文館學士·銀青光祿大夫 등을 지냈다.

225) 운감현우雲感玄羽, 풍처소상風悽素商 : 玄羽는 五音 중 羽聲을 말한다. 우성이 검은 색으로 상징되는 북쪽에 해당하므로, 검을 玄자를 쓴 것이다. 素商은 오음 중에 商聲에 해당한다. 상성이 흰색으로 상징되는 서쪽에 해당하므로 흴 素자를 쓴 것이다.

226) 축흠명祝欽明(?~728) : 字는 文思이고 雍州 始平(현재 陝西省 興平) 사람으로, 무측천·중종·현종대에 걸쳐 太子率更令·崇文館學士·國子祭酒·同中書門下三品·銀青光祿大夫·刑部禮部二尚書·參知政事

閟宮實實, 淸廟微微. 降格無象, 馨香有依.
式昭纂慶, 方融嗣徽. 明禋是享, 神保聿歸.

깊이 닫힌 신궁은 광대하고,
청묘는 고요하네.
강림한 신은 형상 없으나,
뿜는 향기는 기탁한 바 있네.
이로써 광대하게 경사를 계승하고,
조화롭게 아름다운 덕을 이으리라.
밝고 정결한 제사 흠향하시고,
선조의 신령께서 이미 돌아가셨네.

又儀坤廟樂章二首【太樂又有一本, 與前本略同, 二章不同如左, 不詳撰者.】

또 의곤묘儀坤廟에 쓰인 악장 2수【태악서太樂署[227])에 또 하나의 본이 있어 전본과 대략 같으나 2장은 아래와 같이 다르다. 작자미상.】

迎神【一本有此章而無徐彦伯之詞.】

영신迎神【한 본에는 이 장이 있는데 서언백徐彦伯의 사詞가 없다.】

등을 지냈고 魯國公에 봉해졌다. 후에 탄핵되어 中州刺史로 폄적되기도 했으나 당의 예의제도 완성에 기여한 바 있다.

227) 태악서太樂署 : 北齊때부터 있었던, 음악과 의식을 관장하는 관서로, 수당대에는 제사 음악과 악무교습을 담당했다.

月靈降德, 坤元授光. 娥英比秀, 任姒均芳.
瑤臺薦祉, 金屋延祥. 迎神有樂, 歆此嘉薦.

달의 신령이 덕을 내리시고,

땅의 덕이 그 빛을 내주셨네.

아황娥皇 · 여영女英과 그 빼어남 견주고,

태임太任 · 태사太姒228)와 그 향기 나란히 하네.

요대瑤臺229)에서 제사를 바치니,

금옥에 그 상서로움 이어지네.

영신迎神의 음악 연주하니,

여기서 그윽한 곡식향 맡으소서.

送神【一本有此章而無祝欽明之詞.】

송신送神【한 본에는 이 장이 있는데 축흠명祝欽明의 사詞가 없다.】

玉帛儀大, 金絲奏廣. 靈應有孚, 冥徵不爽.

----

228) 태임太任 · 태사太姒 : 太任은 任성으로 '大任'이라고도 한다. 汝南 平輿
   (현재 河南省 平輿縣 북쪽) 사람으로 商나라 西伯侯 季曆의 정비이며
   周 文王의 어머니로 문왕을 임신했을 때 태교에 힘쓴 것으로 유명하다.
   太姒는 姒성으로 有莘國(현재 陝西省 郃陽縣 동남쪽) 사람이다. 周 文
   王의 正妃이자 武王의 어머니로 '文母'로 불렸다. 현숙하고 총명하며
   자녀를 엄격히 가르쳐 문왕의 사랑을 받았을 뿐 아니라 신하들의 존경을
   받았다. 武則天은 「臣軌」라는 글에서 太姒가 정사에 밝았음을 찬미하고
   칭제후 姬昌을 文皇帝로 받들고 太姒에게 文定皇后라는 시호를 내렸으
   며 능은 德陵으로 불렸다.
229) 요대瑤臺 : 美玉으로 화려하게 장식한 누대를 말한다.

降彼休福, 歆茲禋享. 送樂有章, 神麾其上.

귀한 옥과 비단을 올리니 그 의식 성대하고,

현악기 연주하니 널리 퍼지네.

신령이 감응하사 신실함 더하고,

은밀한 징조는 틀림이 없네.

크나큰 복을 내리시니,

이 제사 흠향하시네.

송신의 악장을 연주하니,

신거의 깃발이 올라가네.

昭德皇后室酌獻用坤元樂章九首[七]230)【內出】

소덕황후실昭德皇后231) 묘실廟室에 술을 따라 제사 올릴 때는
〈곤원坤元〉 악장樂章 9수를 쓴다.【궁내에서 나왔다.】

---

230) [교감기 7] "昭德皇后室酌獻用坤元樂章九首"는 『樂府詩集』 권11에는
제목이 '唐昭德皇后廟樂章'으로 되어 있으며 '酌獻用坤元'과 그 밑의
제4장은 제목이 겹치니 잘못 덧붙여진 것으로 의심된다. 『合鈔』 권40
「樂志」에는 이 다섯 글자가 빠져 있고 '室'이 '廟'로 되어 있다.

231) 소덕황후昭德皇后(?~786) : 姓은 王이고 益州 新都(현재 四川省 成都
市 新都區) 사람으로, 奉節郡王 李适(德宗)과 결혼해 李誦(후의 唐 順
宗)을 낳았다. 淑妃로 책봉되었다가 786년에 황후로 책립되었다. 諡號는
昭德皇后이고 靖陵(僖宗의 묘)에 모셔졌으며 永貞 元年에 崇陵(德宗
李适의 묘)에 합사되었다.

迎神用永和

영신迎神에는 〈영화永和〉를 쓴다.

穆淸廟, 薦嚴禋. 昭禮備, 和樂新.
望靈光, 集元辰. 祚無極, 享萬春.

공경스러운 청묘에서,
엄숙한 제사 올리네.
밝은 예식 다 구비되고,
조화로운 음악은 새롭네.
신령의 빛을 바라보니,
좋은 시기 모여드네.
무한히 복을 내리시니,
만 년을 누리리라.

登歌酌鬯用肅和

등가登歌하고 울창주를 따를 때는 〈숙화肅和〉를 쓴다.

誠心達, 娛樂分. 升蕭膋, 鬱氛氳.
茅旣縮, 鬯旣薰. 后來思, 福如雲.

정성스러운 마음 닿으니,
즐거운 음악이 나뉘네.
맑은 쑥 기름이 오르니,
연기가 자욱하네.
청모로 술을 거르니,

울창주 향기롭고,

황후의 신령이 이르시어,

구름같은 복록 내리시네.

迎俎用雍和

영조에는 〈옹화雍和〉를 쓴다.

我將我享, 盡明而誠. 載芬黍稷, 載滌犧牲.
懿矣元良, 萬邦以貞. 心乎愛敬, 若睹容聲.

내가 제사를 받들어 올림에[232],

덕을 밝히고 정성을 다하네.

기장 내음은 향기롭고,

희생 소는 깨끗이 씻었구나.

아름답다! 현량 중 으뜸[233],

만방이 이로써 바르게 되도다.

마음으로 사랑과 공경을 다하니,

그 용모와 소리 들리는 듯.

---

232) 아장아향我將我享 : 『詩經』「周頌·我將」에 "내 받들어 제사 지내는 것
이, 양이며 소이니, 하늘이 보우하시리. … 위대하신 문왕은, 이미 흠향하
시리.我將我享, 維羊維牛, 維天其右之 … 伊嘏文王, 旣右享之."라고
하였다.

233) 현량 중 으뜸[元良] : 元良은 賢良한 사람 중에 우두머리란 뜻으로, 세자
를 가리킨다. 『禮記』「文王世子」에 "한 사람의 원량이 있으면 만국이
이로써 바르게 되니, 세자를 말한다.一有元良, 萬國以貞, 世子之謂也."
라고 하였다.

酌獻用坤元

작헌酌獻에는 〈곤원坤元〉를 쓴다.

於穆先后, 儷聖稱崇. 母臨萬宇, 道被六宮.
昌時協慶, 理內成功. 殷薦明德, 傳芳國風.

온화하신 선황후,

성인과 짝하시어 존귀하다 칭해지네.

국모로서 천하에 임하시고,

육궁234)에 덕행이 미치네.

시절을 창성케 하여 경사를 돕고,

궁내를 다스려 공을 이루셨네.

성대한 제사235)로 덕을 밝히니,

그 향기 온 나라에 전하네.

送文舞出迎武舞入用舒和[八]236)

문무를 보내고 무무를 맞이할 때는 〈서화舒和〉를 쓴다.

金枝羽部輟清歌, 瑤堂肅穆笙磬羅.

---

234) 육궁六宮 : 황제와 황후가 거주하는 正宮(乾清宮·交泰殿·坤寧宮) 양
   옆에 동서 6궁이 있는데 후비들의 거처이다.

235) 은천殷薦 : '殷薦'은 『周易』「豫卦」初六 象에 나오는 말로, 성대하게
   제사를 드리는 것을 가리킨다.

236) [교감기 8] "送文舞出迎武舞入用舒和"는 『樂府詩集』 권11에서 『舊唐
   書』「音樂志」를 인용하고 있는데 이 장 앞에 '飲福用壽和' 1장이 있으며
   이를 더하면 9首라는 수에 부합된다.

諧音遍響合明意, 萬類昭融靈應多.

금지金枝와 우부羽部[237]로 청아한 노래 그치니,

화려한 전당에서 생황과 종경 소리 엄숙하게 펼치네.

조화로운 음악 두루 퍼져 성명한 뜻에 부합하니,

만물이 밝게 어우러져 신령한 감응도 많아지리.

武舞用凱安
무무武舞에는 〈개안凱安〉을 쓴다.

辰位列四星, 帝功參十亂. 進賢勤內輔, 扈蹕清多難.
承天厚載均, 並曜宵光燦. 留徽藹前躅, 萬古披圖煥.

북극의 사성四星[238]이 차례대로 늘어서고,

제왕의 공덕에 십란十亂[239]이 참여했네.

현인을 바쳐 삼가 안에서 돕고,

---

237) 금지金枝와 우부羽部 : 금지金枝는 금으로 장식한 등이다. 顏延之의 〈宋郊祀歌〉에 "금지를 가운데 꽂아놓고 널리 악대를 사방에 펼쳤네.金枝中樹, 廣樂四陳."라는 말이 나오는데 呂向은 注에서 "금지는 금으로 장식한 등을 말한다.金枝, 謂燈以金飾之."라고 하였다. 羽部는 깃털 들고 춤추는 舞人의 대오를 말한다. 즉 꿩 깃과 쇠꼬리를 손에 쥐고 추는 羽旄舞를 말하는 것인데, 이는 방패와 도끼를 손에 쥐고 추는 武舞인 干戚舞에 비해 文舞에 해당한다.

238) 사성四星 : 蒼龍·白虎·朱雀·玄武의 네 별자리를 가리킨다.

239) 십란十亂 : 원래 周 武王을 보좌한 열 명(周公旦·召公奭·太公望·畢公·荣公·太顚·閎夭·散宜生·南宮适·文母)의 대신을 말하며 후에는 황제를 보좌하는 열 명의 유능한 인재를 가리키게 되었다.

어가를 호종하여 많은 어려움을 깨끗이 없애네.

하늘 받들어 두텁게 실은 공[240]은 같으니,

해와 나란한 밤빛이 찬란하구나.

지난 자취 성대하여 아름다움 남겼으니,

오래도록 사서史書에 환히 빛나리라.

徹俎用雍和
철조에는 〈옹화雍和〉를 쓴다.

公尸旣起, 享禮載終. 稱歌進徹, 盡敬由衷.
澤流惠下, 大小咸同.

공시公尸[241]가 일어나시니,

제사의 예식이 끝나가네.

노래 부르며 나아가 조를 거둠에,

진심에서 우러나 공경을 다하네.

은택이 퍼지고 은혜가 내리니,

대소가 모두 같도다.

---

240) 후재厚載 : 원래 땅이 두터워 만물을 실을 수 있다는 뜻이다. "坤厚載物,
德合無疆."(『周易』「坤」) "坤惟厚載, 陰正乎内."(『後漢書』「皇后紀贊」)

241) 공시公尸 : 고대에 천자가 제사지낼 때 신령을 대신해 제사를 받는 사람
을 말하며 卿이 그 역할을 했으므로 '公尸'라 불렀다. 『詩經』「大雅·
旣醉」: "令終有俶, 公尸嘉告." 毛傳 : "公尸, 天子以卿, 言諸侯也." 孔
穎達 疏 : "天子以卿, 謂以卿爲尸也. 卿而謂之公者, 言此卿之尊比下
土諸侯也. 諸侯稱公, 故亦謂卿爲公也."

送神用永和

송신에는 〈영화永和〉를 쓴다.

　　昭事終, 幽享餘. 移月御, 返仙居.
　　璇庭寂, 靈幄虛. 顧徘徊, 感皇儲.

　　밝은 제사 끝나고, 영령께서 흠향하신 후.
　　월신月神의 수레가 움직여, 신선의 거처로 돌아가네.
　　묘정은 고요하고, 신령의 장막은 비었네.
　　돌아보며 서성이시니, 황태자께서 감동하시네.

孝敬皇帝廟樂章九首

효경황제孝敬皇帝[242]묘 제사에 쓰이는 악장 9수

迎神用永和【詞同貞觀太廟永和】

송신迎神에는 〈영화永和〉를 쓴다.【가사는 정관 때 태묘제사에 쓰인 〈영화
永和〉와 같다.】

皇帝行用太和【詞同貞觀太廟太和】

---

242) 효경황제孝敬皇帝(李弘, 653~675) : 唐 高宗 李治의 다섯 번째 아들이자
무측천의 장자로 사후 황제로 추종되었다. 655년, 代王으로 봉해지고 656
년, 황태자로 책봉되며 고종의 총애를 받았으나 675년, 23세로 죽어 사후
황제로 추증되었으며 천자의 예로 恭陵에 모셔졌다. 705년, 中宗이 廟號
를 義宗이라했으나 718년 묘호를 없애고 孝敬皇帝로 제사를 올렸다.

황제의 행차에는 〈태화太和〉를 쓴다.【가사는 정관 때 태묘제사에 쓰인 〈태화太和〉와 같다.】

登歌酌鬯用肅和【詞同貞觀太廟肅和】

등가登歌하며 울창주를 따를 때는 〈숙화肅和〉를 쓴다.【가사는 정관 때 태묘제사에 쓰인 〈숙화肅和〉와 같다.】

迎俎用雍和【詞同貞觀太廟雍和】

영조迎俎에는 〈옹화雍和〉를 쓴다.【가사는 정관貞觀 때 태묘太廟 제사에 쓰인 〈옹화雍和〉와 같다.】

酌獻用承光【詞同中宗享孝敬承光】

작헌酌獻에는 〈승광承光〉를 쓴다.【가사는 중종이 효경황제 제사 때 쓴 〈승광承光〉과 같다.】

送文舞出迎武舞入用舒和【詞同太廟】

문무를 보내고 무무를 맞이할 때는 〈서화舒和〉를 쓴다.【가사는 태묘 제사때와 같다.】

武舞用凱安【詞同太廟】

무무에는 〈개안凱安〉을 쓴다.【가사는 태묘제사 때와 같다.】

徹俎用雍和【詞同迎俎】

철조徹俎에는 〈옹화雍和〉를 쓴다.【가사는 영조迎俎 때와 같다.】

送神用永和【詞同太廟】

송신送神에는 〈영화永和〉를 쓴다.【가사는 태묘제사 때와 같다.】

享隱太子廟樂章六首【貞觀中撰】

은태자隱太子243)묘에 제사지낼 때의 악장 6수【정관貞觀 때 지음】

迎神用誠和:
영신에는 〈성화誠和〉를 쓴다.

道閟鶴關, 運纏鳩里. 門集大命[九]244), 俾歆嘉祀.
禮亞六瑚, 誠殫二簋. 有誠顒若, 神斯庶止.

---

243) 은태자隱太子 : 唐 高祖 李淵의 장자이자 太宗 李世民의 장형인 李建成(589~626)을 말한다. 어릴 적 자는 毗沙門이며 太原에서 이연의 기병을 돕고 長安을 공격하는 등 당조 개국에 공이 컸다. 건국 후 황태자가 되어 이연을 보좌했으며 돌궐의 침입을 물리치고 산동지역을 평정하는 등 공을 세웠으나 626년 李世民의 玄武門 사변 때 죽임을 당했다. 玄武門 사변은 당 高祖 武德 9年(626) 음력 6월 4일에 秦王 李世民이 장안성 太极宫의 玄武門에서 일으킨 정변으로, 당시 태자였던 장형 李建成과의 갈등이 폭발한 것이었다. 이세민은 천하통일에 공이 커 天策上將으로 임명되었고 이에 불안해진 태자는 동생인 齊王 李元吉과 연합해 이세민을 해하려 했다. 이세민의 세력이 커지자 이연 역시 경계하게 되었고 이에 이세민과 공신집단이 결탁, 현무문 병변을 일으켜 이건성을 죽이고 태자가 되었으며 2달 후 황위를 선양 받아 태종으로 즉위했다. 『資治通鑑』등 대부분의 사서들은 태자 이건성이 태만하고 술을 좋아하며 여색과 사냥을 즐겼고 고조의 총애를 못 받아 불안해했다고 부정적으로 기재하고 있다. 貞觀 2년(628)에 息王으로 봉해졌고 시호를 '隱'이라 했으며 貞觀 16년에 황태자로 추존되었다.

244) [교감기 9] "門集大命"에 대해 『校勘記』 권14에서는 '門'자를 오자로 보고 『文義』에 의거해 '用'이라 했다.

길은 태자궁의 문245)에서 끊기고,

운은 구리鳩里246)에서 얽혀 버렸네.

대명大命이 모여드니,

훌륭한 제사를 흠향하게 하네.

예는 육호六瑚247)에 버금가고,

정성으로 이궤二簋248)를 바치네.

---

245) 학관鶴關 : 태자궁의 문.

246) 구리鳩里 : 泉鳩里를 말하며 漢 武帝의 장자 劉據(기원전 128~기원전 91)가 '巫蠱之禍'(기원전 91)에 연루되어 도망 다닐 때 숨었던 곳이다. 기원전 91년, 승상인 公孫賀의 아들 公孫敬聲이 武帝를 저주, 음해했고 陽石公主와 通奸했다는 죄명으로 그 부친과 함께 옥사하고 諸邑公主, 陽石公主와 衛青之의 아들 衛伉도 연루되어 주살 당했다. 이때 武帝의 총신인 江充이 사건을 조사하면서 혹형으로 다스려 많은 무고한 사람들이 죽임을 당했고 그와 사이가 안 좋았던 태자 劉據도 모함을 받았다. 이에 유거는 군사를 일으켜 강충을 주살했으나 무제에 의해 진압되고 湖縣 泉鳩里의 한 인가에 숨게 된다. 집주인이 짚신을 만들어 팔아 극진히 그를 대접하자 유거는 호현의 부호를 찾아 도움을 청하려다 거처가 발각되고 결국 자살을 택한다. 이어 그 모친인 皇后 衛子夫, 첩인 史良娣와 아들 史皇孫 劉進(悼皇考, 기원전 113~기원전 91, 孝宣帝의 부친) 등 일가족이 長安에서 죽임을 당했다. 후에 令孤茂(壺關三老)가 태자의 억울함을 호소하는 상소를 올리자 무제는 강충 3族을 멸하고 태자를 모함한 蘇文을 죽인 뒤, '思子宮'을 세우고 죽은 곳을 '歸來望思之臺'라 하여 태자의 죽음을 기렸다.

247) 육호六瑚 : 瑚는 제사때 黍稷(메기장과 찰기장)을 담는 제기이다. "有虞氏之兩敦, 夏后氏之四連, 殷之六瑚, 周之八簋."(『禮記』「明堂位」) 鄭玄 注 : "皆黍稷器, 制之異同未聞."

248) 이궤二簋 : 簋는 제사때 黍稷을 담는 제기로 商代부터 사용되었다. 입구

진심으로 공경을 다하니,

신께서 여기에 이르시네.

登歌奠玉帛用肅和

등가登歌하고 옥과 비단을 올릴 때는 〈숙화肅和〉를 쓴다.

歲肇春宗, 乾開震長. 瑤山旣寂, 戾園斯享. 玉肅其事, 物昭
其象. 絃誦成風, 笙歌合響.

한 해는 으뜸 되는 봄에서 시작되고,

하늘은 장남에게서 열리네.[249]

요산이 적막하니,[250]

태자[251]께서 이 제사 흠향하시네.

가 넓고 몸체가 둥글며 양 귀가 달린 형태였는데 후에는 네모형, 위는
둥글고 아래는 네모난 형, 귀가 세 개, 네 개인 것, 3족형 등 다양해졌으며
짐승얼굴문양이 장식되기도 했다. 鼎과 더불어 배열되는데 4簋와 5鼎,
6簋와 7鼎 식으로 짝수로 놓여진다. 天子는 9鼎 8簋, 諸侯는 7鼎 6簋,
卿大夫는 5鼎 4簋, 士는 3鼎 2簋를 사용했다.

249) 건개진장乾開震長 : 震卦는 장남에 해당하는데, 『周易』「說卦」에 이르
기를, 乾은 하늘이기 때문에 아버지라 일컫고, 坤은 땅이기 때문에 어머
니라 일컫고, "震은 첫 번째로 구하여 아들을 얻었으므로 장남을 일컫는
다.震一索而得男, 故謂之長男."라고 하였다. 여기서는 특히 태자를 말
한다.

250) 요산기적瑤山旣寂 : 요산은 전설 속 신선이 산다는 곳으로, 신이 머무는
곳을 상징한다. 신이 그곳을 떠나 이곳 제사지내는 곳으로 왔기 때문에
적막하다고 표현한 것이다.

251) 여원戾園 : 원래 戾太子 劉據의 능원을 말한다. 『漢書』「戾太子劉據傳」

보옥으로 제사 엄숙해지고,

제물로 그 상을 밝히네.

현에 맞춘 읊조림이 소리를 이루니,

생황의 노래로 그 소리에 화합하네.[252]

迎俎用雍和:

영조에는 〈옹화雍和〉를 쓴다.

明典肅陳, 神居邃啓. 春伯聯事, 秋官相禮.
有來雍雍, 登歌濟濟. 緬惟主鬯, 庶歆芳醴.

밝은 전례 엄숙히 펼쳐지니,

신령의 거처 멀리서 열리네.

춘관[春伯]이 그 일을 잇고,

추관秋官이 예식을 돕네.

온화하게 이르시니,

가지런히 등가하네.

에 衛太子 劉据의 시호를 '戾'라 하고 湖閣鄉 邪里聚를 戾園으로 삼았
다고 한다. "故皇太子諡曰戾 … 以湖閣鄉邪里聚爲戾園." 여기서는 왕
자의 능원, 즉 李建成의 능을 가리킨다.

252) 생가합향笙歌合響 : 『禮記』 「檀弓上」에 "공자는 大祥(부모상을 당한 후
2주년이 될 때의 제례)을 지내고 나서 5일 뒤에 거문고를 탔는데 하나의
곡을 끝까지 다 연주하지 않았다. 10일이 지나서 생황을 불며 노래할
때에는 끝까지 다 마쳤다.孔子旣祥, 五日彈琴, 而不成聲. 十日而成笙
歌."라고 했다. 여기서는 처음부터 현에 맞춰 노래 부르는 것이 가능했기
에 바로 이어 '생황을 불며 노래한다'라고 표현한 것이다.

생각건대 울창주를 맡았던 분253)께서는,

향기로운 술을 흠향하시리.

送文舞出迎武舞入用舒和

문무를 보내고 무무를 맞이할 때는 〈서화舒和〉를 쓴다.

三縣已判歌鐘列, 六佾將開羽鍼分.

尚想燕飛來蔽日, 終疑鶴影降凌雲.

삼면에 악기 나뉘어 걸리고 반주하는 편종이 진열되니,

육일무六佾舞254)가 펼쳐지고 우무와 척무255)가 나뉘네.

제비가 날아와 해를 가렸나 생각하다가,

마침내 학 그림자256)가 내려와 구름을 뒤덮었나 의심하네.

---

253) 울창주를 맡았던 분[主鬯] : 종묘의 제사를 주관하는 것으로, 세자의 이칭
으로 쓰인다. 여기에서는 이건성을 가리킨다.

254) 육일六佾 : 제사 때에 추는 六佾舞를 말한다. 6행 6열, 모두 36인이 추는
것으로, 제후·제상의 제사 때 쓰며 文舞만 춘다. 八佾舞는 8행 8열, 모두
64인이 추는 것으로, 천자의 제사 때 쓰며 文舞·武舞·文武合一舞의
3종이 있다.

255) 우무와 척무[羽鍼] : 羽舞와 鍼舞로, 羽舞는 새깃을 들고 추는 文官의
춤이며 六小舞(오색실이 달린 긴 자루의 舞具를 들고 추는 帗舞, 새깃을
들고 추는 羽舞, 오색 깃털을 들고 추는 皇舞, 소꼬리를 들고 추는 旄舞,
방패를 들고 추는 干舞, 人舞) 중 하나이다. 鍼舞는 도끼를 들고 추는
武官의 춤이다.

256) 학영鶴影 : 학의 그림자는 죽은 왕자의 모습을 상징한다. 중국 河南省
偃師縣 남쪽에 있는 緱氏山 꼭대기에서 周 靈王의 태자 王子 晉이 7월
7일 흰 학을 타고 가족과 작별한 뒤 날아갔다는 데에서 나온 말이다.

武舞用凱安

무무에는 〈개안凱安〉을 쓴다.

天步昔將開, 商郊初欲踐. 撫戎金陣廓, 貳極瑤圖闡.
雞戟遂崇儀, 龍樓期好善. 弄兵隳震業, 啓聖隆祠典.

옛날 천자의 행보 열리려 할 때,

상교商郊[257)]를 처음 밟고자 했네.

오랑캐를 안무하니 전쟁 그치고,

황제를 보위하니 제왕의 운[258)]이 열렸네.

계극鷄戟[259)]으로 의용을 드높이고,

태자의 용루龍樓[260)]에서 선善을 이룰 것을 기약했네.

군대를 움직여 왕업을 무너뜨리고,

성인의 융성한 제사를 열었네.

---

257) 상교商郊 : 반정을 일으키고자 군사를 모아놓고 맹세한 일을 말한다. 주
나라 武王이 은나라 紂王을 공격할 때 상나라 교외의 목야에서 군사를
모아놓고 맹세한 일이 있다. 『尙書』 「牧誓」에 "갑자일 새벽, 왕이 아침에
상나라 교외 목야에 이르러 맹세하였다.時甲子昧爽, 王朝至於商郊牧
野, 乃誓."라는 구절이 있다. 여기서는 이건성이 아버지인 당 고조 이연을
도와 당을 창업한 일을 비유하고 있다.

258) 요도瑤圖 : 원래 지도와 호구책, 강토와 백성, 또는 도서나 정미한 도상을
의미하는데 여기서는 제왕의 계통, 족보를 의미한다.

259) 계극鷄戟 : 검붉은 비단을 맨 의장용 창으로, 晉나라 때 닭이 울면 태자의
궁문에 창을 들고 경비를 서던 것에서 그 이름이 유래했다고도 한다.

260) 용루龍樓 : 태자궁의 문을 말하며 나아가 태자가 거하는 곳, 태자를 의미
한다.

送神用誠和【詞同迎神】

송신에는 〈성화誠和〉를 쓴다.【가사는 영신 때와 같다.】

又隱太子廟樂章二首【太樂舊有此詞. 不詳所出.】

또 은태자묘隱太子廟에 제사지낼 때 쓰는 악장 2수【태악太樂에 전부터 이 가사가 있는데 출처는 상세하지 않다.】

迎神
영신

> 蒼震有位, 黃離蔽明. 江充禍結, 庚據災成.
> 銜冤昔痛, 贈典今榮. 享靈有秩, 奉樂以迎.

창진蒼震의 자리에 있었으나,
황리黃離의 빛은 가려졌네.261)
강충江充262)이 화를 일으켜,

---

261) 창진유위蒼震有位, 황리폐명黃離蔽明 : 창진은 東宮 즉 世子를 뜻하는
데 푸른 색이 東方에 속하므로 창진이라 표현한 것이다. 『周易』「文言傳」
에 의하면 黃은 중앙의 색이고 문채가 아름다운 것이며 離는 길하고
순조로우며 麗, 즉 만물이 제자리에 붙어 있는 것을 의미한다. "黃, 中之
色, 文之美也, 文明中正, 美之盛也. 故云黃離. 以文明中正之德, 上同
於文明中順之君, 其明如是, 所麗如是, 大善之吉也." 여기서 長男은
震卦에 해당되고 태자는 離卦에 해당되므로 창진은 장남, 황리는 태자를
말한다. 이 두 구절은 이건성이 장남으로 태어났으나 태자로서는 빛을
발하지 못하였음을 의미하는 것이다.

여태자에게 재앙이 되었지.
억울함을 품은 것은 옛날의 고통이요,
추증의 전례263)는 지금의 영화로움이라.
신령이 순서대로 흠향하시니,
음악을 바치며 맞이하네.

送神
송신

皇情悼往, 祀儀增設. 鐘鼓鏗鍠, 羽旄昭晰.
掌禮云備, 司筵告徹. 樂以送神, 靈其鑒閱.

황제가 진정으로 옛 일을 애도하고,

---

262) 강충江充(?~기원전 91) : 본명은 齊이고 字는 次倩이며 西漢 趙國 邯鄲
(현재 河北省 邯鄲) 사람이다. 여동생이 趙國의 太子 劉丹에게 시집갔
으나 강제는 敬肅王 劉彭祖의 上賓이 되고 劉丹에 의해 쫓기다 장안에
들어가게 된다. 이름을 江充으로 바꾸고 흉노에 사신으로 가는 등, 한
무제의 총애를 받게 되자 무제에게 유단을 모함해 유단이 하옥되기에
이르고 무제가 만년에 병이 들자 태자 劉據(여태자)의 궁에서 독과 나무
인형을 찾아내어 독이 병의 원인이라고 무고한다. 유거가 강충을 제거하
고자 기병하나 무제가 승상 劉屈氂로 하여금 난을 평정하게 하고 양측이
장안에서 5일간 혼전하는 동안 수 만 명이 희생된다. 태자가 패해 湖縣에
서 자진하고 皇后를 비롯한 일가가 죽게 되는데 이를 '巫蠱之禍'라 한다.
후에 무제가 유거에게 역심이 없었다는 사실을 알고 강충 3족을 멸하고
호현에 '思子宮'을 세웠다.

263) 증전贈典 : 관작을 이미 고인이 된 부모나 조상에게 수여하는 전례를 贈
典이라고 한다.

제사의식을 늘려 펼치니,

종과 북은 쟁쟁 둥둥,

깃 장식은 밝게 빛나네.

제례 집행을 마쳤다 하자,

집례가 철상徹床을 고하네.

음악으로 신을 보내니,

신령께서 끝까지 살피시네.

章懷太子廟樂章六首【神龍初作】

장회태자묘章懷太子264)廟에 제사지낼 때의 악장 6수【신룡神龍
초 지음】

迎神第一【姑洗宮】

영신迎神에 쓰는 제1장【고선궁姑洗宮】

---

264) 장회태자章懷太子(李賢, 655~684) : 당 高宗 李治의 여섯 번 째 아들이
자 무측천의 둘째 아들로, 字는 明允이다. 처음에 潞王에 봉해졌고 품행
이 방정하고 명민해 아버지 이치의 총애를 받았다. 675년, 太子 李弘이
죽은 후 황태자로 책립되었고 세 차례의 監國을 통해 고종의 인정을
받았으나 동시에 무후의 경계대상이 되었다. 반역죄로 폐서인이 되어 巴
州에 유배되었고 684년 무후가 보낸 酷吏 丘神勣의 핍박으로 자결했다.
685년에 雍王으로 복위되었고 中宗 때(706년) 司徒가 추증되었으며 乾
陵에 陪葬되었다. 睿宗 때(711년) 章懷太子라는 시호가 내려졌고 太子
妃인 房氏와 合葬되었다. 문관들과 함께 『後漢書』에 주를 단 것이 유명
해 '章懷注'로 불린다.

副君昭象, 道應黃離. 銅樓備德, 玉裕成規. 仙氣靄靄, 靈從師師. 前驅戾止, 控鶴來儀.

부군副君265)의 빛나는 모습,

그 도는 황리에 부응했네.

태자궁266)에는 덕이 갖추어졌고,

태자의 고귀한 자태에는 법도가 있었네.

선기가 자욱하니,

신령이 엄숙히 따르시네.

인도하는 행차가 이르니,

숙위군267)이 와서 인사하네.

登歌酌鬯 第二【南呂均之蕤賓羽】
등가登歌하고 작헌할 때 쓰는 제2장【남려균南呂均의 유빈우蕤賓羽】

忠孝本著, 羽翼先成. 寢門昭德, 馳道爲程. 幣帛有典, 容衛無聲. 司存旣肅, 廟享惟淸.

충효의 근본이 뚜렷하여,

우익羽翼이 먼저 이루어졌네.268)

---

265) 부군副君 : 태자를 말한다.
266) 태자궁[銅樓] : 銅樓는 樓銅龍樓, 즉 용이 새겨진 문루를 말하며 태자가 기거하는 궁실을 의미한다.
267) 숙위군[控鶴] : 控鶴은 궁궐을 숙위하면서 황제를 가까이서 모시는 관원들을 말한다.
268) 우익선성羽翼先成 : 황제를 보좌하는 역할을 수행했다는 의미이다.

침문寢門269)에서 도를 밝히니,

치달려 나갈 길이 열리네.

폐백을 갖춰 제전 올리는데,

의장 행렬 소리는 들리지 않네.

제사를 엄숙히 관장하니,

묘에서 맑게 흠향하시네.

迎俎及酌獻第三【大呂羽】

영조 및 작헌할 때 쓰는 제3장【대려우大呂羽】

通三錫胤, 明兩承英. 太山比赫, 伊水聞笙. 宗祧是寄, 禮樂
其亨. 嘉辰薦俎, 以發聲明.

왕으로 책봉되어270) 성姓을 하사받고,271)

대를 이은 밝음272)으로 영명함을 이었네.

---

269) 침문寢門 : 周 文王이 세자로 있을 때, 매일 세 번씩 침문에 가서 부왕인
王季의 안부를 內豎에게 묻고는 편안하시다는 답변을 들으면 기뻐하며
돌아갔다는 이야기가 『禮記』「文王世子」에 나온다.

270) 왕으로 책봉되어[通三] : 通三은 '王'자를 말한다. 三의 세 획은 天 · 地 ·
人을 뜻하고 여기에 한 획이 내려 관통하였으므로 천 · 지 · 인 三才를
兼通하였다는 뜻이다.

271) 성을 하사받고 : 성을 하사받았다는 것은 장회태자 이현이 雍王에 봉해진
것을 가리킨다.

272) 대를 이은 밝음[明兩] : 『周易』「離卦」의 象辭에 "두 개의 밝음이 합쳐져
서 이괘를 이루니 대인이 이로써 밝음을 이어 받아 사방을 비춘다.明兩作
離, 大人以繼明, 照于四方."라고 하였다. 孔穎達 疏 : "明兩作離者, 離

태산만큼 혁혁한 공 세우니,

이수伊水에서 생황 소리 들려오네.273)

종묘에 몸을 기탁하심에,

예악으로 제사를 올리네.

좋은 날에 천조薦俎를 올리니,

성명聲明이 펼쳐지네.274)

爲日, 日爲明. 今有上下二体, 故云明兩作離也." 『文選』注에서는 제왕
이나 태자를 가리키는 말로 풀이했다. 『文選』 謝瞻의 「張子房」詩 중
"明兩燭河陰, 慶霄薄汾陽." 구절에 대한 李善 注 : "明兩·慶霄, 皆喩
宋高祖(劉裕)." 谢靈運의 「擬魏太子鄴中集詩·王粲」중 "不謂息肩愿,
一旦值明兩." 구절에 대한 呂延濟 注 : "武帝既明, 而太子又明, 故谓太
子爲明兩也."

273) 이수문생伊水聞笙 : 伊水(伊河. 黃河 남쪽 洛河의 지류 중 하나로 熊耳
山 남쪽 기슭의 欒川縣 陶灣鎭에서 발원해 伊闕, 즉 龍門을 거쳐 洛陽
으로 흘러든다)에서 생황연주를 듣는다는 것은 태자 신분이었던 王子喬
고사를 인용한 것이다. 왕자교는 周 靈王의 太子 晉으로, 생황을 잘 불어
봉황의 울음소리를 내면서 伊水와 洛水 지역을 노닐었는데, 道士 浮丘
公이 그를 데리고 嵩山으로 들어갔다. 30년 후 신선이 되어 白鶴을 타고
7월 7일에 緱氏山 정상에 와서 머물다 갔다고 한다. "王子喬者, 周靈王
太子晉也. 好吹笙, 作鳳凰鳴. 游伊洛之間, 道士浮丘公接以上嵩高山.
三十餘年後, 求之於山上, 見桓良曰 : '告我家 : 七月七日待我於緱氏
山巓.' 至时, 果乘白鶴駐山頭, 望之不得到, 舉手謝時人, 數日而去."
(漢 劉向 『列仙傳』 「王子喬」)

274) '聲'은 원래 각종 방울소리를 가리키고, '明'은 해·달·별 등 깃발에 그려
진 하늘의 밝은 것을 상징한다.(『春秋左氏傳』 「桓公2年」) 즉, 방울 소리나
는 악기를 울리고 해·달·별이 그려진 깃발을 흔든다는 뜻이다.

送文舞出迎武舞入第四【蕤賓商】

문무를 보내고 무무를 맞이할 때 쓰는 제4장【유빈상蕤賓商】

羽籥崇文禮以畢, 干鏚奮武事將行. 用捨由來其有致, 壯志
宣威樂太平.

깃털과 피리[羽籥]²⁷⁵⁾ 들고

문덕 숭상하는 예 마치니,

방패와 도끼[干鏚]²⁷⁶⁾ 들고

무용武勇 떨치는 동작을 행하려 하네.

쓰고 버림에 다 목적이 있으니,

굳은 의지로 무위武威를 드날려 태평을 즐기네.

武舞作第五【夷則角】

무무에 쓰는 제5장【이칙각夷則角】

綠林熾炎曆, 黃虞格有苗. 沙塵驚塞外, 帷幄命嫖姚.
七德干戈止, 三邊雲霧消. 寶祚長無極, 歌舞盛今朝.

녹림산[綠林]²⁷⁷⁾ 기의는 한漢의 운을 더욱 성하게 했고,

---

275) 깃털과 피리[羽籥] : 羽籥은 文舞 때에 쓰던 舞具로, 羽는 꿩의 깃털로
만들었고, 籥은 관악기이다.

276) 방패와 도끼[干鏚] : 干鏚은 방패와 도끼로, 옛날 武舞 때에 사용하던
舞具이다.

277) 녹림산[綠林] : 西漢末에 新市(현재 湖北 京山) 사람 王匡과 王鳳 등이
녹림산(경산시 서북쪽의 大洪山)에 모여 7, 8천인에 이르렀는데 王莽이

황제와 우순은 유묘有苗[278]를 복속하게 하였네.

모래먼지가 변새 밖을 놀라게 하자,

천자께서 곽거병霍去病[嫖姚][279]에게 명을 내렸네.

칠덕七德으로 전쟁 그치니,

세 곳 변방의 구름 연무가 사라졌네.

큰 복은 가없이 내리고,

가무는 이 왕조에서 성대하리라.

送神第六[詞同隱廟]

송신 제6[가사는 은묘隱廟제사 때와 같다.]

天鳳 4년에 기사하면서 이들을 下江兵이라 불렀다. 이후 조정에 반대하
는 기의군을 부르는 말로도 쓰인다.

278) 유묘有苗 : 고대 남방의 부족명으로 三苗라고도 한다. "帝曰 : 咨禹, 惟
時有苗弗率, 汝徂征."(『尙書』「大禹謨」) 孔傳 : "三苗之民, 數千王誅."

279) 곽거병霍去病[嫖姚] : 嫖姚는 용맹하고 빠르다는 뜻으로 漢代에 剽姚校
尉(『史記』권111「衛將軍驃騎列傳」에는 '剽姚'로 되어 있다)를 지냈던
霍去病(전140~전117)을 말한다. 곽거병은 서한의 명장으로 河東 平陽
(현재 山西省 臨汾 서남쪽) 사람이며 漢 武帝의 皇后 衛子夫와 名將
衛青의 조카이고 權臣 霍光과 이모형제이다. 用兵에 능해 17세에 剽姚
校尉가 되었고 8백 기병을 거느리고 大漠으로 들어가 '적의 수급을 2천
28급을 베는' 으뜸가는 공을 세움으로써 '冠軍侯'에 봉해졌다. 19세때에
는 河西의 匈奴 10萬을 섬멸했으며 漢北之戰에서 匈奴 左部의 주력부
대 7만여 명을 물리쳤고 大司馬에 제수되어 軍政을 맡았다. 24세에 죽자
무제가 자신의 능인 茂陵에 장사지내고 비통해하며 변경 五郡의 鐵甲軍
을 長安에서 茂陵까지 진을 이루게 했다. 景桓侯라는 시호를 내렸다.

懿德太子廟樂章六首【神龍初作】

의덕태자懿德太子[280] 묘묘廟에서 제사지낼 때의 악장 6수【신룡神龍[281]연간 초 지음】

迎神第一【姑洗宮】
영신 제1장【고선궁姑洗宮】

> 甲觀昭祥, 畫堂昇位. 禮絶群后, 望尊儲貳.
> 啓誦慚德, 莊丕掩粹. 伊浦鳳翔, 緱峰鶴至.

태자루[甲觀][282]는 밝고 상서로우니,

화당에서 태자 자리에 올랐네.

예의는 군후群后[283] 사이에서 가장 뛰어났고,

---

280) 의덕태자懿德太子(李重潤, 682~701) : 원래 이름은 李重照인데 무측천을 피휘해 이중윤으로 바꾸었다. 高宗과 武則天의 손자이며 中宗 李顯의 적장자로 682년 皇太孫이 되었으나 684년 中宗이 폐위되자 그 역시 庶人이 되었다. 701년, 여동생 永泰郡主 李仙蕙, 魏王 武延基와 함께 張昌宗·張易之 형제를 비판했다고 참소되어 19세의 나이로 무측천에게 죽임을 당한다. 中宗 복위 후 '懿德太子'라는 시호가 내려졌으며 乾陵에 陪葬되었다.

281) 신룡神龍 : 周 武則天과 唐 中宗 李顯때의 연호(705년 정월~707년 9월)로, '神龍政變'으로 당 중종이 복위된 후에도 무측천의 연호 신룡을 이어서 썼다.

282) 태자루[甲觀] : 甲觀은 漢代의 樓觀으로 첫 번째 관이라는 뜻이다. 황태자가 거하던 곳으로 후에는 태자궁을 가리키게 되었다. 『漢書』권10 「成帝紀」에 "원제가 태자궁의 갑관 화당에서 태어나 세적황손이 되었다.元帝在太子宮生甲觀畫堂, 爲世嫡皇孫."라고 하였다.

명망은 세자[儲貳]284)들 가운데 가장 존귀했네.

하계夏啓285)와 희송姬誦286)도 그 덕 부끄럽고,

유장劉莊287)과 조비曹丕288)도 그 아름다움 가려지네.

---

283) 군후群后 : 사방의 제후와 九州의 牧伯. 당나라 때 황자의 신분으로 王에 봉해진 사람을 지칭한다.

284) 세자[儲貳] : 儲貳는 儲副라고도 하며 태자를 말한다. "昔子晉舍視膳之 役, 棄儲貳之重, 而靈王不責之以不孝."(晉 葛洪『抱朴子』「釋滯」)

285) 하계夏啓 : 禹임금의 아들로 帝啓·夏后啓·夏王啓라고도 한다. 夏朝의 두 번째 군왕으로 『竹書紀年』에는 39년동안 재위한 것으로 전한다. 禹임 금 사후 伯益을 대신해 제위를 계승했으며 서쪽 大夏(현재 汾澮유역)로 옮겨 安邑(현재 山西省 夏縣서쪽)에 천도했다. 有扈氏를 격파하는 등 華夏族내의 반대세력을 제거했으나 후에 '武觀의 亂'이 발생해 정국이 혼탁해졌다. 당대 武則天이 칭제하고 국호를 周라고 하면서 啓를 齊聖 皇帝로 추존했다.

286) 희송姬誦 : 周 成王(기원전 1055~기원전 1021)으로, 성은 姬, 이름은 誦 이다. 周 武王의 아들로 즉위초 나이가 어려 삼촌인 周公 旦의 섭정을 받았으며 '三監의 난'을 평정했다. 7년후에 친정에 임한 이래 제후들을 봉하고 주공에게 동쪽 정벌을 명했으며 예악을 정비해 주 왕조의 통치를 강화했다. 成王과 그 아들 康王때에 통치가 안정되어 역사상 '成康之治' 로 불린다.

287) 유장劉莊(明帝, 28~75, 재위 57~75) : 東漢의 두 번째 황제 明帝로, 光武 帝 劉秀의 네 번째 아들이다. 東海公, 東海王에 봉해졌다가 황태자로 책봉되고 57년에 즉위했다. 광무제의 정치제도를 따랐고 유학을 제창했 으며 외척의 정치참여를 경계하고 竇固에게 명해 흉노를 정벌하게 하고 班超에게 명해 서역각국으로 나아가 西域都護府를 설치하게 했다. 불교 를 중국에 들여왔고 빈농을 구제하며 수리를 정비하는 등 민생안정에 힘써 인구가 증가했다. 그 아들 章帝 劉炟의 재위시기와 함께 '明章之治' 로 불린다. 廟號를 顯宗, 諡號를 孝明皇帝라 하며 顯節陵에 묻혔다.

이수伊水가에 봉황이 날고,

구봉緱峰²⁸⁹⁾에 학이 이르네.

登歌酌鬯第二【南呂均之蕤賓羽】
등가登歌하고 울창주를 따라 바칠 때 쓰는 제2장【남려균南呂均의 유
빈우蕤賓羽】

> 譽闡元儲, 寄崇明兩. 玉裕雖晦, 銅樓可想. 絃誦輟音, 笙歌
> 罷響. 幣帛言設, 禮容無爽.

태자의 명성 널리 퍼지니,

대를 이은 밝음[明兩]에 높이 기탁했네.

옥 같은 용모[玉裕]²⁹⁰⁾는 어두워졌으나,

동루의 풍채는 상상할 수 있네.

---

288) 조비曹丕(魏文帝, 187~226, 재위 220~226) : 魏의 개국황제로, 曹操의 둘
째 아들이며 正室 卞夫人에게서 낳은 嫡長子이다. 字는 子桓이고 沛國
譙縣(현재 安徽省 亳州) 사람으로, 220년 조조가 죽자 승상의 지위를
물려 받는 동시에 魏王이 되었으며 魏國을 세웠다. 즉위후 九品中正制를
관리선발제도로 확립하고 靑州·徐州 등의 할거세력을 평정했으며 변방
의 안정을 꾀했다. 시호를 文帝, 廟號를 高祖라 했으며 首陽陵에 모셔졌
다. 문학적 재능도 뛰어나 曹操·曹植과 함께 건안문학을 이끌었다.

289) 구봉緱峰 : 河南省 偃師縣에 있는 緱氏山을 말한다. 周 靈王의 태자
王子喬가 신선이 된 후 30년이 지나 7월 7일에 학을 타고 구지산 정상에
날아왔다 갔다고 한다.

290) 옥 같은 용모[玉裕] : 玉裕는 황태자를 형용한 말이다. 陸機의 〈皇太子宴
玄圃宣猷當有令賦詩〉에 "성대한 덕은 깊고 그윽하며, 타고난 자태는
옥 같은 용모라네.茂德淵沖, 天姿玉裕."라고 하였다.

현가絃歌와 송독 소리 그치고,

생가 소리도 그쳤네.

폐백이 다 놓이니,

예식에 어긋남이 없구나.

迎俎酌獻第三【大呂羽】
영조 및 작헌할 때 쓰는 제3장【대려우大呂羽】

雍雍盛典, 肅肅靈祠. 賓天有聖, 對日無期. 飄颻羽服, 掣曳
雲旗. 眷言主鬯, 心乎愴玆.

온화하고 성대한 전례,

엄숙하고 장엄한 신령의 제사.

하늘로 돌아가신291) 성인은 계시나,

마주할 날 기약이 없더니,

선인의 옷을 나부끼며,

구름깃발 끌고 오시네.

울창주 맡으셨던 이292)를 돌아보니,

마음이 아프구나.

送文舞出迎武舞入第四【蕤賓商】
문무를 보내고 무무를 맞이할 때 쓰는 제4장【유빈상蕤賓商】

---

291) 하늘로 돌아가신[賓天] : 賓天은 제왕, 또는 존귀한 자의 죽음을 가리킨다.
292) 울창주 맡으셨던 이[主鬯] : 主鬯은 종묘의 제사를 주관하는 것으로, 세자
의 이칭으로 쓰인다. 여기서는 의덕태자를 가리킨다.

八音協奏陳金石, 六佾分行整禮容.
滄溟赴海還稱少, 素月開輪卽是重.

팔음이 협주함에 금석 악기 늘어섰고,
육일무가 나뉘어 펼쳐짐293)에 예의 의용 가지런하네.
큰 강물이 바다로 치닫는다고 해도 작다고 할 것이요,
흰 달이 보름달이 된다 해도 중첩될 뿐이네.

武舞作第五[夷則角]
무무를 출 때 쓰는 제5장[이칙각夷則角]

隋季昔云終, 唐年初啓聖. 纂戎將禁暴, 崇儒更敷政.
威略靜三邊, 仁恩覃萬姓.

수나라 말년은 옛날에 끝을 고했고,
당나라 천하는 막 태평성대를 열었네.
병력을 모아 폭거를 금하고,
유교를 숭상해 정사를 펼치네.
위엄 어린 책략으로 세 변방 다스리고,
인자한 은혜를 만백성에게 뻗치네.

送神第六[詞同隱廟]

---

293) 육일분행六佾分行 : 36명이 가로 세로 6줄로 늘어선 대오이다. 이러한
대오로 추는 六佾舞는 옛 예법에 제후의 예로 규정되었다. 태자로서 封
王되었으므로 육일무를 펼친 것이다.

송신送神 제6장【가사는 은묘隱廟에서 쓰는 것과 같다.】

節愍太子廟樂章六首【景雲中作】

절민태자묘節愍太子[294]廟에 쓰는 악장 6수【경운景雲 연간에 지음.】

迎神第一【姑洗宮】

영신 제1장【고선궁姑洗宮】

儲后望崇, 元良寄切. 寢門是仰, 馳道不絶.
仙袂雲會, 靈旗電晣. 煌煌而來, 禮物攸設.

태자의 명망 드높아,

현량[元良]중 으뜸에 의탁하는 바 간절했네.

침문寢門을 우러르고,[295]

---

294) 절민태자節愍太子(李重俊, ?~707) : 唐 中宗 李顯의 셋째 아들로 처음
에 義興郡王에 봉해졌으며 中宗 즉위 후 衛王에 봉해지고 洛州牧에
제수되었다. 그의 長兄인 邵王 李重潤과 여동생 永泰郡主, 魏王 武延
基는 張씨형제를 비판했다가 무측천에 의해 제거되고 둘째 형인 李重福
은 韋皇后의 모함으로 폄적되었다. 706년, 皇太子가 되었으나 韋后의
친 아들이 아니라는 이유로 위후와 安樂公主의 견제를 받게 된다. 위협
을 느낀 이중준은 707년 7월, 禁軍將領 李多祚·李承況·獨孤禕 등과
연합해 병변을 일으켜 자신을 핍박했던 武三思와 武崇訓 父子를 주살하
고 宮으로 들어가 韋皇后와 안락공주를 죽이려했으나 玄武門에서 저지
당해 실패한다. 終南山으로 도망가던 중 부하에 의해 피살되었으며 唐
睿宗 복위후 시호를 '節愍'이라 했다. 定陵에 배장되었다.

도에 나아가길 그치지 않았네.

선인의 소매는 구름 속에 모이고,

신령의 깃발은 번개처럼 빛나네.

찬란히 오소서,

예물 다 갖추어졌으니.

登歌酌鬯 第二【南呂均之蕤賓羽】

등가登歌하고 울창주를 따를 때 쓰는 제2장【남려균南呂均의 유빈우蕤
賓羽】

灼灼重明, 仰承元首. 旣賢且哲, 惟孝與友.
惟孝雖遙, 靈規不朽. 祀因誠致, 備潔玄酒.

환하고 거듭 밝은 태자[重明]296)께서,

우러러 시조를 계승하셨네.

어질고도 명철하시며,

효와 우애가 있을 뿐.

효심은 비록 멀어졌으나,

신성한 법칙만은 어기지 않네.

---

295) 침문시앙寢門是仰 : 周 文王이 세자로 있을 때, 매일 세 번씩 침문에 가
서 부왕인 王季의 안부를 內豎에게 묻고 편안하시다는 답변을 들으면
기뻐하며 돌아갔다는 이야기가 『禮記』 「文王世子」에 나온다.

296) 거듭 밝은 태자[重明] : 重明은 밝음을 거듭 계승한다는 말로, 임금의 후
계자를 가리키는 말이다. 『周易』 「離卦·象」에 "거듭 밝음으로 바름에
의지해, 천하를 교화한다.重明以麗乎正, 乃化成天下."고 하였다.

제사에 정성을 다하니,

정갈하게 현주玄酒[297]를 마련했네.

迎俎及酌獻第三【大呂羽】

영조迎俎 및 작헌酌獻할 때 쓰는 제3장【대려우大呂羽】

嘉薦有典, 至誠莫愆. 畫梁雲亘, 雕俎星聯.

樂器周列, 禮容備宣. 依俙如在, 若未賓天.

훌륭한 제사에는 전례가 있고,

지극한 정성에는 허물이 없도다.

채색 들보에 구름이 드리우고,

조각한 도마는 별처럼 이어지네.

악기도 늘어서니,

예의가 분명히 갖추어졌네.

영령께서 희미하게 계신 듯하니,

아직 저 세상으로 가시지 않은 듯.

送文舞出迎武舞入第四【蕤賓商】

문무를 보내고 무무를 맞이할 때 쓰는 제4장【유빈상蕤賓商】

邕邕闡化憑文德, 赫赫宣威藉武功.

---

297) 현주玄酒 : 제사 때에 사용하던 귀하고 맑은 물을 말한다. "玄酒明水之
尙, 貴五味之本也.", "凡尊, 必上玄酒."(『禮記』) "尊有玄酒, 貴其質
也."(『鄕飮酒義』)

旣執羽旄先拂吹, 還持玉鍼更揮空.

온화하게 여는 교화는 문덕에 의지하고,
혁혁하게 보이는 위엄은 무공에 근거하네.
우모羽旄를 잡고 먼저 휘날린 다음,
옥도끼를 쥐고 허공에 흔드네.[298]

武舞作第五[夷則角]
무무를 출 때 쓰는 제5장[이칙각夷則角]

武德諒雄雄, 由來掃寇戎. 劍光揮作電, 旗影列成虹.
霧廓三邊靜, 波澄四海同. 睿圖今已盛, 相共舞皇風.

무덕은 참으로 웅대하니,
그로써 적들을 쓸어버렸네.
검을 번쩍 번개처럼 휘두르니,
깃발 그림자는 무지개를 이루었네.
안개 걷혀 세 변방[三邊][299] 잠잠하고,
물결 고요해 사해가 하나로다.
제업이 이미 성대히 이루어졌으니,
함께 황제의 교화를 춤추네.

---

298) 먼저 羽旄(꿩 깃과 쇠꼬리)를 들고 文舞를 추고 이어 玉鍼(옥도끼)를
들고 武舞를 추는 모습을 형용한 것이다.

299) 세 변방[三邊] : 三邊은 세 주변 지역, 변경을 일컫는 말로, 漢대에는 서북
·남·동쪽의 匈奴·南越·朝鮮을 가리켰는데 각 시대마다 의미하는 바
가 달랐으며 동·서·북쪽 변경을 가리키기도 한다.

送神第六【詞同隱太子廟】

송신 제6장【가사는 은태자묘악隱太子廟樂과 같다.】

則天大聖皇后崇先廟樂章一首【御撰】

측천대성황후의 숭선묘崇先廟에 제사지낼 때의 악장 1수【어찬御撰】

> 先德謙撝冠昔, 嚴規節素超今.
> 奉國忠誠每竭, 承家至孝純深.
> 追崇懼乖尊意, 顯號恐玷徽音.
> 旣迫王公屢請, 方乃俯遂群心.
> 有限無由展敬, 奠醑每闕親斟.
> 大禮虔申典冊, 蘋藻敬薦翹襟.

> 선조의 덕은 겸허하기로 예부터 으뜸,
> 엄격한 규범과 절조는 지금을 뛰어넘네.
> 늘 충성을 다해 나라를 섬기고,
> 지극하고 깊은 효심으로 가정을 받드네.
> 높이 추대됨에 혹 높여준 뜻 어길까 두렵고,
> 아름다운 칭호300)를 받음에,
> 휘음徽音301)을 더럽힐까 두려웠네.

---

300) 아름다운 칭호[顯號] : 顯號는 아름다운 칭호를 말한다.

301) 휘음徽音 : 后妃의 아름다운 덕을 표현할 때 쓰는 말이다. 『詩經』「大雅

왕공들의 거듭된 청에 못 이겨,

비로소 군중의 마음에 따르고자 했네.

정해진 시간 있어 공경 다 펼칠 수 없고,

제전에 술 따르는 일도 매번 직접 하지 못하네.

전책대로 대례를 경건히 펼치고,

춤추는 옷깃에 수초를 공경히 바치네.

褒德廟樂章五首【神龍中爲皇后韋氏祖考所立, 詞並內出.】

포덕묘에 제사지낼 때의 악장 5수【신룡神龍 연간302) 황후 위씨韋氏
의 조상이 세운 것으로, 가사는 모두 궁내에서 나왔다.】

迎神用昭德【姑洗宮二成】

영신에는 〈소덕昭德〉을 쓴다.【고선궁姑洗宮 2성成】

道赫梧宮, 悲盈蒿里. 爰暢徽烈, 載敷嘉祀.
享洽四時, 規陳二篇. 靈應昭格, 神其庶止.

도는 오궁梧宮303)에서 밝게 빛나고,

· 思齊」의 "태사께서 太任의 아름다운 덕을 이어 받으셨다.太姒嗣徽音."
는 말에서 나온 것이다.

302) 신룡神龍 : 周朝 武則天과 唐 中宗 李顯의 연호(705~707)이다. 神龍 원년
2월 神龍政變(太平公主 등이 일으킨 정변)으로 국호가 다시 당으로 바뀌
고 중종이 복위하게 되었으나 연호는 무측천 때의 '신룡'을 그대로 썼다.

303) 오궁梧宮 : 戰國시대 齊나라의 궁명. "楚使使聘於齊, 齊王饗之梧宮"

슬픔은 호리蒿里304)에 가득차네.

이에 아름다운 공적을 널리 알리고,

훌륭한 제사를 차리네.

네 계절에 맞게 제사 올리고,

규범에 맞게 2궤를 차리네.

신령이 이에 밝고 상서롭게 감응하시니,

신께서 내려와 머무시네.

登歌用進德【南呂均之蕤賓羽】

등가登歌에는 〈진덕進德〉을 쓴다.【남려균南呂均의 유빈우蕤賓羽】

塗山懿戚, 嬀汭崇姻. 祠筵肇啓, 祭典方申.

禮以備物, 樂以感神. 用隆敦敍, 載穆彝倫.

도산塗山305)은 (우임금의) 훌륭한 친척,

규수嬀水 굽이진 곳[嬀汭]306)에서 (순임금의) 혼인을 거행했네.

(漢 劉向의 『說苑』「奉使」) 후에 皇宮, 寢宮을 일컫게 되었다.

304) 호리蒿里 : 원래 泰山 남쪽의 산 이름으로, 죽은 자를 묻는 곳이었는데 후에 묘지를 일컫게 되었으며 만가의 제목이 되기도 했다. "蒿里召兮郭門閭, 死不得取代庸, 身自逝."(『漢書』「廣陵厲王劉胥傳」)

305) 도산塗山 : 禹임금의 처가 속한 씨족이름으로, 우임금이 30이 되도록 결혼을 못하고 있다가 도산에 가서 처 女嬌를 얻었으며 아들 啓를 낳았다고 한다. "娶于塗山. 辛壬癸甲. 啓呱呱而泣. 矛弗子. 惟荒度土功."(『尙書』「皐陶謨」) "禹之力獻功, 降省下土四方. 焉得彼塗山女, 而通之于台桑?"(『楚辭』「天問」) 安徽省 蚌埠市 懷遠縣 涂山에 涂山氏의 祖廟가 있다.

제사의 연석이 다 마련되고,

제사의 전례가 바르게 펼쳐지네.

예로써 제물을 갖추고,

음악으로써 신을 감동시키네.

융성하고 두터운 덕을 베푸니,

인륜법도가 온화하게 펼쳐지네.

俎入初獻用褒德【大呂角】

조俎가 들어오고 초헌初獻할 때에는 〈포덕褒德〉을 쓴다.【대려각大呂角】

家著累仁, 門昭積善. 瑤筐旣列, 金縣式展.

집안에 인의가 쌓여 드러나고,

문앞에는 선행이 쌓여 빛나네.

옥 광주리[筐]307) 늘어놓자,

금현金縣의 음악이 펼쳐지네.

---

306) 규수嬀水 굽이진 곳[嬀汭] : 嬀는 강이름, 汭는 물이 굽어 흐르는 곳(강이름으로 보기도 한다)을 말한다. 규수는 山西省 永濟縣 남쪽에 있으며 歷山에서 발원해 서쪽으로 황하로 흘러드는 강이다. 『尙書』「堯典」에 堯임금이 舜의 명성을 듣고 帝位를 그에게 禪讓하기 전에 "'내가 시험해 보겠다. 이 사람에게 딸을 시집보내어 그 법도를 두 딸을 통해서 관찰하겠다.' 하고 두 딸을 규예로 내려보내어 虞舜의 아내로 삼아 주었다.我其試哉, 女于時, 觀厥刑于二女, 釐降二女于嬀汭, 嬪于虞."라고 하였다.

307) 광주리[筐] : 筐는 제물을 담은 광주리를 말한다.

武舞作

무무를 펼칠 때

昭昭竹殿開, 奕奕蘭宮啓. 懿範隆丹掖, 殊榮闢朱邸.
六佾薦徽容, 三簋陳芳醴[一〇]308). 萬古覃貽厥, 分珪崇祖禰.

밝디 밝은 제단이 열리고,

환히 빛나는 묘실이 열리네.

아름다운 규범으로 단액에 드높더니,

특별한 영화로 붉은 저택[朱邸]309)을 열게 되었네.

육일무는 아름다운 의식을 바치고,

삼궤에는 좋은 술 담겼네.

두터운 덕이 만고에 남겨지니,

옥 술잔 나누어 조상께 바치네.

亞獻及送神用彰德

아헌亞獻 및 송신送神에는 〈창덕彰德〉을 쓴다.

名隆五岳, 秩映三臺. 嚴祠已備, 晬影方迴.

---

308) [교감기 10] "三簋陳芳醴"의 '三'은 殘宋本·聞本·殿本·懼盈齋本·廣
本·『樂府詩集』 권12가 모두 같은데 局本에는 '三'이 '二'로 되어 있다.
『校勘記』 권14에서는 '迎神章規陳二簋'句에 따라 '三'을 '二'로 고쳐야
한다고 했다.

309) 붉은 저택[朱邸] : 朱邸는 대문을 붉게 칠한 집으로, 황족이나 貴官의
저택을 가리킨다.

명성은 오악五岳³¹⁰⁾만큼 높고,

녹봉은 삼대三臺³¹¹⁾에 빛나네.

엄숙한 제사 이미 갖추어 올리니,

신의 맑은 그림자가 돌아가려 하네.

---

310) 오악五岳 : 오악은 동쪽의 泰山, 서쪽의 華山, 中岳인 嵩山, 북쪽의 恒山,
남쪽의 衡山을 일컬으며 『周禮』「春官·大宗伯」에 처음 그 명칭이 보인
다. "以血祭祭社稷·五祀·五岳." 夏商대이래 四方神 개념과 戰國시대
의 五行개념이 섞여 형성된 산악 숭배사상에서 유래된 개념으로, 秦始皇
이래 역대 제왕들이 하늘에 제사지내는 封禪의식을 오악에서 행하면서
더욱 받들어졌다.

311) 삼대三臺 : 漢代에는 尙書(中臺)·御史(憲臺)·謁者(外臺)를 합쳐 부르
는 말이었으며 隋代에는 司隷臺·謁者臺·御史臺를 합쳐 부르는 말이
었다. 唐代에는 尙書省(中臺)·中書省(西臺)·門下省(東臺)을 일컬었
는데 여기서는 높은 관직을 말한다.

『周易正義』『尙書正義』『毛詩正義』『周禮注疏』『儀禮注疏』『禮記正義』『春秋左傳正義』『春秋公羊傳注疏』『春秋穀梁傳注疏』『論語注疏』『爾雅注疏』『孟子注疏』『孝經注疏』(十三經注疏整理委員會 整理, 北京大學出版社, 2000년 12月 第1版)

『史記』『漢書』『後漢書』『三國志』『晉書』『宋書』『南齊書』『梁書』『陳書』『魏書』『北齊書』『周書』『南史』『北史』『隋書』『舊唐書』『新唐書』『舊五代史』『新五代史』『宋史』(中華書局 標點本)

高誘 注, 畢沅 校, 徐小蠻 標點, 『呂氏春秋』, 上海古籍出版社, 2014.

管仲, 『管子』, 臺灣中華書局, 1966.

歐陽詢, 『藝文類聚』, 上海古籍出版社, 2020.

屈原 著, 林少華 主編, 『楚辭』, 漓江出版社, 2018.

方詩銘, 『古本竹書紀年輯證』, 上海古籍出版社, 1981.

房玄齡 注, 劉曉藝 校點, 『管子』, 上海古籍出版社, 2015.

徐堅 等 著, 『初學記』, 中華書局, 2004.

聶崇義, 『新定三禮圖』, 淸華大學出版社, 2006.

蕭統 撰, 張啓成·徐達 等 譯注, 『文選』, 中華書局, 2019.

孫詒讓, 『墨子閒詁』, 中華書局, 2001.

尸佼 著, 黃曙輝 校, 『尸子』, 華東師範大學出版社, 2009.

王嘉 撰, 齊治平 校注, 『拾遺記校注』, 中華書局, 1981.

王符 著, 彭鐸 點校, 『潛夫論』, 中華書局, 2014.

王聘珍 撰, 『大戴禮記解詁』, 中華書局, 1983.

王先愼 撰, 鍾哲 點校, 『韓非子集解』, 中華書局, 2016.

王先謙, 『荀子集解』, 中華書局, 2013.

王肅, 『孔子家語』, 漓江出版社, 2019.

王充 著, 黃暉 點校, 『論衡校釋』, 中華書局, 2017.

王弼 注, 樓宇烈 校, 『老子道德經注』, 中華書局, 2011.

魏全瑞 主編, 『三輔黃圖』, 三秦出版社, 2006.

劉安,『淮南子』, 岳麓書社, 2015.

劉向,『說苑』, 黃山書社, 1993.

劉歆 撰, 葛洪 輯,『西京雜記』, 中國書店, 2019.

李昉,『太平御覽』, 中華書局, 2011.

李世民,『帝范』, 新世界出版社, 2009.

莊子,『莊子』, 崇文書局, 2015.

鄭玄 注,『易緯通卦驗』, 中華書局, 1991.

陳桐生 譯注,『國語』, 中華書局, 2013.

陳暘 撰, 張國強 點校,『樂書』, 中州古籍出版社, 2019.

蔡邕,『獨斷』, 上海古籍出版社, 1990.

崔豹,『古今注』, 遼寧敎育出版社, 1998.

郝懿行 撰, 樂保羣 點校,『山海經箋疏』, 中華書局, 2019.

許愼,『說文解字』, 中華書局, 1983.

胡渭,『易圖明辨』, 九州出版社, 2008.

국립국악원 편,『종묘제례악(全)』, 민속원, 2004.

국립문화재연구소,『종묘제례』, 민속원, 2008.

박성연,『종묘제례악, 그 역사와 사상』, 도서출판문사철, 2013.

사단법인국가무형문화제 종묘제례악 보존회 편,『종묘제례악』, 은하출판사,
        2018.

송명호·문지윤 공역,『禮記集說大典』, 도서출판 높은밭, 2002.

남종진,「太宗·武則天·玄宗의 당대 전기 악무발전에 대한 공헌」,『동양예
        술』 24권, 한국동양예술학회, 2014.4.

董錫玖,「唐代宮庭樂舞機構-敎坊與崔令欽「敎坊記」」,『민속무용』 9권, 한
        국예술종합학교 세계민족무용연구소, 2006.

穆渭生·文嘉,「李唐王朝的宗廟祭禮樂」,『乾陵文化硏究』, 2014.

| 연구 책임 |

김현철

연세대학교 중국연구원 원장
중국 언어와 문화 전공자. 한국연구재단 중점사업 '중국 정사 당송 예악지 역주' 사업 연구책임자. 연세대학교 우수업적 교수상, 우수강의 교수상, 공헌교수상 및 우수업적 논문분야 최우수상을 수상
200여 편의 논문과 저역서 편찬, 『중국 언어학사』가 '1998년 제31회 문화관광부 우수학술도서', 『중국어어법 연구방법론』이 '2008년 대한민국학술원 기초학문육성 우수 학술도서', 『대조분석과 중국어교육』이 '2019년 학술부문 세종도서'로 선정

| 역주자 |

이유진

연세대학교 중국연구원 연구교수
연세대 중어중문학과를 졸업하고, 동대학원에서 '중국신화의 역사화歷史化 연구'로 박사학위를 받았다. 복잡한 중국 역사를 대중적인 언어로 소개하는 작업을 꾸준히 해왔다. 저서로『중국을 빚어낸 여섯 도읍지 이야기』, 『상식과 교양으로 읽는 중국의 역사』, 『한손엔 공자 한손엔 황제 : 중국의 문화 굴기를 읽는다』, 『차이나 인사이트 2018』(공저) 등이 있고, 역서로『신세계사』, 『고대 도시로 떠나는 여행』, 『미의 역정』, 『동양고전과 푸코의 웃음소리』, 『중국신화사』(공역) 『태평광기』(공역) 등이 있다.

하경심

연세대학교 중어중문학과 교수, 연세대학교 공연예술연구소장. 중국고전희곡 전공.
역서로『중국연극사』(학고방), 『두아이야기, 악한 노재랑』(지만지), 『전한희곡선』(학고방), 『조우희곡선』(학고방), 『부득이』(일조각), 『송대의 사』(학고방) 등이 있고 논문으로「무대 위의 건괵영웅 - 중국 전통극중 여성영웅형상의 탄생과 변용」, 「계승과 변화, 다양성과 가능성 : 최근 북경의 극 공연 및 공연환경 탐색」, 「중국 전통극 제재의 변용에 관한 일고 - 혼변고사를 중심으로」, 「마치원의 산곡 투수 소고」, 「원대 '조소' 산곡 소고」 등이 있다.